Welcome to

Allez 2

Corinne Dzuilka-Heywood
Yvonne Kennedy
with Geneviève Talon

Meet Jémilie, Jules, Thouraya, Clarisse, Basile, Zaied, Maxime and friends. Find out more about them in this book and on the *Allez* 2 video.

Symbols and headings you will find in the book: what do they mean?

 A video activity

 A listening activity

 A speaking activity

 A reading activity

 A writing activity

 Work with a group

 Grammar explanation

 Important words and phrases

 Language skills and strategies

 A plenary activity to review learning

 A bronze medal activity for further reinforcement

 A silver medal activity for core task support

 A gold medal activity for further extension

 Use your literacy skills

Extra Star / Plus Reinforcement and extension activities

Labo-langue Grammar, language learning strategies and pronunciation

Lire Reading pages

Vidéo Video pages

Test Test yourself

Vocabulaire Unit vocabulary list

Grammaire Grammar reference

Glossaire Glossary

 Use your numeracy skills

 kerboodle

Further resources available on *Allez* 2 Kerboodle

 An interactive activity

 An audio file

 A video clip

A grammar presentation

 OXFORD
UNIVERSITY PRESS

Table des matières

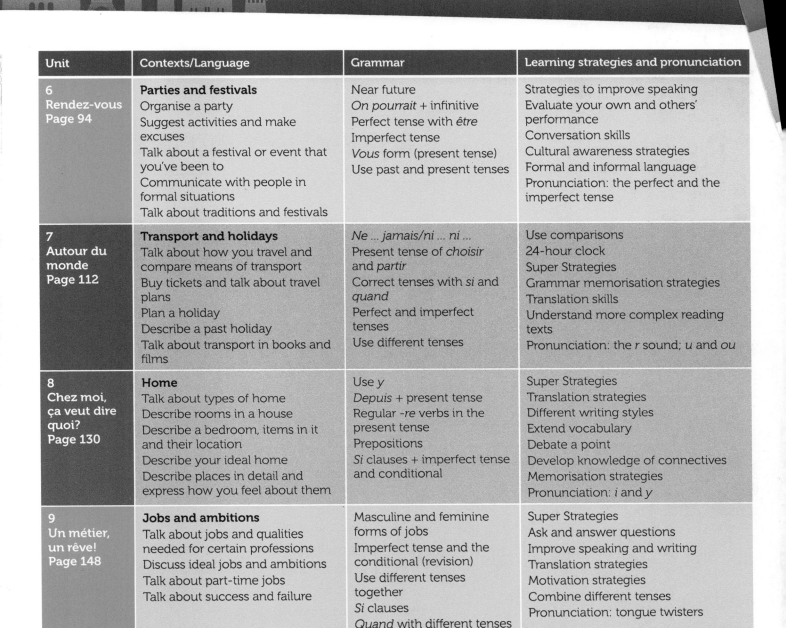

1.1 On est différents?

- Vocabulary: compare France and Britain
- Grammar: use the present tense; use *on*
- Skills: agree and disagree; use motivation strategies

 1 Lis (1–10). C'est en France ou en Grande-Bretagne?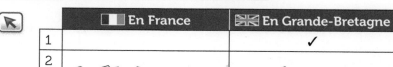

	🇫🇷 En France	🇬🇧 En Grande-Bretagne
1		✓
2		

1
On a une monarchie.

2
On utilise l'euro.

3
On porte un uniforme à l'école.

4
On a un président de la République.

5
Il y a le tournoi de tennis de Roland-Garros.

6
Il y a des volets aux fenêtres.

7
Les gendarmes portent un képi.

8
C'est une île.

9
On roule à gauche.

10
On roule à droite.

 2 Écoute (1–10) et vérifie.

 3 À deux. Vrai ou faux? A ↔ B.

Exemple: **A** *En France, on a une monarchie.*
B *Ah non, tu rigoles, c'est faux!*
En Grande-Bretagne, on a une monarchie.

➕ **Use a connective to make a comparison.**

Exemple: **B** *Ah non, tu rigoles, c'est faux!*
En Grande-Bretagne, on a une monarchie mais en France, on a un président de la République.

Agreeing and disagreeing

Use these expressions in activity 3 to make your conversation more interesting:

Agreeing ✓
Oui, c'est ça. – Yes, that's right.
Oui, c'est vrai. – Yes, that's true.
Oui, je suis d'accord. – Yes, I agree.

Disagreeing ✗
Non, ce n'est pas ça. – No, that's not right.
Non, c'est faux. – No, that's false.
Non, je ne suis pas d'accord. – No, I don't agree.
Tu rigoles! – You're joking!

Remember you can use connectives to extend your sentences and make comparisons:
mais – but
par contre/en revanche – on the other hand
cependant/pourtant – however
(See Workbook, page 8.)

4 **Lis le blog de Sacha et traduis les expressions soulignées.**

Exemple: c'est un peu différent – it's a bit different

En France et en Grande-Bretagne   Accueil   Profil   Compte

Salut à tous!

Je rentre de Londres et <u>c'est un peu différent</u> de chez nous. Par exemple ici en France, <u>on roule à droite</u>, mais là-bas, on roule à gauche. Chez nous, <u>les feux rouges ne passent pas à l'orange</u> avant de passer au vert comme en Grande-Bretagne!

En plus, chez nous, <u>il y a des volets aux fenêtres, pas juste des rideaux</u>. En France, on utilise l'euro, mais en Grande-Bretagne, <u>on utilise la livre sterling</u>.

Il y a le tournoi de tennis de Roland-Garros en France; par contre, en Grande-Bretagne, il y a le tournoi de Wimbledon. J'adore ça! Et en Grande-Bretagne, on porte un uniforme à l'école. En France, <u>on ne porte pas d'uniforme</u>. Quelle chance!

À plus!

Sacha

> Quelle chance!   *What luck!*

5 **Écris un blog sur la Grande-Bretagne. Donne tes opinions.** 🖱

Exemple: En Grande-Bretagne, on roule à gauche ...

C'est ...
- 🙂 super, intéressant, top, une bonne idée.
- 🙁 une mauvaise idée.
- 😐 différent, bizarre.

➕ **Extend your sentences by comparing with France:**
En Grande-Bretagne, on roule à gauche <u>mais</u> en France, on ...

6 **Fais une présentation sur les différences entre ton pays et un pays francophone pour une émission de radio. Utilise *on*.**

Exemple: En Grande-Bretagne, on ... mais en France, on ...

⭐ **Give two differences.**

◎ **Add an opinion.**

➕ **Make longer sentences using connectives.**

Plenary

With a partner, listen to each other's presentation and assess each other's work. How could your partner improve? Does your partner:

⭐ use simple sentences?

◎ use simple sentences and express opinions?

➕ use connectives to make longer sentences and express opinions?

⚙ **Grammaire**   p.168–169
WB p.4, p.25

The present tense of *-er* verbs

Remove the *-er* and add the following endings:

rouler	*to drive*
je roul**e**	*I drive/am driving*
tu roul**es**	*you drive*
il/elle roul**e**	*he/she drives*
on roul**e**	*we/they drive*

The French use *on* where in English we use 'we' or 'they'. It literally means 'one'.

🍴 *See page 15 for motivation strategies to help you learn verb patterns.*

1.2 La géo, tu aimes?

- Vocabulary: describe a country
- Grammar: use comparatives and superlatives
- Skills: use motivation strategies; develop geographical knowledge

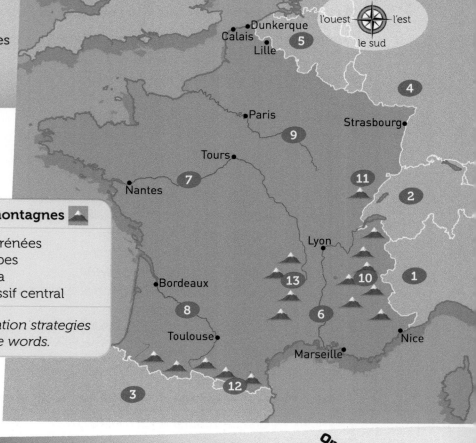

 ÉCOUTER 1

Écoute et regarde 1–13 sur la carte. C'est où?

Exemple: **1** *l'Italie*

Les pays	Les fleuves	Les montagnes
l'Italie	la Seine	les Pyrénées
l'Espagne	la Loire	les Alpes
la Belgique	le Rhône	le Jura
l'Allemagne	la Garonne	le Massif central
la Suisse		

✕ *See page 15 for motivation strategies to help you learn these words.*

 LIRE 2

Lis et trouve les réponses dans le texte.

Exemple: **1** *la France*

1. On l'appelle l'Hexagone
2. La capitale de la France
3. La deuxième ville de France
4. Soixante millions de personnes y habitent
5. Hautes montagnes à l'est de la France
6. Le plus haut sommet des Alpes

 LIRE 3

Relis le texte et trouve le français pour a–f.

Exemple: **a** *deux fois plus grande*

a. twice as big
b. the second largest town
c. there are approximately
d. inhabitants
e. are situated
f. the highest

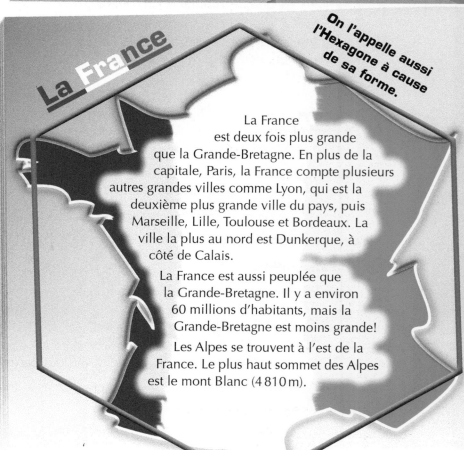

La France

On l'appelle aussi l'Hexagone à cause de sa forme.

La France est deux fois plus grande que la Grande-Bretagne. En plus de la capitale, Paris, la France compte plusieurs autres grandes villes comme Lyon, qui est la deuxième plus grande ville du pays, puis Marseille, Lille, Toulouse et Bordeaux. La ville la plus au nord est Dunkerque, à côté de Calais.

La France est aussi peuplée que la Grande-Bretagne. Il y a environ 60 millions d'habitants, mais la Grande-Bretagne est moins grande!

Les Alpes se trouvent à l'est de la France. Le plus haut sommet des Alpes est le mont Blanc (4 810 m).

LIRE 4 Traduis ces phrases en anglais. Vrai ou faux?

Exemple: **a** *France is bigger than Britain. (Vrai.)*

a La France est plus grande que la Grande-Bretagne.
b Lyon est la plus grande ville de France.
c Nice est moins grande que Lyon.
d Le mont Blanc est le plus haut sommet du monde.
e Dunkerque est plus au sud que Nice.
f La Grande-Bretagne est moins grande que la France.

PARLER 5 Regarde les informations et compare.

Exemple: *La Seine est plus longue que la Tamise.*

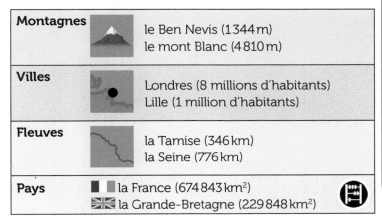

Montagnes		le Ben Nevis (1344 m) le mont Blanc (4810 m)
Villes		Londres (8 millions d'habitants) Lille (1 million d'habitants)
Fleuves		la Tamise (346 km) la Seine (776 km)
Pays		la France (674 843 km²) la Grande-Bretagne (229 848 km²)

Grammaire p.167 WB p.18

Making comparisons

The comparative (more/as/less ... than)

plus (*more*)
aussi (*as*) } + adjective + **que**
moins (*less*)

*Paris est **plus** grande **que** Lille.* – *Paris is bigger than Lille.*

Exceptions:
meilleur(e) que – better than
pire que – worse than

The superlative (the most/least) ➕

le/la/les plus (*the most*)
le/la/les moins (*the least*) } + adjective

***le/la plus** grand(e)* – the biggest

Exceptions:
le/la meilleur(e) – the best
le/la pire – the worst

Remember that the adjective must always agree with the noun.

➕ **Can you use a superlative?** *Le mont Blanc est le plus haut sommet des Alpes.*

| Londres
La Seine
Le Ben Nevis
La France | est | plus
moins
aussi | long(ue)
haut(e)
petit(e)
grand(e)
peuplé(e) | que | Lille.
la Tamise.
le mont Blanc.
la Grande-Bretagne. |

La France fait 674 843 km² (kilomètres carrés).
Le mont Blanc/La Seine mesure ... mètres/kilomètres.

ÉCRIRE 6 Écris un article pour comparer la France et la Grande-Bretagne. Utilise les activités 2–5.

Exemple: *La France est plus grande que la Grande-Bretagne. Elle fait 674 843 km².*

Plenary

How much do you know about the geography of France? Reflect on what you have learnt on pages 6–7.

⭐ Make a statement using *plus*, *moins* or *aussi* to compare France and Britain.

◎ Make three statements comparing France and Britain.

➕ Add some superlatives.

- Vocabulary: talk about famous French people
- Grammar: revise the perfect tense
- Skills: develop cultural awareness; say dates; use motivation strategies

Louis Pasteur

ÉCOUTER 1 Écoute et lis. Relie les descriptions et les personnalités.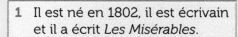

Exemple: **1** *b*

Victor Hugo

Coco Chanel

1 Il est né en 1802, il est écrivain et il a écrit *Les Misérables*.

Napoléon

2 Il est homme politique et empereur. Il est né en 1769 et il est mort en 1821.

3 Il est auteur et a écrit *Les Trois Mousquetaires*.

4 Il est scientifique. Il a inventé le vaccin contre la rage.

la rage *rabies*

Marie Curie

Alexandre Dumas

les frères Lumière

5 Ils ont inventé le cinématographe et ils ont fait le premier film.

6 Il est ingénieur et il a construit une tour célèbre à Paris.

7 Elle est née en 1883, elle est couturière et elle a créé des robes haute-couture et du parfum. Elle est morte en 1971.

8 Elle est physicienne et a travaillé sur la radioactivité. Elle est morte en 1934.

Gustave Eiffel

LIRE 2 Relis 1–8 et trouve les expressions en français.

Exemple: **a** *il est écrivain*

a he is a writer
b he invented
c he is an engineer
d a famous tower
e she created
f she worked on
g he was born
h he wrote

LIRE 3 Trouve les dates dans l'activité 1.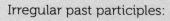

Exemple: **a** *1934*

a mille neuf cent trente-quatre
b mille sept cent soixante-neuf
c mille neuf cent soixante et onze
d mille huit cent quatre-vingt-trois
e mille huit cent vingt et un
f mille huit cent deux

Grammaire
p.168–170
WB p.35–38

The perfect tense

j'ai	joué
tu as	inventé
il/elle/on a	travaillé

Irregular past participles:
faire → j'ai **fait**   écrire → il a **écrit**   lire → elle a **lu**

Some verbs use *être* instead of *avoir*:
il/elle **est** né(e)   il/elle **est** mort(e)

See page 15 for motivation strategies to help you learn verb patterns.

Dates in French
2015 – deux mille quinze
1887 – mille huit cent quatre-vingt-sept

Écoute et trouve les dates.

Exemple: Marie Curie – d

○ **Can you pick out any extra details?**

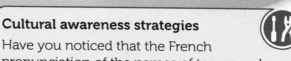

Marie Curie	Louis Pasteur	Coco Chanel

Victor Hugo	Napoléon

Il/Elle est né(e) en …
a 1822   **b** 1802   **c** 1769   **d** 1867   **e** 1883

  Pose ces questions à cinq personnes.

a Quelle personnalité française aimes-tu?
Pourquoi? *J'aime … parce que …*

b Il/Elle est né(e) quand? *Il/Elle est né(e) en …/
Je ne sais pas.*

c Qu'est-ce qu'il/elle a fait? *Il/Elle a écrit/joué/
travaillé/inventé/créé …*

Cultural awareness strategies

Have you noticed that the French pronunciation of the names of towns and famous people is different from English? For example, how might you say *Les Misérables*?

 Lis ce reportage. Vrai ou faux?

Exemple: **a** *faux*

a Jean-Paul Gaultier est ingénieur.
b Il est belge.
c Il aime porter des jupes.
d Il a chanté avec Madonna.
e Il est marié avec Lady Gaga.
f Il est le symbole de la mode française.

◎ **Correct the false statements.**

✚ **Translate the underlined sentences into English.**

Jean-Paul Gaultier, l'enfant terrible de la mode

Jean-Paul Gaultier est un styliste et un grand couturier français. Il est né en 1952. <u>Il est assez excentrique et porte souvent un kilt et un T-shirt à rayures. Il a souvent habillé les hommes en femmes!</u>

Il a dessiné les costumes de Madonna pour un concert. Il a aussi créé des parfums très célèbres. Il est très créatif et a travaillé avec Lady Gaga. <u>Il est considéré comme l'un des symboles de la haute-couture et de la mode française.</u>

J'adore Jean-Paul Gaultier parce que ses vêtements sont un peu extravagants mais très chics.

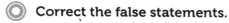  **Fais des recherches. Écris un article sur une personnalité française.**

*Exemple: … est acteur. Il est né en … en
France …*

Il/Elle est	acteur/actrice. artiste. auteur. chanteur/chanteuse. couturier/couturière.	
Il/Elle a	créé écrit dessiné fait	des personnages. des livres. des vêtements. un film/album.
Il/Elle a travaillé avec/sur … Il/Elle est créatif/créative. Il/Elle est né(e)/mort(e) en …		

Plenary

Spontaneous talk. With a partner, choose one person you have learnt about on pages 8–9 and talk about them.

★ Say what they are famous for.

◎ Add when they were born and give one detail about what they did.

✚ Add two details and give your opinion of the person.

1.4 En France, on innove!

- Vocabulary: talk about transport and new technology
- Grammar: ask and answer questions
- Skills: use correct intonation when asking questions

Lis et trouve les paires.

Exemple: **1** *d*

a La compagnie Airbus a inventé un nouvel avion, l'A380.

b À Paris, après le Vélib', la ville a inventé l'Autolib', une voiture électrique.

c À Besançon, une compagnie de transport a créé les premiers bus au gaz naturel.

d La compagnie Eurotunnel a eu l'idée d'un tunnel sous la Manche entre la France et la Grande-Bretagne.

1 Calais

2 Paris

Besançon 4

3 Toulouse

Écoute (1–3). On parle de quoi?

a l'Autolib'
b l'Eurotunnel
c l'Airbus A380

Can you spot the three dates mentioned?

Can you pick out any extra information?

Lis l'interview de Sylvie. Vrai, faux **ou pas mentionné?**

Exemple: **a** *faux*

a Sylvie is a bus driver.
b She works in Calais.
c She did a training course for six weeks.
d She took her examination on a simulator.
e She must speak English.
f She loves trains and engines.
g It is a well-paid job.

un stage de formation
a training course

– Tu fais quel travail?
– Je suis conductrice de trains chez Eurotunnel.
– Quelles études as-tu faites?
– J'ai fait des études de tourisme puis j'ai fait un stage de formation de six mois et j'ai passé mon examen dans un simulateur.
– Tu dois parler d'autres langues?
– Oui, on doit parler français, bien sûr, et anglais aussi!
– Est-ce que tu aimes ton travail?
– Oui, je suis passionnée par mon travail.
– Pourquoi as-tu choisi ce travail?
– J'ai toujours aimé les trains et les locomotives. C'est une passion.
– Quand as-tu commencé ce travail?
– J'ai commencé en 2010.

4 **Écoute. Recopie et remplis la grille.**

	Job	Studies	Languages	Opinion
Marc	*physicist/researcher*			
Audrey				

➕ **Transcribe Marc's answers.**

la France

CERN — la Suisse

Genève

Salon-de-Provence

5 **Imagine que tu es Sylvie, Marc ou Audrey. Écris un article et décris ton travail. Utilise les activités 3 et 4.**

6 **Imagine que tu es un(e) scientifique ou un(e) innovateur/innovatrice. Invente une interview. Utilise les questions de l'activité 3.**

Exemple: – Tu fais quel travail?
– Je suis …

Intonation when asking questions

Your intonation should go up at the end of a question. Your voice should go slightly higher when you say the last word:

Tu fais quel travail?

⚙ **Grammaire** WB p.10

Asking questions

Qu'est-ce que tu fais? – **What** do you do?
Quand travailles-tu? – **When** do you work?
Avec **qui** travailles-tu? – **Who** do you work with?
C'est **comment**? – **How** is it?/What is it like?
Où travailles-tu? – **Where** do you work?
Quelles langues parles-tu? – **Which** languages do you speak?

Plenary

Listen to your partner's interview. Make up some extra interview questions and assess your partner's answers.

My partner's interview:

⭐ uses simple questions and sentences.

◉ includes a perfect tense and at least one connective.

➕ includes more than one tense and different kinds of questions.

Je suis	pilote (dans l'armée)/physicien/physicienne/chercheur/chercheuse/conducteur/conductrice.	
Je travaille	pour/dans/à …	depuis un/deux an(s).
Je parle	anglais/espagnol	couramment.
J'ai fait/suivi	deux/trois ans	d'études/de formation.
J'ai étudié	la chimie/la physique.	
J'aime/adore Je n'aime pas	mon travail	parce que/qu'	c'est intéressant/difficile/passionnant. il y a des risques.

1.5 La BD, culture française?

- Vocabulary: discuss Francophone cartoon characters
- Grammar: use *qui* to link sentences
- Skills: extend sentences; understand longer texts

Astérix, l'invincible Gaulois malin, déterminé et téméraire, et son copain, le gros Obélix, un peu paresseux et gourmand, sont de <u>vraies stars internationales</u>. <u>Ils ont vendu plus de</u> 330 millions de BD dans le monde. Elles sont traduites en plus de cent dix langues. C'est Uderzo et Goscinny qui ont créé ces héros en 1959. Astérix, le courageux, est plus intelligent qu'Obélix. Ces personnages « stéréotypés » se moquent de la société française.

Tintin reste le personnage de BD francophone <u>le plus connu au monde</u>. Tintin est un jeune journaliste qui résout des énigmes. Il est astucieux et intelligent. Il a un chien, Milou, <u>qui l'accompagne partout</u>! Le capitaine Haddock et Les Dupondt sont ses amis. C'est Hergé, un écrivain belge, <u>qui a créé ces personnages</u>.

> partout   *everywhere*

 LIRE 1 **Lis et réponds aux questions.**

Exemple: **a** *Obélix*

a What is the name of Astérix's friend?
b In how many languages are the Astérix books published?
c Why do they use stereotypes?
d What is Tintin's job?
e Who is Milou?
f What nationality is Hergé?
g What colour are the Schtroumpfs?
h Where do the Schtroumpfs live?

➕ **Translate the underlined expressions.**

Les Schtroumpfs sont des petits personnages bleus <u>qui habitent dans un village champignon</u>. <u>C'est le dessinateur belge Peyo qui a inventé cette bande dessinée</u> en 1958. Il arrive beaucoup d'aventures aux Schtroumpfs et au vilain chat Azraël.

> il arrive beaucoup d'aventures
> *a lot of adventures happen*

 LIRE 2 **Relie le français et l'anglais.**

Exemple: **a** *malin – devious*

a malin	**d** paresseux	**g** intelligent
b déterminé	**e** gourmand	**h** astucieux
c téméraire	**f** courageux	

> daring   ingenious   ~~devious~~   lazy
> determined   intelligent   brave   greedy

⚙️ Grammaire   WB p.9

qui (who/which)

Il a un chien. Il s'appelle Milou. →
Il a un chien **qui** *s'appelle Milou.*

Tintin, c'est un journaliste. Il résout des énigmes. → *Tintin, c'est un journaliste* **qui** *résout des énigmes.*

 ÉCOUTER 3 **Écoute Adrien, Caroline, Luca, Maeva et Aziz. Qui aime quoi?**

	Astérix	Tintin	les Schtroumpfs	➕ Reason
Adrien	✓			loves historical characters
Caroline				

LIRE 4 Lis et trouve les adjectifs. C'est Ducobu (D), Titeuf (T) ou Nadia (N)?

Exemple: lazy – paresseux – D

| ~~lazy~~ funny jealous unruly popular |
| pretentious rubbish at school in love |

> Ma BD préférée, c'est *L'Élève Ducobu*. Le personnage principal est assez paresseux et nul au collège! Il a toujours des zéros à ses devoirs et il a des punitions tous les jours! En revanche, il est aussi comique et très populaire parce qu'il fait rire ses camarades!
>
> **Amélie**

> J'adore *Titeuf*. C'est un ado turbulent, un peu naïf et pas très bon à l'école! Sa seule passion, c'est les filles, en particulier Nadia, une fille qui est prétentieuse. Elle est amoureuse de Titeuf et très jalouse! Il arrive beaucoup d'aventures à Titeuf.
>
> **Adrien**

PARLER 5 **A** choisit un personnage de BD de l'activité 1 et prépare une courte présentation. **B** devine: c'est qui? **A ↔ B.**

Exemple:

A *C'est un personnage qui est journaliste. Il a un chien ... C'est qui?*
B *C'est Tintin?*
A *Oui, c'est Tintin! (Non, ce n'est pas ...)*

C'est un personnage		historique imaginaire	qui est	journaliste/détective.
Il/Elle est	très assez un peu	jaloux(-ouse) paresseux(-euse) amoureux(-euse)	intelligent(e) gourmand(e) nul(le)	populaire tenace bête
Il/Elle a		un chien/des copains/des copines. beaucoup de/d'...		
Il/Elle	aime n'aime pas	le collège/les filles/les vêtements/le sport. sortir avec ses copains/manger.		
Sa passion, c'est				

ÉCRIRE 6 Invente deux personnages de BD. Décris-les. Qu'est-ce qu'ils aiment faire?

⭐ **Give their names and describe their personalities:** *Il s'appelle Bobby. Il est paresseux et gourmand.*

◎ **Link two sentences using *qui*:** *C'est un personnage qui est populaire.*

➕ **Use a range of connectives and some qualifiers.**

Extending sentences

Remember to use connectives such as *mais, et, par contre, en revanche* and *parce que* to link your sentences together. You can also add more detail by using qualifiers such as *très* and *beaucoup de/d'*.
(See Workbook, page 8.)

Plenary

Work in groups of three:
A says a sentence about a cartoon character.
B adds a piece of information.
C gives an opinion of the character.

Comment on each other's fluency, accent and use of tenses.

⭐ Say a simple sentence.

◎ Say two sentences, including a perfect tense.

➕ Say three sentences, including a perfect tense and the connective *qui*.

Present tense

1 Choose the correct verb.

Exemple: **a** *roule*

a En France, on roules / roulez / roule à droite.
b Je porte / portons / portent un uniforme à l'école.
c Vous travaillez / travaillent / travailles comme pilote?
d Nous parlons / parlez / parles anglais et français.
e Aimes- / Aimons- / Aime- tu ton travail?
f Ils roulent / roule / roulons à gauche en Grande-Bretagne.

For regular *-er* verbs, take away the *-er* and add the following endings:

porter	to wear
je port**e**	*I wear/am wearing*
tu port**es**	*you wear*
il/elle port**e**	*he/she wears*
on port**e**	*we/they wear*
nous port**ons**	*we wear*
vous port**ez**	*you wear*
ils/elles port**ent**	*they wear*

The comparative

2 Complete these comparative expressions.

Exemple: **a** *plus haut*

a Le mont Blanc est ___ que le Ben Nevis. (*higher*)
b La France est ___ que la Grande-Bretagne. (*bigger*)
c Obélix est ___ qu'Astérix. (*less intelligent*)
d La Seine est ___ que la Tamise. (*longer*)
e La France est ___ que la Grande-Bretagne.
   (*as populated*)
f Lille est ___ que Paris. (*smaller*)

> **plus** (*more*)
> **moins** (*less*) } + adjective + **que**
> **aussi** (*as*)
>
> *Paris est* **plus** *grande* **que** *Lille.* – Paris is bigger than Lille.
> *Le mont Blanc est* **moins** *haut* **que** *l'Éverest.* – Mont Blanc is less high than Everest.
>
> The adjective must always agree with the noun.

Asking questions

• Rising intonation:	**Tu aimes** *ton travail?*	**Tu as fait** *des études?*
• Inversion:	**Aimes-tu** *ton travail?*	**As-tu fait** *des études?*
• Est-ce que:	**Est-ce que** *tu aimes ton travail?*	**Est-ce que** *tu as fait des études?*

Qu'est-ce que *tu aimes?* – **What** do you like?
Quand *travailles-tu?* – **When** do you work?
Comment *vas-tu?* – **How** are you?

Où *travailles-tu?* – **Where** do you work?
Qui *aimes-tu?* – **Who** do you like?

3 Put the words in the correct order to make four questions.

Exemple: **a** *La Seine est ...*

a la / est / longue / plus / Seine / que / Tamise / la / ?
b qui / inventé / cinéma / a / le / ?

c as / où / tes / fait / tu / études / ?
d aimes / est-ce que / l'Eurotunnel / tu / ?

Perfect tense

The perfect tense is used to talk about events in the past.

You need two parts: *avoir (j'ai, tu as, il/elle a …)* + past participle.

To make the past participle of regular verbs:

-er verbs:	*-ir* verbs:	*-re* verbs:
jou**er** → jou**é**	fin**ir** → fin**i**	ven**dre** → ven**du**
j'**ai** jou**é** – *I played*	j'**ai** fin**i** – *I finished*	j'**ai** ven**du** – *I sold*

Some verbs have an irregular past participle:

faire → **fait**	avoir → **eu**	être → **été**	écrire → **écrit**	voir → **vu**	lire → **lu**

Some verbs use *être* + past participle: | je **suis** né(e) (*I was born*) |

4 **Complete the sentences using the verbs from the box.**

Exemple: **a** *sont nés*

Les frères Lumière **a** ▭ à Besançon. Ils **b** ▭ comme ingénieurs et ils **c** ▭ un rôle important dans l'histoire du cinéma. Ils **d** ▭ le cinématographe et ils **e** ▭ beaucoup de films en noir et blanc.

> ont fait ont travaillé
> ont inventé ~~sont nés~~
> ont joué

Motivation strategies

Use these strategies with the vocabulary on page 6 and with the verb patterns on pages 5 and 8.

How do you learn things by heart? How do you keep yourself going? Share your ideas with a partner.

Have you tried any of these strategies?

- Break the task up, for example learn one verb, take a break, then learn another.
- Set yourself a time limit, for example ten minutes to learn one verb.

- Try out a memorisation strategy from *Allez 1*, for example dice games, colour strips and Look – Cover – Test – Check.
- Try out a new strategy, for example create an acronym to memorise the five main irregular verbs: FABEA (*faire, aller, boire, être, avoir*).
- Test yourself the next day.
- Reward yourself by doing something nice!

Pronunciation: intonation

5 **Listen (1–6). Decide whether each sentence is a statement (S) or a question (Q).**

Exemple: **1** *Q*

The simplest way to ask questions in French is to **make your voice go up** at the end of the sentence. Questions like this are called **intonation questions**:

Tu aimes le cinéma. (statement) → *Tu aimes le cinéma?* (question)

- Vocabulary: practise using vocabulary from the unit
- Grammar: identify the present tense and the perfect tense; recognise comparative forms
- Skills: develop cultural awareness

Read the sentences. Decide whether each one describes France or Britain.

🇫🇷 En France	🇬🇧 En Grande-Bretagne
a, ...	

a Il y a le tournoi de tennis de Roland-Garros.
b On utilise l'euro.
c On utilise la livre sterling.
d On porte un uniforme à l'école.
e Il y a des volets aux fenêtres.
f On a une monarchie.

Complete the sentences.

Exemple: a 3

a La France est plus
b Paris est la capitale
c Le mont Blanc est
d La France est aussi
e Paris est

1 moins haut que l'Éverest.
2 de la France.
3 grande que la Grande-Bretagne.
4 au nord de la France.
5 peuplée que la Grande-Bretagne.

Unjumble the sentences.

Exemple: a *Il a écrit* Les Trois Mousquetaires.

a il / écrit / a / *Les Trois Mousquetaires* / .
b Paris / voitures / il / à / y / des / électriques / a / .
c Napoléon / 1769 / né / en / est / Corse / en / .
d un / en / France / on / de / président / a / République / la / .
e la / livre / on / Grande-Bretagne / en / utilise / sterling / .
f Hugo / écrit / *Notre-Dame de Paris* / Victor / en / a / 1831 / .

Translate the sentences from activity 3 into English.

Exemple: a *He wrote* The Three Musketeers.

Read the text and answer the questions.

Exemple: a *He's a pilot.*

a What job does Yves Vincent do?
b Which airport does he work at?
c Where is the airport situated?
d What did he do to become a pilot?
e Which languages does he speak?
f Why does he like his job?

Salut! Je m'appelle Yves Vincent et je suis pilote. Je travaille en France, à l'aéroport de Montpellier. C'est un petit aéroport au sud de la France. Pour devenir pilote, je suis allé à l'école de l'air pendant trois ans. Au travail, je parle anglais, français et un peu espagnol. J'adore mon travail parce que c'est passionnant et très intéressant.

1.7 Extra Plus

- Vocabulary: practise using vocabulary from the unit
- Grammar: use the perfect tense
- Skills: develop cultural awareness

 1 Relie les verbes et les photos. Complète les phrases.

Exemple: 1 b – Victor Hugo. Il a écrit beaucoup de livres.

Victor Hugo

les frères Lumière

Jean-Paul Gaultier

Gustave Eiffel

a Il a créé …
b Il a écrit …
c Il a construit …
d Ils ont inventé …

 2 Traduis les phrases de l'activité 1 en anglais.

Exemple: 1 b – Victor Hugo. He wrote a lot of books.

 3 Lis les blogs. Vrai ou faux?

Exemple: a faux

La Bretagne   Accueil   Profil   Compte

Salut. Je suis né à Quimper, une ville historique de Bretagne. Ici, certaines personnes parlent « le breton ». C'est la langue régionale. <u>Dans les villes, les panneaux d'information sont écrits en français et en breton</u>. Le breton vient de Grande-Bretagne! *Kenavo*, c'est « au revoir » en breton!
Gwenaël

La Guadeloupe   Accueil   Profil   Compte

<u>Moi, je suis née en France métropolitaine, mais à quatre ans, je suis partie en Guadeloupe, aux Antilles, avec ma famille</u>. La culture est un peu différente. Ils parlent français mais aussi créole. Quand je suis arrivée, j'ai appris quelques mots en créole! <u>La meilleure chose ici, c'est le soleil, la plage et la mer</u>. Je ne veux pas retourner en métropole. Maintenant, je suis Antillaise. À plus!
Margaux

la France métropolitaine   *the mainland of France (as opposed to French overseas departments/territories)*

a Gwenaël lives in Britain.
b Where Gwenaël lives, everyone speaks Breton.
c There are signs in Breton in the towns.
d *Kenavo* means 'Hello' in Breton.
e Margaux was born in Guadeloupe.
f She learnt to speak Creole fluently.
g Margaux wants to stay in Guadeloupe.

 4 Traduis les phrases soulignées de l'activité 3.

Exemple: In the towns, the signs …

Rendez-vous en gare d'Angoulême

Rendez-vous en gare d'Angoulême
Je ne sais pas si vous mais moi j'aime-
    rais savoir qui du hasard du destin
Nous a mis dans le même train
Angoulême trois minutes d'arrêt
Jusqu'au prochain coup de sifflet
Correspondance entre deux inconnus
Moi je descends, toi tu continues

Je suis beaucoup plus doué que j'en ai l'air
Pour me perdre en chemin de fer
Et croiser l'amour qui par le plus pur des hasards
Sort du wagon qui rentre en gare

[...]

Nous reverrons-nous dans un jour ou une semaine?
Rendez-vous en gare d'Angoulême

Jacques Higelin

Look at the word *j'aimerais* on lines 2–3 of the song. Why do you think it has been split? (Read aloud the word at the end of each line: this might give you a clue!)

du hasard du destin   *by chance or fate*
inconnus   *strangers*
croiser   *to run into*

This song by Jacques Higelin, a French singer–songwriter, is set in Angoulême, a town in Western France. Angoulême is also known for its *Festival international de la bande dessinée*.

1 **Read the words of the song. Match these phrases about rail travel (a–i) to the highlighted phrases in the song.**

Exemple: **a** *(le) wagon*

  a carriage
  b comes into the station
  c connection
  d I get off
  e at the station
  f on the railway
  g three-minute stop
  h until the whistle goes again
  i you carry on

2 **In films and songs, train journeys are often used as a background to romantic meetings. Find in the song three more phrases that suggest romance.**

Exemple: *Nous reverrons-nous ...?*

3 **Find these phrases in French in the song.**

  a I don't know about you but I would like to know
  b I'm much better than I appear at getting lost on the railway
  c the purest of coincidences
  d in a day or a week

4 **Imagine what happened after the chance encounter in the song. Write two to four lines.**

Exemple: *Je suis revenu(e) à la gare, j'ai regardé autour de moi.*
Tu n'étais pas là et j'étais triste.
Je suis monté(e) dans le train ...

1.8 Vidéo

Au Musée de l'Histoire de Montpellier

 Regarde l'épisode 1. Réponds aux questions en anglais.

a What do the girls normally enjoy doing during the school holidays? (Give **two** answers.)

b What does Maxime say he doesn't like doing?

c What has the Montpellier council organised for young people?

d Why do the friends go to the history museum?

 Relie les personnages historiques et les caractéristiques.

Exemple: Le personnage de Jules: b, ...

Le personnage de Jules
Le personnage de Jémilie
Le personnage de Clarisse
Le personnage de Zaied

a a créé des vêtements élégants
b a écrit des romans célèbres
c a reçu deux prix Nobel
d a gouverné la France
e a chanté dans les cafés
f est né(e) en 1769

g est né(e) en 1802
h est né(e) en 1867
i est né(e) en 1883
j était écrivain
k n'est pas né(e) en France
l portait un uniforme

 Comment s'appellent les quatre personnages historiques?

Le personnage de Jules s'appelle ...
Le personnage de Jémilie s'appelle ...

Le personnage de Clarisse s'appelle ...
Le personnage de Zaied s'appelle ...

 Regarde encore l'épisode. Comment dit-on en français ...?

a challenge
b outfits

c necklace
d famous

e soldier

 Choisis un personnage célèbre (français, britannique ou autre). Décris ses caractéristiques. Le groupe devine.

Exemple: **A** *Mon personnage est écrivain.*
B *Victor Hugo?*
A *Non.*
C *Il est français?*
A *Non ...*

1 Listen to Daniel and Thomas talking about their countries. Copy out and tick the grid to show who says what. (See pages 4–5.)

	Daniel	Thomas
Lives on an island	✓	
The cars drive on the right		
Wears a school uniform		
Uses the euro		
Has a president		
Has a monarchy		

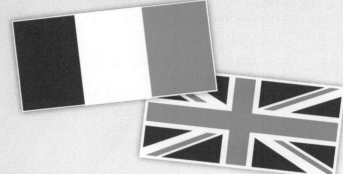

2 Prepare a short talk about a famous French person. (See pages 8–9.)

Say:
- when and where he/she was born: *Il/Elle est né(e) ...*
- what his/her job is (or was): *Il/Elle est (était) ...*
- what he/she has done: *Il/Elle a écrit/créé/inventé/fait ...*

3 Read Paul's text and answer the questions in English. (See pages 6–9.)

Exemple: **a** *it's a fascinating country*

a Why does Paul like France?
b Is France smaller than Britain?
c In which part of France is Mont Blanc?
d Which mountain range is Mont Blanc in?
e What is the TGV?
f Where does Paul live?
g What is his favourite museum?
h Why is it his favourite museum?

Paul

4 Imagine that a French family is coming to visit your town for the first time. Send an email or fact file to give them some information about the differences between France and where you live. (See pages 4–7.)

You could:
- give a brief description of the geography of the area: *C'est au sud .../près de ...*
- compare France with your country: *La France est plus ... que ...*
- mention two or three differences: *En France, on ... mais en Grande-Bretagne ...*

Remember: the more you can develop your answers, the better your work will be.

J'adore la France! C'est un pays fascinant! C'est un grand pays, plus grand que la Grande-Bretagne, mais il est aussi peuplé. À l'est de la France, près de la Suisse, il y a le mont Blanc, le plus haut sommet des Alpes.

En France, il y a le TGV. C'est un train à grande vitesse. Il est très rapide!

Moi, j'habite à Lyon, une ville très touristique au centre de la France. Mon musée préféré à Lyon, c'est le musée des frères Lumière. Ils ont inventé le cinématographe et ont fait le premier film. J'adore le cinéma donc j'aime beaucoup ce musée.

Vocabulaire

Comparing France and Britain

En France/Grande-Bretagne, ...	*In France/Britain, ...*
On a une monarchie.	*We have a monarchy.*
On a un président (de la République).	*They have a president (of the Republic).*
On utilise la livre sterling/l'euro.	*We/They use the pound/the euro.*
On roule à gauche/droite.	*We/They drive on the left/right.*
On porte un uniforme à l'école.	*We wear a uniform at school.*
Il y a des rideaux/volets aux fenêtres.	*There are curtains/shutters at the windows.*
Il y a le tournoi de tennis de ...	*There is the ... tennis tournament.*
Les gendarmes portent un képi.	*The police wear a cap.*
C'est une île.	*It is an island.*

Geography of France

les pays/les villes	*countries/towns*
les fleuves/les montagnes	*rivers/mountains*
l'Allemagne	*Germany*
la Belgique	*Belgium*
l'Espagne	*Spain*
l'Italie	*Italy*
la Suisse	*Switzerland*
La Seine est plus longue que la Tamise.	*The Seine is longer than the Thames.*
Le Ben Nevis est moins haut que le mont Blanc.	*Ben Nevis is not as high as Mont Blanc.*
La France est aussi peuplée que la Grande-Bretagne.	*France is as populated as Britain.*
meilleur(e)	*better, best*
pire	*worse, worst*

Famous people

Il/Elle est ...	*He/She is ...*
auteur.	*an author.*
couturier/couturière.	*a fashion designer.*
écrivain.	*a writer.*
homme/femme politique.	*a politician.*
ingénieur.	*an engineer.*
physicien/physicienne.	*a physicist.*
scientifique.	*a scientist.*
Il/Elle est né(e) en 1802.	*He/She was born in 1802.*
Il/Elle est mort(e) en 1934.	*He/She died in 1934.*
Il/Elle a écrit/inventé/travaillé ...	*He/She wrote/invented/worked ...*
Il/Elle a créé/dessiné ...	*He/She created/designed ...*
Il/Elle a fait/construit ...	*He/She made/built ...*

Transport and new technology

Tu fais quel travail?	*What job do you do?*
Je suis pilote.	*I am a pilot.*
Je suis chercheur/chercheuse.	*I am a researcher.*
Je suis conducteur/conductrice de trains.	*I am a train driver.*
Je travaille pour/dans/à ...	*I work for/in/at ...*
Quelles études as-tu faites?	*What studies have you done?*
J'ai étudié la chimie/la physique.	*I studied chemistry/physics.*
J'ai fait deux ans d'études/de formation.	*I studied/trained for two years.*
Tu dois parler d'autres langues?	*Do you have to speak other languages?*
Je parle anglais/espagnol.	*I speak English/Spanish.*
Est-ce que tu aimes ton travail?	*Do you like your job?*
J'aime/Je n'aime pas mon travail parce que c'est intéressant/difficile.	*I like/don't like my job because it's interesting/difficult.*
Pourquoi as-tu choisi ce travail?	*Why did you choose this job?*
J'ai toujours aimé ...	*I have always liked ...*
Quand as-tu commencé ce travail?	*When did you start this job?*
J'ai commencé en 2010.	*I started in 2010.*

Agreeing and disagreeing

Oui, c'est ça/vrai.	*Yes, that's right/true.*
Non, ce n'est pas ça/c'est faux.	*No, that's not right/that's false.*
Oui/Non, je (ne) suis (pas) d'accord.	*Yes/No, I (don't) agree.*
Tu rigoles!	*You're joking!*

Connectives

mais	*but*
par contre/en revanche	*on the other hand*
cependant/pourtant	*however*

Grammar and skills: I can...

- use the present tense of *-er* verbs
- make comparisons
- use the perfect tense
- ask questions
- use *qui* (who/which) to link sentences
- agree and disagree
- use motivation strategies
- use cultural awareness strategies

2.1 La télé, ma réalité!

- Vocabulary: talk about types of television programmes
- Grammar: use direct object pronouns: *le, la, les*
- Skills: use reading strategies; identify and express opinions

 ÉCOUTER 1

Écoute (1–8) et décide. Ils aiment ou ils n'aiment pas?

Exemple: 1 ☺☺

☺☺	Je les adore.
☺	Je les aime.
😐	Ça dépend.
☹	Je ne les aime pas.
☹☹	Je les déteste.

les comédies (1)

les émissions musicales (2)

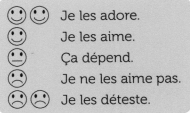

les émissions **de télé-réalité** (3)

les émissions **de sport** (4)

les séries (5)

les dessins animés (6)

les jeux télévisés (7)

les documentaires (8)

➕ **Can you note down any extra details?**

 **PARLER 2**

En groupe: « Qu'est-ce que tu aimes regarder à la télé? Qu'est-ce que tu n'aimes pas regarder à la télé? »

Exemple:
A *Les émissions musicales … tu les aimes?*
B *Je les adore, oui. Les comédies … tu les aimes?*
C *Ça dépend …*

➕ **Here are some expressions that you may have heard in activity 1. Try to use them in your conversation!**

bien sûr – *of course*	surtout – *especially*
pas tous/toutes – *not all*	pas du tout – *not at all*

 Grammaire p.166 WB p.11

Direct object pronouns

le	it (masculine)		
la	it (feminine)	les	them
l'	it (before vowel)		

*J'aime **les** documentaires.*
→ *Je **les** aime.*

I like **documentaries**.
→ I like **them**.

3 **Lis. Qu'est-ce que Samuel et Ellen aiment et n'aiment pas regarder?**

Exemple: Samuel: hates cartoons, ...

Samuel

Je déteste les dessins animés et les jeux télévisés parce que je les trouve un peu enfantins. Les magazines? Je ne les aime pas non plus. En revanche, les émissions de télé-réalité, je les aime bien!
Les émissions musicales? Ça dépend. Par contre, j'adore les infos et les documentaires. Je les trouve très intéressants.

Ellen

Moi, j'adore les séries: les séries américaines, les séries médicales, les séries policières! Les jeux télévisés, je les aime aussi parce que je les trouve divertissants. En revanche, les dessins animés, je ne suis pas fan!
J'adore les comédies (c'est normal, non?) et les documentaires. Par contre, les émissions de sport, je les trouve assez ennuyeuses. Je les déteste!

| un magazine | *chat show* |
| les infos | *the news* |

○ **Why do Samuel and Ellen like or not like these programmes?**

✚ **How many direct object pronouns can you spot in each text?**

4 **Écoute (1–4) et note les opinions en anglais.**

Exemple: **1** likes comedies, ...

○ **Can you note down any extra details?**

5 **Qu'est-ce que tu aimes et n'aimes pas regarder à la télé? Écris un paragraphe.**

Exemple: J'aime bien les comédies parce que je les trouve amusantes mais je n'aime pas ... car ...

| J'adore/J'aime (bien/beaucoup) ... | parce que ... |
| Je n'aime pas (du tout)/Je déteste ... | car ... |

| Je les trouve | très un peu assez | amusant(e)s intéressant(e)s divertissant(e)s enfantin(e)s | ennuyeux(-euses) éducatifs(-ives) nuls/nulles |

mais, pourtant, cependant, par contre, en revanche

Reading strategies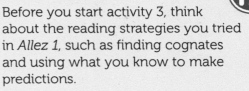

Before you start activity 3, think about the reading strategies you tried in *Allez 1*, such as finding cognates and using what you know to make predictions.

Then look for:
- set phrases that tell you whether an opinion is positive or negative, for example *par contre* (on the other hand)
- punctuation such as exclamation marks and question marks, which can give you clues too.

Plenary

Think about why it is important to know the gender of nouns. What effect does it have on other words in a sentence?

⭐ Name at least five types of TV programmes.

◎ Name a type of programme you like or don't like and explain why.

✚ Talk about two types of programmes: one that you like and one that you don't like. Give reasons for your opinions.

- Vocabulary: talk about musical genres and express detailed opinions of music
- Grammar: use *faire* + infinitive and *rendre* + adjective; use *ce que*
- Skills: justify opinions

 Écoute (1–6) et note les réactions à la musique.

Exemple: **1** *f*

Ça me fait danser.

Ça me fait dormir.

Ça me fait rêver.

Ça me rend heureux.
Ça me rend heureuse.

Ça me rend triste.

Ça me calme.

Grammaire p.167 WB p.15

***Faire* + infinitive, *rendre* + adjective**

*Ça me **fait danser**.* – It **makes** me **dance**.
*Ça me **rend triste**.* – It **makes** me **sad**.

 Réécoute et note les adjectifs. C'est quoi en anglais?

Exemple: **1** *relaxant – relaxing*

> ennuyeux   original   ~~relaxant~~
> vif   gai   entraînant   moderne
> déprimant   rapide

 Écoute et lis les genres (a–j).

 Écoute (1–10). Note le genre (a–j de l'activité 3) et l'opinion.

Exemple: **1** *c* ☹

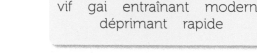 **En groupe: « Qu'est-ce que tu aimes comme musique? »**

Exemple: **A** *Qu'est-ce que tu aimes comme musique?*
B *J'adore le hip-hop. Et toi? …*

6 **Lis le texte de Thomas. C'est vrai, faux ou pas mentionné?**

Exemple: **a** *vrai*

a Thomas likes a variety of music.
b He loves techno because it is fast and complicated.
c One of his favourite genres is classical.
d He finds folk music boring.
e Thomas listens to music on his phone and on the computer, even though it's expensive.
f He likes watching music shows on TV.
g After school today, he's going to relax by listening to music.

un tube   *a hit*

Thomas

Ce que j'aime, c'est écouter différents types de musique … à part la techno! Je déteste ça parce que le rythme est trop rapide et trop compliqué. Ce que je préfère, c'est le rock (parce que les sentiments sont forts et parce que c'est une musique moderne) et le classique (parce que c'est une musique traditionnelle)! Ce que j'aime écouter en ce moment, c'est de la musique folklorique car c'est très entraînant.

Je préfère écouter de la musique sur mon portable donc je l'ai toujours avec moi. J'écoute aussi la musique en streaming sur mon ordinateur car ce n'est pas cher. Mon chanteur préféré est Ed Sheeran mais j'aime aussi un groupe qui s'appelle Bellowhead parce que la voix du chanteur est très originale.

Hier, après l'école, j'ai passé deux heures à écouter mes tubes préférés dans ma chambre. C'était très relaxant.

7 **Imagine que tu es journaliste pour une revue musicale. Écris la critique (positive ou négative) d'un extrait ou d'un genre musical.**

Exemple: *Je viens d'écouter [title of music] de [artist/group] …*

Je viens d'écouter …   *I have just listened to …*

Grammaire WB p.9

Ce que

Use *ce que* to make your opinions more interesting and complex! Instead of saying *J'aime le rock* (I like rock music), say: *Ce que j'aime, c'est le rock* (What I like is rock music).

Justifying opinions

Make your writing more complex and interesting by **justifying** your opinions (saying **why** you do or don't like something). Do this by extending your sentences with connectives like *parce que* and *car*: *J'aime la techno **parce que** c'est moderne et cool.*

Plenary

Look at the objectives for pages 24–25. What have you achieved? What do you need to work on?

⭐ Say what genre(s) of music you like. Name a favourite singer or group.

◎ Add why you like this music, singer or group.

➕ Talk to your partner about music genres. Justify your opinions and use a variety of language, including the past tense.

J'aime/Je n'aime pas/Je déteste … J'ai aimé/Je n'ai pas aimé/J'ai détesté …		le rock/le hip-hop … la chanson/l'album …	
parce que car	le rythme/la mélodie la voix (du chanteur/de la chanteuse)	est était	+ *adj.*
	les paroles les sentiments	sont étaient	

2.3 Le ciné, ma passion!

- Vocabulary: talk about film genres and review a film
- Grammar: give opinions using the perfect and imperfect tenses
- Skills: express and justify opinions; use listening and writing strategies

ÉCOUTER 1

Écoute (1–8). C'est quel genre? Quel format? Et quelle opinion?

Exemple: **1** b 1 ☺

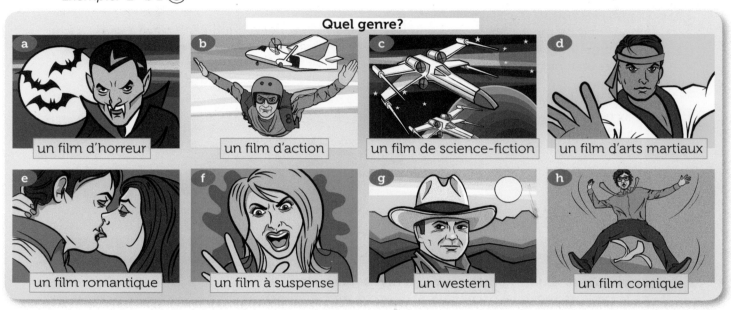

Quel genre?

a — un film d'horreur
b — un film d'action
c — un film de science-fiction
d — un film d'arts martiaux
e — un film romantique
f — un film à suspense
g — un western
h — un film comique

Quel format?

1 — à la télé
2 — au cinéma
3 — en DVD
4 — en streaming

Quelle opinion?

☺☺ Je l'ai adoré.
☺ Je l'ai aimé.
☹ Je ne l'ai pas aimé.
☹☹ Je l'ai détesté.

PARLER 2

À deux: « Quel dernier film as-tu vu?
Tu l'as aimé? » A ↔ B.

Exemple: **A** *Quel dernier film as-tu vu?*
B *J'ai vu **un film d'action en DVD**.*
A *Tu l'as aimé?*
B *Oui. **Je l'ai aimé**! C'était **fantastique**.*

Grammaire
p.168–170
WB p.14

Opinions in the past

The perfect and the imperfect are both past tenses:

- Use the **perfect tense** for completed actions in the past:
  *J'**ai vu** un film.* – I **saw** a film.
  *Je l'**ai aimé**.* – I **liked** it.

- Use the **imperfect tense** for descriptions in the past: *C'**était** fantastique.* – It **was** fantastic.

3 Lis. Réponds aux questions sur chaque film en anglais.

Exemple: **a** *Jémilie: martial arts film; Jules: ...*

Jules

Hier soir, je suis restée à la maison. J'ai regardé un film d'arts martiaux en streaming. Dans ce film, il y a deux personnages principaux: le héros et son pire ennemi. L'action se déroule en Chine. Je l'ai adoré parce que c'était passionnant. C'était bien écrit et bien joué. Ce film, je le recommande.

Jémilie

Samedi dernier, je suis allé au cinéma où j'ai vu un film à suspense qui s'appelait *Mystère au Manoir.* Dans ce film, il y a un personnage principal, un duc. L'action se déroule dans un château. Je ne l'ai pas beaucoup aimé parce que c'était ennuyeux. Ce n'était ni bien écrit ni bien joué. Ce film, je ne le recommande pas.

a What genre of film did each person see?
b In what format?
c Who is/are the main character(s)?
d Where is each film set?
e Did each person like the film? Why?
f Would they recommend it?

personnage principal *main character*
se déroule *takes place*
qui s'appelait ... *which was called ...*

 Translate the two **highlighted** expressions into English.

4 Écoute ce podcast. Recopie et remplis la grille en anglais.

	Genre	⊙ Opinion?	✚ Extra details?
Lié par le sang	horror		
Mission sur Mars			
Les Sonnets perdus			

Listening strategies

Before listening, try to work out what the film titles mean. Use a dictionary if you need to. This might help you to predict some of the answers! One of the films is *un film historique.* Try to predict which one!

5 Parle d'un film que tu as vu récemment.
Talk about a film you have seen recently.

6 Écris la critique d'un film que tu as vu récemment.
See page 33 for writing strategies.

J'ai vu [+ *genre* + *format*] qui s'appelait [+ *title*].
L'action se déroule ...
Il y a un/deux personnage(s) principal/principaux.

Je l'ai aimé/adoré/détesté Je ne l'ai pas aimé	parce que c'était + *adj.*
Je (ne) le recommande (pas).	

Plenary

Review your learning. Focus on pronunciation and fluency.

⭐ Name a genre of film you have seen recently and say how you watched it (cinema, TV, Internet).

⊙ Add your opinion.

✚ Add extra details about the film, such as the setting and characters.

- Vocabulary: talk about reading preferences
- Grammar: use 'verb + infinitive' structures
- Skills: apply knowledge of phonics; use translation strategies

 Écoute et lis le poème.

What rhymes can you spot by:

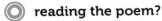 listening to the poem?

reading the poem?

Mon cartable a mille odeurs.
Mon cartable sent la pomme,
Le livre, l'encre, la gomme,
Et les crayons de couleurs.
Mon cartable sent l'orange,
Le buisson et le nougat.
Il sent tout ce que l'on mange
Et ce qu'on ne mange pas.
La figue et la mandarine,
Le papier d'argent ou d'or,
Et la coquille marine,
Les bateaux sortant du port. (…)
Les longs cheveux de ma mère
Et les joues de mon papa,
Les matins dans la lumière,
La rose et le chocolat.

Pierre Gamarra

il sent …   *it smells of …*

 Fais l'analyse du poème.

What things can the poet 'smell' in his school bag? *apples, …*

Pick your favourite three lines and translate them into English.

 Lis le poème à haute voix.
Read the poem out loud. Use your knowledge of phonics.

  En groupe: « Tu as aimé le poème? Pourquoi? »

Exemple: **A** *Tu as aimé le poème?*
B *Oui, je l'ai aimé. C'était intéressant. Tu l'as aimé, toi?*
A *Non, je ne l'ai pas aimé. C'était ennuyeux. Et toi?*
C *Moi, je …*

Translation strategies

Looking up words in a dictionary helps you when translating but you don't always have to stick with a **literal** (or word-for-word) translation of the text. Look at these two translations of *les crayons de couleurs:*

- the pencils of colours
- the coloured pencils.

Which one do you think is best? Why?

Tu aimes lire?

Page d'accueil | **Livres** | Livres audio | Téléchargement | Vendre | Rechercher … | Go

les romans historiques

les romans d'aventure

les romans d'amour

les romans de science-fiction

les (auto)biographies

les romans comiques

les romans d'horreur

la littérature non-romanesque

ÉCOUTER 5

Écoute Alice et Milo. Qu'est-ce qu'ils préfèrent lire? Recopie et remplis la grille en anglais.

	🙂	🙁
Alice	*horror stories*	
Milo		

Transcribe what Alice or Milo says.

LIRE 6

Lis le texte de Léo. Réponds aux questions en anglais.

Exemple: **a** *he likes it a lot*

a How does Léo feel about reading?
b Name one of his favourite books and the author.
c When, where and how did he read it?
d How did he find the book? What genres does he describe it as?
e What is he going to do next weekend and why?
f What is he going to read next?

ÉCRIRE 7

Écris la critique de ton livre préféré ou d'un livre que tu as lu. Utilise les expressions soulignées de l'activité 6.

Mention what you are going to read next:
Ensuite, je vais lire …

Grammaire p.167 WB p.13

Verbs followed by an infinitive

Verbs of preference such as *aimer, adorer, préférer* and *détester* are often followed by an infinitive:

*J'**adore lire** les romans comiques.* – I **love to read** comic novels.

*Je **déteste lire** les romans de science-fiction.* – I **hate reading** science-fiction novels.

J'aime beaucoup lire. <u>Un de mes livres préférés s'appelle</u> *Cheval de Guerre*, <u>écrit par</u> Michael Morpurgo. <u>J'ai lu</u> *Cheval de Guerre* sur ma liseuse en vacances, l'année dernière. <u>C'était</u> très émouvant. *Cheval de Guerre*, <u>c'est</u> un roman de guerre et un roman historique aussi. Le week-end prochain, je vais voir le film parce que je veux le comparer au livre. Ensuite, <u>je vais lire</u> *Soldat Peaceful* de Michael Morpurgo. C'est <u>mon auteur préféré</u>.

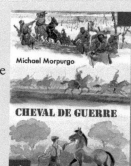

Michael Morpurgo

CHEVAL DE GUERRE

folio

une liseuse   an e-reader

Plenary

⭐ Name seven literary genres.

◎ Say which genres you like and don't like to read.

➕ Tell your partner about a book you have read and a book you are going to read.

2.5 Publicité ou duplicité?

- Vocabulary: understand and use the language of advertising
- Grammar: use *faire* + infinitive
- Skills: recognise persuasive and informative language

 Écoute et lis cette analyse de la publicité.

Radio_Allez.fr

Page d'accueil | **Podcasts**

Téléchargement | **Transcriptions** | Écouter

Présentateur:

Bonjour, chers auditeurs et chères auditrices. Aujourd'hui, on parle de la publicité. La question, c'est: la pub, est-elle bonne ou mauvaise pour nous? Exerce-t-elle une influence positive ou négative dans notre vie de tous les jours? J'ai avec moi une experte pour nous en parler.

Bonjour, Madame Bazin. Quels sont, pour vous, les objectifs principaux de la publicité?

Madame Bazin:

Je dirais que l'objectif numéro un de la publicité, c'est d'informer le public … au sujet d'un nouveau produit ou d'un nouveau service.

L'objectif numéro deux, c'est de persuader le public que ce produit ou ce service est nécessaire ou même essentiel.

Et, pour finir, l'objectif numéro trois, c'est de vendre ce service ou ce produit au public pour gagner de l'argent.

Si mon évaluation de la publicité est un peu cynique, c'est parce que l'objectif principal de la publicité est souvent un peu cynique aussi. Il y a, bien sûr, des exceptions. La publicité peut aider à protéger le public. Je pense à des campagnes de santé publique, par exemple.

 Relis et note les thèmes (a–e) dans l'ordre où ils sont mentionnés.

Exemple: c, …

a le cynisme	b le marketing	c l'information	d la protection	e la persuasion

 Lis les deux publicités (page 31). Recopie et remplis la grille en anglais.

	Ceci n'est pas une Comédie – 2	La Noce des Vampires
Persuasive language		*the bestseller of the summer …*
Informative language		

➕ **Translate one of the posters into English.**

Persuasive or informative language?

Think about the purpose behind the texts you read:

- Persuasive language is used for encouraging us to think or behave in a certain way, for example by persuading us to buy something.
- Informative language is more neutral and provides facts or basic information.

En association avec Franco-Film
Par les créateurs de *Ceci n'est pas une Comédie*
– le blockbuster de 2014

Ceci n'est pas une Comédie – 2

« Un film hilarant, des gags à gogo! » *Paris-Max*

« La meilleure comédie de tous les temps. » *Le Figarolo*

« Un film drôle, à ne pas rater! » *Le Mondial*

« Cinq étoiles. » *Mon Ciné*

Au cinéma en avril
Tous publics

LA NOCE DES VAMPIRES

Écrit par Suzanne Solane – le best-seller de l'été!

La suite du roman *Les Vampires Amoureux* –
le livre culte de 2014

« Un livre excitant et romantique. » *Revue Romanesque*
« Le meilleur livre de l'année. » *Les Bibliophiles*
« Un roman qui fait rêver et pleurer! » *Le Mondial*
« Dix sur dix! » *Revue Fiction*

En vente dans votre librairie
ou à télécharger sur votre liseuse.

 PARLER 4

À deux: parlez d'une publicité de votre choix.
In pairs, discuss an advert of your choice. Do you agree with each other?

Exemple: **A** *J'adore cette publicité parce que j'aime bien l'humour et ça me fait sourire.*
B *Non, je ne suis pas d'accord. Je n'aime pas cette publicité car ...*

J'adore/J'aime (bien/beaucoup) Je n'aime pas/Je déteste	cette publicité

parce que/car ...	
... j'aime/je n'aime pas	les images/couleurs.
... c'est	beau/intéressant/amusant.
... ça me fait	rire/sourire/rêver.
... ça me rend	triste/heureux/heureuse.

 ÉCRIRE 5

Fais une publicité pour ton film/livre préféré.

⭐ Design a poster to advertise your favourite book or film.

◎➕ Write a paragraph advertising your favourite book or film. Use informative and persuasive language.

J'ai lu un livre J'ai vu/regardé un film	qui s'appelle ...	
Je l'ai aimé/adoré/détesté Je ne l'ai pas aimé	parce que ... car ...	c'était + *adj.*

Plenary

⭐ Name (in English) the three main aims of advertising.

◎ Explain (in English) how advertising can be both good and bad.

➕ Give (in French) an example of a persuasive element and an informative element from the adverts you've been working on.

2.6 Labo-langue

Direct object pronouns

1 Rewrite these sentences. Replace each noun with a direct object pronoun.

Exemple: **a** *Je les aime.*

a J'aime les séries médicales.
b Je déteste la musique classique.
c J'aime la chanteuse.
d J'adore les émissions musicales.
e J'aime le film.
f Je n'aime pas les romans.
g Je ne regarde pas les jeux télévisés.
h Je n'aime pas le sport à la télé.

The words *le, la* and *les* mean 'the' when they are in front of a noun, but when they come before a verb they change meaning:

le	it, him	**le → l'**	Before verbs beginning
la	it, her	**la → l'**	with a vowel
les	them		

***Le** film? Je **l'**adore.* – **The** film? I love **it**.

In French, direct object pronouns sit **in front of the verb**:
*Je **les** déteste.* – I hate **them**.

When the verb is in the negative form, direct object pronouns come **between *ne* and the verb**:
*Je ne **les** aime pas.* – I don't like **them**.

Ce que ('what')

2 Rewrite these sentences.
Use *Ce que ..., c'est* in each sentence.

Exemple: **a** *Ce que j'aime, c'est la techno.*

a J'aime la techno.
b Je déteste la country.
c J'adore la littérature non-romanesque.
d Je n'aime pas écouter le jazz.
e Je n'aime pas regarder les séries.
f J'aime lire.

Ce que is an indefinite relative pronoun. It can come **before** the noun has been introduced:

J'aime la pop. → ***Ce que** j'aime, **c'est** la pop.*
I like pop music. → **What** I like **is** pop music.

Je n'aime pas lire les romans. → ***Ce que** je n'aime pas, **c'est** lire les romans.*
I don't like reading novels. → **What** I don't like **is** reading novels.

Verbs followed by an infinitive

3 Rewrite these sentences with a second verb in the infinitive. Use: *écouter, lire* or *regarder*.

Exemple: **a** *J'aime écouter les infos à la radio.*

a J'aime les infos à la radio.
b J'adore la musique punk.
c Je déteste les biographies.
d J'aime le film.
e Je n'aime pas le livre.
f J'adore les comédies et les jeux télévisés.

When verbs of preference (such as *aimer, préférer, adorer* and *détester*) are used to express an attitude towards an action (a verb), the second verb is always in the infinitive:

*J'**adore écouter** le rock.* $\begin{cases} \text{I love to listen to rock.} \\ \text{I love listening to rock.} \end{cases}$

The imperfect tense

4 **Read this film review.**

- Change the present tense (in red) to the imperfect tense. Choose from the imperfect tense verbs in the box.
- How does the imperfect tense differ from the perfect tense (in blue)?

> il y avait   c'était   s'appelait   était   se déroulait

> Samedi dernier, je suis allé au cinéma. J'ai regardé un film qui s'appelle *Le Règne de la Haine*. C'est un film à suspense. L'action se déroule dans une cité de banlieue. Il y a trois personnages principaux: le héros, sa petite-amie et son meilleur ami. Ce film est choquant, émouvant et tragique. Je l'ai beaucoup aimé. Un film à ne pas rater!

> The imperfect tense is used for showing how something was in the past or what used to happen. As you become more confident, you can use the perfect tense and the imperfect tense together to make your speaking and writing more complex, interesting and varied.

Writing strategies

Use these strategies with activity 6 on page 27.

Before you start writing, remember to plan:
- First, sketch a spidergram with a central bubble and four more bubbles around the outside.
- Choose your film – one you have strong opinions about. Write the title in the centre of your spidergram.
- In one bubble, list a few facts such as where and when the action takes place and who the key characters are.

- In another bubble, use familiar language to list some details about the characters, for example what they look like and their personalities.
- In the third bubble, add key words for opinions.
- In the final bubble, say who you think this film would be suitable for.
- Now, make it more interesting by adding some new grammatical structures: *c'était/ce n'était pas, je l'ai vu, je l'ai aimé/je ne l'ai pas aimé ...*

Pronunciation: *qu*

5 **Read this passage aloud then listen and compare. How many times do you hear 'qu' pronounced 'kuh'?**

> Qu'est-ce que tu aimes comme musique? Moi, ce que j'aime, c'est la musique folklorique et le classique, mais ce que j'adore, c'est le rock.

> *Qu* is a letter combination that appears a lot in French.
>
> In French, the sound is not 'kwuh' like 'queen' but 'kuh' like 'king'.

- Vocabulary: identify detailed opinions about media
- Grammar: identify a range of structures from the unit
- Skills: use knowledge of grammar and sentence structure to work out meaning

LIRE 1

Match up the sentence halves.

Exemple: **1** *c*

1 J'adore les comédies …
2 J'adore les jeux télévisés car …
3 Les documentaires? Ça dépend, …
4 Les émissions de télé-réalité? Je les déteste car …
5 Je préfère regarder des émissions …
6 J'aime les émissions musicales …

a je les trouve divertissants.
b je les aime si c'est un sujet qui m'intéresse.
c parce que j'adore rire.
d en streaming sur ma tablette.
e mais je n'aime pas les émissions de sport.
f je pense qu'elles sont nulles.

LIRE 2

Read the film review and answer the questions in English.

Exemple: **a** *One, two, YOU!*

Page d'accueil	**Critiques**	Téléchargement	Rechercher …	Go

Le studio ELSAM présente un film qui s'appelle *Un, deux, TOI!*

L'action se déroule dans une école, dans la banlieue d'une grande ville. Il y a deux personnages principaux: Albert, un garçon de treize ans qui ne voit pas son papa, et sa belle-mère, Delphine. Quelle surprise pour Albert quand il découvre qu'il y a une nouvelle prof à l'école. C'est sa belle-mère!

Ce film est amusant, charmant et émouvant.

a What is the film called?
b Where does the action take place?
c How many main characters are there?
d What do you know about them?
e Give a detail about the plot.
f How is the film described at the end of the review?

ÉCRIRE 3

The lines of this film review are all mixed up! Rewrite them in the correct order.
Don't forget to add capital letters and full stops!

Exemple: Le studio ELSAM présente un film qui …

l'action se déroule

dans un petit village de campagne

trois personnages principaux:

le studio ELSAM présente un film qui

il y a

charmant, émouvant et amusant

ce film est

s'appelle *Cœur de Beurre*

un boulanger, son apprenti et une jeune fille (une cliente de la boulangerie)

2.7 Extra Plus

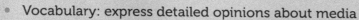

- Vocabulary: express detailed opinions about media
- Grammar: identify and use a range of structures from the unit
- Skills: develop writing skills

 1 Lis les opinions. Recopie les phrases dans le bon ordre.

Exemple: **a** *J'ai vu un film en DVD qui s'appelle* All is Lost …

a

> j'ai un en DVD vu film s'appelle qui *All is Lost*.
> film d'aventure un c'est.
> il principal un a y personnage.
> se déroule l'action dans bateau un dans
> Indien l'océan.
> l'ai je aimé le recommande et je.

Alice

b

> c'est pop j'aime la ce que.
> me danser ça fait.
> le heavy metal la country n'aime je pas ou.
> jazz le aussi j'aime.
> rêver fait me ça.
> groupe mon est Union J préféré.
> Lady Gaga artiste mon est préférée.

Antoine

 2 Lis l'opinion de Noah. Vrai ou faux?

Exemple: **a** *faux*

L'ado qui lit, c'est l'ado qui réussit!

Moi, j'adore lire mais je déteste les romans! Je suis souvent critiqué (par mes profs et par mes parents) parce que je n'aime pas lire les romans mais la littérature romanesque, je ne suis pas fan!

Ce que j'adore, c'est la littérature non-romanesque: les encyclopédies, les guides de voyage, les biographies, les autobiographies, les magazines. J'aime aussi lire le journal tous les jours sur ma liseuse. Il n'y a pas beaucoup de jeunes de mon âge qui aiment lire les journaux!

J'ai développé un vocabulaire très riche et sophistiqué et j'ai de bonnes notes à l'école. La morale? Lire régulièrement vous aide à l'école et dans la vie!

Noah

- **a** Noah doesn't like reading.
- **b** He likes to read novels.
- **c** His parents and teachers criticise him.
- **d** He hates non-fiction.
- **e** He likes to read newspapers.
- **f** He doesn't use an e-reader.
- **g** He thinks that reading helps with your school work but that's all.

 3 Écris un résumé d'un film.
Write a synopsis of a film.

Exemple: J'ai vu un film qui s'appelle … L'action se déroule …

2.8 Lire

LE MONDE IMAGINAIRE DE SILÈNE

Sud Ouest: De quoi parlent vos romans?

Silène: De mémoire et de livres. *La Saveur des figues* met en scène une société post-apocalyptique où les livres et les films sont interdits. Les personnes âgées y sont bannies. Dans la famille de Moana, l'héroïne de 12 ans, l'arrière-grand-mère vit cachée. Elle est la mémoire, la lucarne sur le monde passé. Avec elle, Moana va partir à l'aventure [...] Ce roman parle de dictature et d'écologie.

Sud Ouest: Pourquoi choisir la science-fiction?

Silène: Entraîner les jeunes dans un monde imaginaire, c'est les inviter à s'interroger sur le monde réel. [...]

Sud Ouest: Qu'est-ce qui vous donne le goût d'écrire?

Silène: J'ai fait des études de littérature et je suis professeur de français dans un collège. J'aime transmettre le plaisir de la lecture. C'est pourquoi j'alimente aussi un site sur la littérature pour adolescents.

Sud Ouest: Quels sont vos projets?

Silène: Après *Le Bateau vagabond*, le troisième tome de la trilogie sort à la fin de l'année. Au fil des romans, Moana grandit, avec elle j'évoque la société de consommation. Puis l'année prochaine, je vais publier un recueil de nouvelles. Pour adultes, cette fois.

Silène Edgar

la lucarne   *small window*
entraîner   *to lead*
j'alimente   *I provide material for*
vagabond   *wandering*
grandit   *grows up*
un recueil de nouvelles
   a collection of short stories

Read the interview given by the writer Silène Edgar to the newspaper *Sud Ouest*. Find these words and phrases in French in the interview.

Exemple: **a** *la mémoire*

a memory
b books
c dictatorship
d the environment
e consumer society

Sud Ouest is a French regional daily newspaper published in Aquitaine.

Read Silène's first response again. Choose words from the box to fill in the gaps in this summary of *La Saveur des figues*.

Exemple: **a** *future*

> âgée   dictature   ~~future~~   passé
> principal   regarder   vieux   vivre

> *La Saveur des figues* décrit une société **a**＿＿ qui est une **b**＿＿. On n'a pas le droit de lire de livres ni de **c**＿＿ de films. On n'a pas le droit d'être **d**＿＿. Le personnage **e**＿＿ s'appelle Moana. Elle découvre le **f**＿＿ avec son arrière-grand-mère. La jeune fille et la femme **g**＿＿ partent ensemble pour **h**＿＿ des aventures.

Read the rest of the interview again. Answer these questions in English.

Exemple: **a** *science fiction*

a Which literary genre has Silène chosen?
b What did she study at university?
c What is her day job?
d What is her motivation for writing?
e What does she do online?
f What are her plans for the future? (Mention **two** plans.)

2.8 Vidéo

De la pub pour Montpellier

 VIDEO 1

Regarde l'épisode 2. Quel est le nouveau défi? Choisis les <u>quatre</u> bonnes réponses.

a proposer un nouveau festival pour Montpellier
b faire de la pub pour Montpellier
c créer une affiche
d organiser un week-end de sports extrêmes
e photographier les paysages autour de Montpellier
f informer les jeunes sur Montpellier
g inviter les jeunes à étudier la technologie à Montpellier
h persuader les jeunes de venir à Montpellier

 VIDEO 2

Les garçons parlent de quoi pour illustrer l'affiche? Choisis <u>trois</u> thèmes et <u>quatre</u> endroits sportifs.
What do the boys discuss putting on their poster? Choose <u>three</u> themes and <u>four</u> venues.

> ### Les thèmes
> le Festival de Danse   les paysages
> les comédiens   les sports extrêmes
> une photo de l'équipe
> la technologie   la Fête de la Musique

> ### Les endroits sportifs
> le bowling   le stade   la piscine
> le club de boxe   le karting
> la patinoire

 VIDEO 3

Quel est le slogan des filles? Et le slogan des garçons? Traduis les slogans en anglais.

 VIDEO 4

Regarde encore l'épisode 2. Trouve et note l'équivalent français de ces adjectifs.

> excellent interesting   boring
> lively   original   entertaining
> rubbish   personal

 VIDEO 5

Tu préfères l'affiche des filles ou l'affiche des garçons? Pourquoi?

 VIDEO 6

Imagine que ton groupe crée une affiche pour ta ville ou ta région.

- Discuss what to put on your poster.
- What will your slogan be?

Exemple: **A** *On met quoi sur l'affiche?*
B *On peut mettre des photos de …*
A *Ah oui, c'est très vivant! On peut mettre aussi …*
C *Et pour le slogan?…*

1 **Listen to these opinions (1–5). Which media is each person talking about (a–d)? Copy and complete the grid. (See pages 22–29.)**

One of the media (a–d) is mentioned by **two** people.

	Media	Favourite genres	Example	Extra details
1	d		watched a medical drama yesterday evening	

a	La musique
b	Les romans
c	Les films
d	Les émissions de télé

 2 **Give a short presentation about your favourite types of TV programmes and music. (See pages 22–25.)**

- Say what you like and don't like to watch and listen to: *J'adore regarder … Ce que j'aime, c'est …*
- Give reasons for your preferences: *parce que …*
- Give an example of something you watched or listened to last weekend: *Le week-end dernier, j'ai regardé/écouté …*
- Say whether you liked it and why: *Je l'ai adoré parce que c'était …*

 3 **Read Manon's text and answer the questions in English. (See pages 22–27.)**

Exemple: **a** *punk and techno*

> Moi, ce que j'adore, c'est la musique et la télé!
>
> D'abord, j'adore écouter la musique punk et la techno (la techno, c'est un genre de musique électronique). Et puis, j'adore regarder la télé. J'aime bien les jeux télévisés et les séries pour les jeunes. Je les regarde en streaming dans ma chambre. Hier soir, par exemple, j'ai regardé mon émission préférée, *Le Feedback*.
>
> Pour finir, j'aime aller au cinéma mais je n'y vais pas souvent car c'est assez cher. Alors, s'il y a un bon film que je n'ai pas vu, je le regarde chez moi, sur ma tablette. Le week-end dernier, j'ai regardé *Cheval de Guerre*. Je l'ai adoré mais attention! Ça fait pleurer, c'est très émouvant!

Manon

a	What music does Manon like?	**e**	Why isn't it a problem now?
b	What TV programmes does she like?	**f**	What did Manon do last weekend?
c	What did she do yesterday?	**g**	What did she think of it?
d	Why can't she go to the cinema often?	**h**	What effect did it have on her and why?

 4 **Write about your favourite films and books. (See pages 26–29.)**

- Say what you like and don't like: *J'adore les films/romans de/d'…*
- Describe something you watched/read recently: *Le week-end dernier, j'ai vu/lu … qui s'appelle … L'action se déroule … Le personnage principal …*
- Give your opinion: *Je l'ai aimé parce que … C'était …*

Remember: the more you can develop your answers, the better your work will be.

Vocabulaire

Television

Qu'est-ce que tu aimes/ n'aimes pas regarder à la télé?	*What do you like/not like to watch on TV?*
J'aime (bien/beaucoup) ...	*I like ... (very much/a lot).*
Je n'aime pas (du tout)/Je déteste ...	*I don't like ... (at all)/I hate ...*
les comédies	*comedies*
les dessins animés	*cartoons*
les documentaires	*documentaries*
les émissions musicales	*music programmes*
les émissions de sport	*sports programmes*
les émissions de télé-réalité	*reality TV programmes*
les jeux télévisés	*game shows*
les séries	*series*

Je les aime/adore/déteste.	*I like/love/hate them.*
Je ne les aime pas.	*I don't like them.*
Ça dépend.	*It depends.*
Je les trouve ...	*I find them ...*
amusant(e)s.	*funny.*
intéressant(e)s.	*interesting.*
divertissant(e)s.	*entertaining.*
enfantin(e)s.	*childish.*
ennuyeux/ennuyeuses.	*boring.*
éducatifs/éducatives.	*educational.*
nuls/nulles.	*rubbish.*
très/assez/un peu	*very/quite/a bit*

Music

Qu'est-ce que tu aimes comme musique?	*What sort of music do you like?*
J'aime/J'adore/Je déteste ...	*I like/love/hate ...*
Ce que j'aime, c'est la musique folklorique.	*What I like is folk music.*
Ce que je n'aime pas, c'est le classique.	*What I don't like is classical music.*
Ça me fait ...	*It makes me ...*
danser/dormir/rêver.	*dance/sleep/dream.*
Ça me rend triste.	*It makes me sad.*
Ça me rend heureux/ heureuse.	*It makes me happy.*
Ça me calme.	*It calms me.*
C'est ...	*It is ...*
déprimant/ennuyeux.	*depressing/boring.*
entraînant/vif.	*lively.*
gai/moderne.	*happy/modern.*
original/rapide.	*original/fast.*

Cinema

Quel dernier film as-tu vu?	*What was the last film you saw?*

J'ai vu ...	*I saw ...*
un film d'action	*an action film*
un film d'arts martiaux	*a martial arts film*
un film comique	*a comedy*
un film d'horreur	*a horror film*
un film romantique	*a romantic film*
un film de science-fiction	*a science-fiction film*
un film à suspense	*a thriller*
un western	*a western*
au cinéma/en DVD	*at the cinema/on DVD*
en streaming	*streamed (on the Internet)*
à la télé	*on TV*
Je l'ai aimé/adoré/détesté.	*I liked/loved/hated it.*
Je ne l'ai pas aimé.	*I didn't like it.*
C'était ...	*It was ...*
Je (ne) le recommande (pas).	*I (don't) recommend it.*

Books

Qu'est-ce que tu aimes lire?	*What do you like reading?*
J'aime/Je préfère lire ...	*I like/I prefer to read ...*
Je n'aime pas/Je déteste lire ...	*I don't like/I hate reading ...*
les (auto)biographies	*(auto)biographies*
la littérature non-romanesque	*non-fiction*
les romans d'amour	*love stories, romances*
les romans d'aventure	*adventure novels*
les romans comiques	*comedies*
les romans historiques	*historical novels*
les romans d'horreur	*horror novels*
les romans de science-fiction	*science fiction*

Connectives

mais	*but*
parce que/car	*because*
par contre/en revanche	*on the other hand*
cependant/pourtant	*however*

⊙ Grammar and skills: I can...

- ⊙ use direct object pronouns
- ⊙ use *ce que*
- ⊙ express opinions in the past
- ⊙ use verbs followed by an infinitive
- ⊙ use reading strategies
- ⊙ justify opinions
- ⊙ use translation strategies
- ⊙ use writing strategies

3.1 Alors, quoi de neuf?

- Vocabulary: describe old and new technology
- Grammar: use adjectives (agreement and position)
- Skills: use connectives to justify opinions

 Relie les mots (1–6) et les images (a–f).

Exemple: **1** *f*

1 les écouteurs
2 les touches
3 l'appareil photo
4 l'écran
5 l'écran tactile
6 les applis

Justifying opinions

Find three connectives used in activity 2 to justify opinions. Try to use them in activity 4.

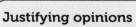
mon vieux portable

mon nouveau portable

 Lis. On parle de quoi? Choisis les mots (1–6) de l'activité 1.

Exemple: **a** *1*

a J'aime mon nouveau portable parce que je peux écouter de la musique.
b Je n'aime pas mon vieux portable car l'écran est trop petit.
c Comme il y a un appareil photo, je préfère mon nouveau portable.
d Je déteste mon vieux portable qu'il n'y a pas d'applis.
e Comme il y a un écran tactile, j'adore mon nouveau portable.
f Je n'aime pas mon vieux portable car il y a des touches.

Grammaire p.166–167 WB p.16–17

Adjectives

In French, most adjectives go after the noun but some go in front:

mon **nouveau** portable   ma **nouvelle** tablette
mon **vieux** portable   ma **vieille** console

Remember that *nouveau* and *vieux* change to *nouvel* and *vieil* before a vowel or silent *h*:

mon **vieil** ordinateur   mon **nouvel** ordinateur

You can turn an adjective into a noun by putting an article in front of it:

le nouveau/**la** nouvelle – *the new one*
des vieux/**des** vieilles – *some old ones*

 Écoute les clients dans un magasin de téléphones (1–6). Écris la transcription.

 Is each customer talking about their old phone, new phone or both?

 Et toi? Fais des phrases comme dans les activités 2 et 3.

Exemple: *J'aime mon nouveau portable car ...*

What other technology do you know in French? For example:
- *ma tablette*
- *ma console*
- *mon ordinateur*

Try to use them in activity 4:
J'adore ma nouvelle tablette car ...

On les appelle des *smartphones* en anglais mais le terme officiel en français, c'est *ordiphone*.

Avec un smartphone, on peut faire beaucoup plus que téléphoner! Alors, bien sûr, je préfère mon nouveau smartphone à mon vieux portable car je peux lire mes mails, écouter de la musique, surfer sur le Net ou même visionner des films.

Mon nouveau smartphone, c'est un véritable ordinateur dans la poche parce que je peux télécharger des applications gratuites ou payantes. Ces « applis » permettent d'ajouter des jeux, des plans de métro, des recettes, des journaux ou des magazines.

Mais attention: le risque, avec ce téléphone, c'est l'addiction! Alors, un conseil: évitez de sortir constamment votre smartphone!

ajouter *to add*

 5 **Lis et réponds aux questions en anglais.**

- a What is another name for 'smartphone' in French?
- b Why is a smartphone smarter than an ordinary mobile phone?
- c What other piece of equipment is a smartphone compared to?
- d What two categories of 'apps' are mentioned?
- e Give two examples of apps that you can download.
- f What is the danger with a smartphone?

+ **What extra information can you give from the text?**

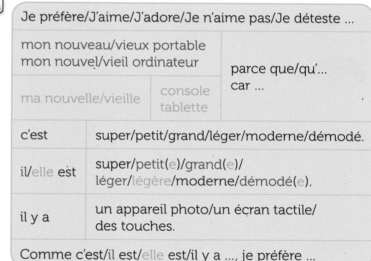

Je préfère/J'aime/J'adore/Je n'aime pas/Je déteste …		
mon nouveau/vieux portable mon nouvel/vieil ordinateur		parce que/qu'… car …
ma nouvelle/vieille	console tablette	
c'est	super/petit/grand/léger/moderne/démodé.	
il/elle est	super/petit(e)/grand(e)/ léger/légère/moderne/démodé(e).	
il y a	un appareil photo/un écran tactile/ des touches.	
Comme c'est/il est/elle est/il y a …, je préfère …		

 6 **À deux: parlez d'un vieux gadget et d'un nouveau.**

Exemple: **A** *Je n'aime pas ma vieille console parce qu'elle est démodée. Je préfère ma nouvelle console car elle est super.*
B *Moi, je préfère …*

 7 **Dessine une pub pour un nouveau gadget.**
Design an advertising poster for a new gadget.

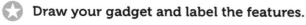

★ **Draw your gadget and label the features.**

◎ **Use verbs when labelling the features:** *C'est … Il y a …*

+ **Add opinions and justify them:** *J'adore mon nouveau portable car …*

Plenary

 Name five features of a phone, for example screen, buttons. What gender (*le*, *la*) are they?

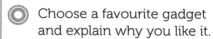 Choose a favourite gadget and explain why you like it.

 Make up a sentence about modern technology using the words 'new' and 'old'.

3.2 La technologie: juste pour s'amuser?

- Vocabulary: talk about using technology for leisure activities
- Grammar: use 'verb + preposition + infinitive'
- Skills: extend sentences; use speaking strategies

 Écoute (1–5) et lis. On parle de quelle activité?

Exemple: **1** *c*

a regarder des émissions en streaming

b écouter de la musique en ligne

c jouer à des jeux en ligne

d surfer et trouver des sites intéressants

e aller sur les réseaux sociaux

f passer des appels vidéo

 What opinion does each person have of the activity mentioned?

C'est	divertissant	pas cher
	éducatif	informatif
	facile	simple
	pratique	rapide

 Traduis les phrases a–e en anglais.

Exemple: **a** *I like to watch streamed programmes because ...*

a J'aime regarder des émissions en streaming parce qu'on peut regarder ce qu'on veut, où on veut et quand on veut.

b J'adore écouter de la musique en ligne car on peut l'écouter sur son gadget préféré.

c J'adore jouer à des jeux en ligne parce que c'est divertissant.

d Comme on peut rester facilement en contact avec des gens dans le monde entier, j'adore aller sur les réseaux sociaux.

e J'aime surfer parce que c'est éducatif et informatif.

> **Extending sentences**
>
> When you give an opinion, try to justify it by:
>
> - using a connective in the middle of the sentence:
>   *J'aime passer des appels vidéo **parce que** c'est pratique.*
>   I like to make video calls **because** it's practical.
>
> - using *comme* at the beginning of the sentence:
>   ***Comme** c'est éducatif, j'aime surfer sur Internet.*
>   **Because/As** it's educational, I like to surf the Internet.
>
> - beginning with an infinitive phrase:
>   ***Passer des appels vidéo**, c'est pratique.*
>   **Making video calls** is practical.

 Écoute l'interview de deux jeunes.
Recopie et remplis la grille en anglais.

	Activities	Why?	Other details
1	*Using social networking sites*		
2			

LIRE 4

Lis. C'est vrai ou faux?

Accro à la technologie?

Exemple: **a** *faux*

Mathis

> Je ne suis pas accro. Je n'aime pas me connecter à Internet quand j'ai beaucoup de devoirs à faire. En général, j'essaie de limiter le temps que je passe en mode « connecté ». J'adore lire mais lire des livres numériques (les e-books) ne me dit rien. J'ai de la famille au Canada alors j'aime passer des appels vidéo car c'est pratique et ça me permet de rester en contact avec mes cousins. Je me connecte aussi de temps en temps pour écouter de la musique. Je passe environ une heure par jour à écouter de la musique sur Internet.

> Je suis accro. Du matin au soir, je suis connectée à Internet. Aller sur les réseaux sociaux, visionner des vidéos marrantes, écouter de la musique en streaming, chatter en ligne — on peut tout faire, où et quand on veut. Le soir, j'adore lire les blogs de mes amis (j'écris un blog, moi aussi) et j'aime jouer à des jeux en ligne jusqu'à minuit car c'est divertissant. Mais maintenant, je pense que je suis accro à la technologie. Donc je vais essayer de limiter mon temps en mode « connecté » car en ce moment, je passe dix heures par jour sur Internet!

Lola

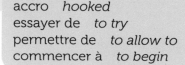

accro   *hooked*
essayer de   *to try*
permettre de   *to allow to*
commencer à   *to begin*

a Mathis goes online when he has homework.
b Lola only goes online in the evening.
c Mathis likes reading e-books.
d Lola writes a blog.
e Mathis makes video calls to stay in touch with his family.
f Lola is not worried about becoming addicted to technology.

 Translate Lola's paragraph into English.

PARLER 5

 Sondage. Interviewe dix personnes dans la classe. Utilise les expressions de l'activité 1.

See page 51 for speaking strategies.

Exemple: **A** *Combien d'heures par jour passes-tu à jouer à des jeux en ligne?*
        B *En moyenne, je passe une/deux heure(s) par jour.*

Grammaire   p.167   WB p.21

Verb + preposition + infinitive

*Je **passe du temps à écouter** de la musique en ligne. –* I **spend time listening** to music online.

*J'**ai arrêté de jouer** à des jeux en ligne. –* I **have stopped playing** games online.

En moyenne,	je passe (environ)	une/deux heure(s) trop/peu de temps	par jour/semaine le soir le week-end	à regarder/jouer/surfer ...

ÉCRIRE 6

Écris un article: « La technologie: tu es accro? »

Use the underlined phrases in activity 4 to help you.

Exemple: Je suis/Je ne suis pas accro. En moyenne, je passe ...

 Include a past tense and a future tense.

Plenary

⭐ Tell your partner five or more ways to use technology for leisure activities.

◎ Say which activity you like and explain why.

✚ How much time do you spend online? Is it too much? Are you addicted?

Give feedback on your partner's pronunciation!

3.3 Les ados et les réseaux sociaux

- Vocabulary: identify the potential dangers of social networking sites
- Grammar: use impersonal structures
- Skills: use memorisation strategies; use spoken and written register

 LIRE 1 **Lis et relie. C'est toi le détective!**

Exemple: **1** c

1	cyber-permanence	a	la cyberintimidation
2	cyber-bullying	b	la cyberdépendance
3	cyber-safety	c	la cyberpermanence
4	cyber-addiction	d	la cybersécurité

 ÉCOUTER 2 **Écoute et lis (1–4). On parle de quel risque (a–d)?**

Exemple: **1** c

effacer   *to delete*
partager   *to share*
de la même façon   *in the same way*

Quels risques présentent les réseaux sociaux?

1 Il est important de comprendre que vos commentaires, photos et vidéos sont accessibles par d'autres. Une fois postés, il est impossible d'effacer toute trace d'images et de messages. Internet a une mémoire illimitée.

3 Il est essentiel de se protéger sur Internet. Partager trop d'informations peut rendre vulnérable aux contacts indésirables et aux prédateurs du Net. Il est important de ne pas mettre son nom complet et d'ajouter à sa liste d'amis uniquement des personnes que l'on connaît.

2 Il est nécessaire de limiter l'utilisation des réseaux sociaux si on ne veut pas risquer d'aimer un peu trop la vie « virtuelle ». Si on commence à préférer la vie virtuelle à la vie réelle, on risque de devenir dépendant des réseaux sociaux.

4 Si on est victime d'une cyberintimidation, il est absolument essentiel d'en parler avec un adulte. En ligne, il faut traiter les autres de la même façon qu'on aimerait être traité.

Point final: *l'âge recommandé pour l'inscription sur les réseaux sociaux est de 13 ans d'habitude.*

 LIRE 3 **Relis le texte et trouve le français pour les phrases a–f.**

Exemple: **a** *Partager trop d'informations peut rendre vulnérable.*

a Sharing too much information can make you vulnerable.
b You must treat others in the same way as you would like to be treated.
c It is necessary to limit the use of social media.
d It is impossible to remove all trace of pictures and messages.
e It is important to understand that others can access your comments, photos and videos.
f If you are a victim of cyber-bullying, it is absolutely essential to talk about it to an adult.

➕ **Choose a paragraph and translate it into English.**

Memorisation strategies

There are lots of long words in Unit 3. Use strategies from *Allez 1* to help you remember them. Try these too:

- Look for familiar **prefixes** and **suffixes**, for example *portable* (*port + able*), *ordiphone* (*ordi + phone*).
- Put the words into an online 'word cloud' creator. Print it out and put it on your wall.
- Label items with sticky notes.
- Close your eyes. Try to visualise the word.

4 Écoute (1–4). Recopie et remplis la grille.

⭐ **What risk is being discussed? Choose from a–d in activity 1.**

	Risk	Advice ◉
1	a	it is essential to ...
2		

➕ **Transcribe the advice.**

5 À deux. Parlez des risques. Que faire?
In pairs, discuss the four risks (a–d in activity 1). What can you do?

Exemple: **A** *Alors, la cybersécurité. Que faire?*
B *C'est essentiel de se protéger et c'est important de ...*

6 Lis « En ligne, protège-toi! ». Traduis 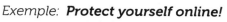 en anglais.

Exemple: **Protect yourself online!**
a *It is important never to ...*

7 Dessine une page web.
Design a web page to promote safe use of social media.

⭐ **Name the four key areas of risk.**

◉ **Name three areas of risk. Give a piece of advice for each one, using impersonal structures.**

➕ **Name four areas of risk. Give advice for each one, using impersonal structures. Can you add extra advice and information?**

Il est	important impossible essentiel obligatoire nécessaire	de/d'	comprendre ... effacer ... limiter ... se protéger ... en parler avec ... traiter les autres ...
Il faut			
Il est important de ne pas Il ne faut pas			mettre son nom complet.

Grammaire WB p.20

Impersonal structures

- Structure + preposition (such as **de**) + infinitive:
  Il est essentiel de *limiter ...* – It is essential to limit ...
- Structure + infinitive:
  Il faut *traiter les autres ...* – You must treat others ...
- Use *il est* or *c'est* depending on the register:
  Written (formal): **Il est** *important de ...*
  Spoken (informal): **C'est** *important de ...*

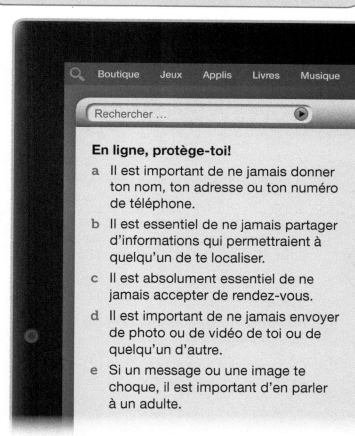

Boutique   Jeux   Applis   Livres   Musique   Vidéo

Rechercher ...

En ligne, protège-toi!

a Il est important de ne jamais donner ton nom, ton adresse ou ton numéro de téléphone.

b Il est essentiel de ne jamais partager d'informations qui permettraient à quelqu'un de te localiser.

c Il est absolument essentiel de ne jamais accepter de rendez-vous.

d Il est important de ne jamais envoyer de photo ou de vidéo de toi ou de quelqu'un d'autre.

e Si un message ou une image te choque, il est important d'en parler à un adulte.

Plenary

In groups of four or five, each person presents their web page to the group. As a group, look **carefully** at the specification for activity 7. Give two positive comments about each web page and a suggestion on how to improve it.

The web page gives:

⭐ simple information.

◉ information and advice.

➕ more detailed information and advice.

3.4 Pour ou contre la technologie?

- Vocabulary: talk about the pros and cons of new technologies
- Grammar: structure an argument
- Skills: debate a point

 Lis et relie les phrases 1–8 aux phrases a–h.

Exemple: **1** c

1 New technologies are great but they are expensive so not everyone can use them.
2 They discourage physical activity.
3 You can become dependent on them.
4 There's a risk of being a victim of Internet predators or cyber-bullying.
5 The Internet is a very rich source of information but it is not always reliable or credible.
6 New technologies make life easier.
7 You risk becoming antisocial.
8 It is easy to stay in touch with people.

a Cela décourage l'activité physique.
b Il est facile de rester en contact avec des gens.
c Les nouvelles technologies sont excellentes mais chères. Elles ne sont donc pas accessibles à tous.
d On risque de devenir antisocial.
e Il y a un risque d'être victime de prédateurs du Net ou de cyberintimidation.
f On peut en devenir dépendant.
g Les nouvelles technologies rendent la vie plus simple.
h Internet est une source d'information très riche mais ce n'est pas toujours fiable ou crédible.

 Écoute (1–8) et vérifie tes réponses.

 Lis les phrases de l'activité 1. C'est un argument pour (P), contre (C) ou pour et contre (P + C) les nouvelles technologies?

Exemple: **a** C

 How many cognates or near-cognates can you find?

 Can you spot any infinitive structures?

 Lis le blog de Clarisse. C'est vrai ou faux?

Exemple: **a** faux

a I have a friend called Marc.
b He has become addicted to online games.
c He spent three hours playing online games last weekend.
d I don't like social networking sites but I spend a lot of time surfing the Web.
e I have become antisocial.
f I think I can still benefit from new technologies but I'll be careful about the time I spend online.

Accro à la technologie?   Accueil   Profil   Compte

Je vais vous expliquer pourquoi, en partie, je suis contre les nouvelles technologies.

Pour commencer, j'ai un ami – en fait, *j'avais* un ami – qui s'appelle Marc. Il est devenu accro aux jeux en ligne. En plus, sa sœur m'a dit qu'il a passé vingt heures à jouer à des jeux en ligne le week-end dernier. Selon elle, il ne sort pratiquement plus de sa chambre!

Par contre, Internet est indispensable à la vie moderne, à mon avis. J'aime aller sur les réseaux sociaux et je passe énormément de temps à surfer sur la toile mais je ne veux pas devenir quelqu'un d'antisocial.

Finalement, je crois que je peux continuer à bénéficier des nouvelles technologies mais je vais faire attention au temps que je passe connectée à Internet.

Clarisse

la toile   *the Web*

5 **Écoute le débat et réponds aux questions en anglais.**

Exemple: **a** *New technologies make life easier ...*

a What is speaker number 1's first argument for new technologies? What example does she give?
b What is her second argument? Example?
c What is her third argument? Example?
d What are the second speaker's first two arguments against new technologies?
e What is his second argument against? How does he agree with the first speaker?
f What is his final argument against? What positive aspect does he mention?

Grammaire

Structuring arguments

Use different structures to introduce, develop and finish a line of argument. Which of the following structures can you see in activity 4? Listen out for them in activity 5.

Start off/Introduce	Develop/Add to	Finish/Round off
pour commencer	en plus/en outre	pour terminer
premièrement	deuxièmement	pour finir
tout d'abord	puis/ensuite	finalement

6 **Débat en groupe: « Pour ou contre les nouvelles technologies? »**

With a partner, take a standpoint for or against new technologies. Join up with another pair who take the opposite standpoint. Argue your case!

Exemple: **A et B** *Il est facile de rester en contact avec des gens.*
C et D *Oui, mais on risque de devenir antisocial.*

7 **Écris un mail à ton/ta député(e).**
Write an email to your MP.

⭐ **Give three arguments for <u>or</u> against new technologies.**

◎ **Give three arguments for <u>and</u> against.**

➕ **Make your opening statement using the future tense. Use and adapt other language from pages 46–47:** *Je vais vous expliquer pourquoi je suis pour/contre ...*

Sujet: Les nouvelles technologies

Monsieur le Ministre/Madame la Ministre,
Je suis pour/contre les nouvelles technologies.
Tout d'abord, les nouvelles technologies rendent la vie plus simple ...

Debating a point

- Agree and disagree:
  ✓ *Oui, c'est vrai. Oui, je suis d'accord.*
  ✗ *Non, c'est faux. Non, je ne suis pas d'accord.*
- Express and justify your opinions:
  Je pense/trouve/crois que/qu'... – I think that ...
  À mon avis/Selon moi ... – In my opinion ...
  parce que, car, comme ...
- Use examples to support your argument: *Par exemple, ...*
- Use connectives to link contrasting arguments: *mais, par contre/en revanche* (on the other hand), *cependant/pourtant* (however).
  Oui, c'est vrai. Cependant, ... – Yes, that's true. However, ...

Plenary

⭐ Give three reasons why you are **for** new technologies.

◎ Add three reasons why someone might be **against** them.

➕ Give three reasons **for and against**. Use connectives to contrast the positive and negative points of each argument.

3.5 Le meilleur gadget?

- Vocabulary: talk about favourite technology and gadgets
- Grammar: use the preposition *à* + definite article
- Skills: use speaking strategies; use reading strategies to work out meaning

 Lis. C'est quelle image?

Exemple: **1** *d*

1 Avec **un smartphone**, on peut faire beaucoup plus que téléphoner. C'est un véritable ordinateur dans la poche.

2 C'est **un baladeur numérique** à écran tactile qui ressemble à un smartphone mais sans les fonctions de téléphonie.

> un baladeur numérique   *a digital music player*

3 C'est **une tablette** à écran tactile. C'est un intermédiaire entre l'ordinateur portable et le smartphone.

4 **Un ultra-portable**, c'est un ordinateur portable très léger, de taille très réduite, qui peut être transporté et utilisé n'importe où.

> la taille   *size*
> n'importe où   *anywhere*

➕ **Choose a description (1–4) and translate it into English.**

Qu'est-ce qu'on préfère?

Exemple: **a** *Je préfère la tablette au smartphone ...*

a Je préfère [tablette / smartphone] parce que l'écran est plus grand.
b Je préfère [tablette / ultra-portable] car c'est plus léger.
c Je préfère [baladeur numérique / tablette] parce que c'est plus petit.
d Je préfère [smartphone / portable traditionnel] car c'est nouveau.
e Je préfère [ultra-portable / tablette] parce que c'est plus durable.
f Comme j'aime lire où et quand je veux, je préfère [livres numériques / livres traditionnels].

➕ **Rewrite a–f, giving different reasons for the opinions. Use activity 1 to help.**

⚙️ Grammaire WB p.21

The preposition *à*

À usually means 'at' or 'to'.

à + le	à + la	à + l'	à + les
→ au	→ à la	→ à l'	→ aux

Je préfère	la tablette	**au**	smartphone.
	le smartphone	**à la**	tablette.
	la tablette	**à l'**	ultra-portable.
	les livres traditionnels	**aux**	livres numériques.

ÉCOUTER 3 **Écoute l'émission de radio. Anne Formatik parle de ses gadgets préférés. Recopie et remplis la grille en anglais.**

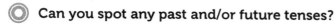

	Gadget	Description/Opinion
3rd place	*smart glasses*	
2nd place		
1st place		

◎ **Can you spot any past and/or future tenses?**

LIRE 4 **Lis et réponds aux questions en anglais.**

★ **Answer the main part of the question.**

◎ **Answer the part in brackets.**

a What are the author's two ultimate gadgets?

b Give three examples of what he uses his phone for? (Give all five examples.)

c Give one reason why he sometimes prefers his tablet. (Give all three reasons.)

d Which gadget does he prefer tablets to? (Which other type of gadget is mentioned?)

e Which gadget would he take to a desert island?

f What would his ideal gadget be? (What would be different about it?)

✚ **Translate the underlined phrases.**

Quel est le meilleur gadget selon moi? J'en ai deux! Mes préférés sont mon smartphone et ma tablette.

Je préfère le smartphone à mon vieux portable. C'est le meilleur gadget selon moi car on peut tout faire avec: téléphoner, envoyer des textos, regarder des vidéos, écouter de la musique et lire des livres.

Mon portable a un écran assez large mais je préfère ma tablette quand je veux lire ou regarder quelque chose. C'est plus facile de taper des documents longs sur un appareil plus grand. Mais je préfère les tablettes aux ordinateurs portables (même les ultra-portables).

Et si j'étais sur une île déserte? Mon meilleur gadget serait mon smartphone car je le préfère à la tablette. Le gadget de mes rêves? Ce serait un smartphone de même dimension que ma tablette.

taper	*to type*
serait	*would be*

PARLER 5 **En groupe: «Quel gadgets préfères-tu?» Le groupe est d'accord?**

See page 51 for speaking strategies.

Exemple: **A** *Je préfère le smartphone à la tablette parce que le smartphone, c'est un téléphone et un ordinateur. Par contre, la tablette, c'est juste un ordinateur.*

  B *Non, je ne suis pas d'accord …*

ÉCRIRE 6 **Fais la description de ton gadget préféré. Donne ton opinion.**

Exemple: Selon moi, le meilleur gadget, c'est … parce que …

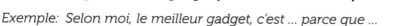

Je préfère … au/à la/à l'/aux … parce que/car …

c'est/il est/elle est …	léger/légère, compact(e), pratique, moderne …
on peut	prendre des photos, écouter de la musique, lire des mails, faire/regarder des vidéos, envoyer des textos, téléphoner.

Comme c'est/il est/elle est …, je préfère …

Plenary

Write down your answers to the medal activities. Take care with small details such as spellings and accents. Swap your work with your partner and give each other feedback.

★ List three gadgets in French.

◎ Name a gadget and add what you can do with it.

✚ Name the gadget you prefer and why, and say what you have used it for.

Position and agreement of adjectives

1 **Copy and complete each sentence using the adjective provided.**
Be careful to put each adjective in the correct position and make sure it agrees with the noun.

Exemple: **a** *J'adore les nouvelles technologies.*

a J'adore les technologies. (*new*)
b Je n'aime pas mon portable. (*old*)
c Je préfère la tablette. (*blue*)
d Je préfère mon ordinateur à mon vieil ordinateur. (*new*)
e Je déteste les portables. (*small*)
f Je n'aime pas la tablette. (*black*)

- In French, most adjectives go after the noun, for example colour adjectives: *mon smartphone* **bleu**, *ma tablette* **noire**.
- However, there are some that go in front of the noun, such as *nouveau* (new) and *vieux* (old): *mon* **nouveau** *portable*, *mon* **vieux** *portable*.
- Adjectives of size go in front of the noun too: *un* **grand** *écran*, *un* **petit** *écran*.

	masc. sing.	before vowel or silent *h*	fem. sing.	masc. plural	fem. plural
old	vieux	vieil	vieille	vieux	vieilles
new	nouveau	nouvel	nouvelle	nouveaux	nouvelles
big	grand	–	grande	grands	grandes
blue	bleu	–	bleue	bleus	bleues

Impersonal structures

2 **Unscramble the sentences and rewrite them using correct word order.**

Exemple: **a** *Il est essentiel de se protéger sur Internet.*

a de / essentiel / se protéger / sur / est / Internet / il / .
b essentiel / il / d'en parler / absolument / un adulte / est / avec / .
c est / il / toute trace / d'effacer / d'un message / impossible / d'une image / ou / .
d vos messages, photos et vidéos / important / sont / comprendre / que / de / par d'autres / accessibles / est / il / .
e faut / il / ne / pas / ton nom / ton adresse / donner / ou / .
f jamais / accepter / il / ne / faut / de / rendez-vous / .

Impersonal structures are invariable (they don't change). They are followed by a preposition (such as *de*) and an infinitive, or just by an infinitive:

Il est nécessaire de *comprendre …*
– It is necessary to understand …

Il est essentiel de *limiter …*
– It is essential to limit …

Il faut *traiter les autres …*
– You must treat others …

Impersonal structures that begin with *il est* can also begin with *c'est*. *C'est* is less formal than *il est* and is usually used when speaking; *il est* is usually used in writing:

(Usual) written form:
Il est *important de se protéger sur Internet.*

(Usual) spoken form:
C'est *important de se protéger sur Internet.*

Verb + preposition + infinitive

3 **Translate a–c into French and d–f into English.**

Exemple: **a** *J'ai arrêté d'aller sur les réseaux sociaux.*

a I have stopped using social networking sites.
b I spend time playing games online.
c I have stopped listening to music online.
d J'ai arrêté de passer des appels vidéo.
e Je passe du temps à aller sur les réseaux sociaux.
f Je passe du temps à regarder des émissions en streaming.

Some verbs are followed by a preposition:
passer du temps **à** – to spend time
arrêter **de** – to stop

The verb that follows the preposition is always in the **infinitive**:
Je **passe du temps à écouter** *de la musique en ligne.* – I **spend time listening** to music online.
*J'***ai arrêté de jouer** *à des jeux en ligne.* – I **have stopped playing** games online.

Speaking strategies

Use these strategies with activity 5 on page 43 and activity 5 on page 49.

Before you start speaking, remember it's important to **plan** what you want to say. Think back to the strategies you learnt in *Allez 1*, for example make cue cards or practise saying aloud any long or tricky words. Try these too:

• Use an English word or a 'universal' word such as *smartphone* or *Internet* – but remember to pronounce it in the French way!

• If you get stuck or forget a word, use an all-purpose expression like *un truc* ('a thingy').
• Use a word with roughly the same meaning, for example if you forget how to say 'laptop', say *petit ordinateur* ('little computer') instead.
• Recycle familiar set phrases from other topics, for example *j'aime ça, ce n'est pas amusant, c'est dangereux*. As with hesitation words (such as *euh …*), they give you time to think!

Pronunciation: *eu*

4 **Read aloud sentences 1–4. Then listen to check your pronunciation of the *eu* sounds.**

1 Comme gadgets, j'ai un ordinateur, une liseuse et un baladeur numérique.
2 J'adore mon baladeur car je peux écouter de la musique où je veux et quand je veux.
3 En ligne, un interlocuteur peut être un prédateur alors fais attention!
4 Je passe des heures à jouer à des jeux en ligne mais mon ordinateur est vieux.

The vowel combination *eu* in French sounds a bit like 'uh' or 'ugh' in English.

3.7 Extra Star

- Vocabulary: talk about favourite gadgets
- Grammar: understand and give opinions
- Skills: use connectives to extend sentences

1 Match the words to the features (a–e).

Exemple: **a** *le smartphone*

les écouteurs
l'appareil photo
le smartphone
l'écran tactile
les applis

2 Match up the sentence halves.

Exemple: **1** *e*

1 Je déteste les ordinateurs portables …	a je suis pour les nouvelles technologies.
2 Je n'aime pas mon vieil ordinateur car …	b aux portables traditionnels.
3 Comme il y a un grand écran tactile, …	c j'aime mon nouveau smartphone.
4 J'adore ma tablette parce qu'…	d il est trop grand et démodé.
5 Je préfère les smartphones …	e mais j'adore les tablettes.
6 Comme elles rendent la vie plus simple, …	f elle est petite et légère.

3 Read the article about the top three gadgets of the year. Copy and complete the grid in English.

Place	Gadget	Reasons why …
3rd	laptop	it's small and light …
2nd		
1st		

4 What are your top three gadgets? Explain why you like them and what you can use them for.

Exemple: J'aime mon smartphone parce qu'il est léger et petit et parce qu'on peut surfer sur Internet …

Le Top du Gadget

Page d'accueil   **Revue**   Vendre   Recommandé   Forum

Le top trois des gadgets de l'année!

En troisième place, nous avons l'ordinateur portable. Il est petit et léger et on a tout pour le travail scolaire. On peut aussi passer des appels vidéo et écouter de la musique en ligne.

En deuxième place, nous avons la tablette. On peut regarder des émissions en streaming, surfer sur Internet et lire ses mails.

En première place, nous avons le smartphone. C'est un téléphone portable et un ordinateur en miniature! On peut passer des appels vidéo, aller sur les réseaux sociaux, jouer à des jeux en ligne … C'est extra!

3.7 Extra Plus

- Vocabulary: talk about favourite gadgets and about the pros and cons of modern technology
- Grammar: give opinions and structure an argument
- Skills: argue a point

1 Mets les mots dans le bon ordre. Recopie les phrases.

Exemple: **a** *J'adore mon nouveau smartphone parce qu'...*

a un écran tactile / j'adore / et / parce qu' / mon nouveau smartphone / il y a / et / beaucoup d'applis / . / le smartphone / au / je préfère / portable traditionnel / .

b est / mon vieux portable / petit / démodé / et / . / car / le nouveau / j'aime / c'est / et / un portable / un ordinateur / .

c aller sur / les réseaux sociaux, / surfer et trouver des sites intéressants / on peut / . / le meilleur gadget / c'est / .

2 Lis l'article et réponds aux questions en anglais.

a Where has the study been carried out?
b What are young people who are addicted to smartphones like, compared to other young people?
c What can students be distracted from?
d What do the authors of the study recommend?
e What two benefits would this have?

3 Pour ou contre les smartphones? Dessine un poster ou une infographie.

- Design a poster or infographic on the pros and cons of smartphones.
- Use ideas and vocabulary from the whole of Unit 3.
- Make sure you use the structures in the box below.

Exemple: *Le smartphone: pour ou contre?*
Pour commencer, j'aime mon smartphone parce que ...

Accro au smartphone?

Selon une étude américaine, les jeunes accros aux smartphones sont plus anxieux que les autres.
Cette étude prétend que le portable est une distraction trop importante qui peut détourner l'attention du travail scolaire.
Les auteurs de l'étude recommandent aux jeunes de modérer l'utilisation de leur téléphone portable pour réduire leur anxiété et mieux se concentrer sur leur travail scolaire.

une étude   *a study*

- ✓ Opinion phrases: *j'aime, je n'aime pas, je pense que, à mon avis, ...*
- ✓ Connectives: *comme, parce que, car ...*
- ✓ Phrases to justify your opinions: *c'est, on peut/on ne peut pas + infinitive ...*
- ✓ Phrases to structure your arguments: *d'abord, ensuite, pour finir ...*

Biblio'Brousse, le bus–classe d'informatique au Burkina Faso

1 Au Burkina Faso comme ailleurs, il est essentiel de savoir se servir d'un ordinateur. Beaucoup de services (mairies, bureaux de poste …) sont équipés d'ordinateurs. De même, la plupart des écoles secondaires possèdent des salles d'informatique. Par contre, le pays manque de professeurs d'informatique.

2 L'association Biblio'Brousse apporte une solution. Elle a aménagé un grand bus en salle d'informatique mobile, qui peut accueillir 20 personnes par cours. Cette « salle » permet une initiation aux outils informatiques les plus courants. Le bus circule partout dans le pays. De cette façon, Biblio'Brousse peut aider un très grand nombre de personnes.

3 Le cycle de formation dure 18 séances pour le public (employés de l'administration, autres services publics …). Pour les lycéens, la formation dure quatre mois. À la fin, la grande majorité des élèves reçoivent le diplôme Biblio'Brousse.

la brousse	*bush*
le pays manque de	*the country lacks*
l'outil	*tool*

Burkina Faso is a French-speaking country in West Africa.

 Read the text. Choose a title (below) for each paragraph (1–3). Careful: there are three titles that you will not need.

- Examens difficiles
- Initiative pour se connecter
- Initier les jeunes et les adultes
- Pas assez d'enseignants
- Un bus qui sert d'école
- Service réservé aux lycéens

 True or false? For the false statements, find words from the text to justify your answer.

Exemple: **a** *false (la plupart des écoles secondaires possèdent des salles d'informatique)*

a There aren't enough computers in schools.
b In the bus, there is room for 18 students.
c The bus travels around a lot.
d Biblio'Brousse is intended for schools only.
e Students study IT for a year.
f Many students pass the final exam.

3.8 Vidéo

Le gadget préféré

1 Regarde l'épisode 3. De quels gadgets parlent les jeunes?

> un portable   un ultra-portable
> un smartphone/ordiphone   une console de jeux
> un baladeur numérique   un appareil photo
> une tablette   un ordi

2 Lis les opinions a–e. Qui dit ça? C'est Clarisse, Jules, Zaied, Jémilie ou Basile?

Exemple: **a** Zaied

a J'aime les consoles de jeux, parce que c'est bien pour s'amuser et facile à utiliser.

b J'aime les smartphones parce qu'il y a beaucoup de possibilités, comme écouter de la musique, regarder ses mails, etc.

c J'aime les tablettes, parce qu'elles sont légères et pratiques à transporter.

d J'aime les ordiphones, mais aussi les vieux ordis, parce qu'ils sont grands et pratiques.

e J'aime les tablettes, parce qu'elles ont un écran tactile. Je n'aime plus les consoles.

3 Comment les jeunes utilisent-ils leurs gadgets? Qui parle de chaque activité a–d?

a surfer et trouver des sites intéressants
b aller sur les réseaux sociaux
c faire mes devoirs en ligne
d regarder des émissions en streaming

  4 **Parle de ton gadget préféré.**

- Favourite gadget?
- Why?
- What do you use it for?
- Any risks?

Exemple: Moi, mon gadget préféré, c'est ... parce que ...
J'aime regarder/écouter/surfer ... Le danger, c'est ...

3.9 Test

1 Listen to six young people talking about gadgets. Copy out and fill in the grid in English. (See pages 40–43.)

	Gadget	Opinion	Extra information
1	New mobile phone	☺	It's light, modern ...
2			

2 Give a presentation about new technologies. Are you for or against them? (See pages 40–47.)

You could include:

- what new technologies there are: *les smartphones, ...*
- what you can do with them: *On peut surfer ...*
- the pros and cons of new technologies: *C'est pratique et ... Par contre, on risque ...*
- your opinions of them: *À mon avis, ... Je préfère ... Je suis pour/contre ...*

3 Read Noé's text and answer the questions in English. (See pages 42–47.)

Exemple: **a** *the computer in my pocket*

a How does Noé describe his smartphone in the first sentence?

b What is the first reason he gives for liking his smartphone so much?

c How does it help him to stay in contact with his friends? (Give **two** details.)

d Name one activity that he likes doing on the Internet.

e What advice does Noé give in the final paragraph?

f According to Noé, what is the disadvantage of smartphones?

4 Write an article for your school magazine about safe use of the Internet. (See pages 44–45.)

- Explain the dangers of social networking sites: *Il y a un risque de ...*
- Give tips on how to stay safe online: *Il est important de...*

Remember: the more you can develop your answers, the better your work will be.

Sujet: **Mon smartphone**

Je peux tout faire grâce à l'ordinateur que j'ai dans ma poche – mon nouveau smartphone! Pour moi, c'est le meilleur gadget. Je vais expliquer pourquoi.

Tout simplement parce que je peux tout faire avec. D'abord, je l'adore parce que je peux télécharger et écouter de la musique. Et puis, je considère qu'il est important de rester en contact avec ses amis et, avec mon smartphone, je peux téléphoner à mes amis et aller sur les réseaux sociaux. Pour finir, avec mon smartphone, Internet est toujours accessible et je peux surfer et trouver des sites intéressants. C'est très utile pour le travail scolaire!

Par contre, j'aime jouer à des jeux en ligne aussi. Alors, c'est important d'essayer de limiter le temps qu'on passe connecté à Internet. Avec un gadget aussi cool, le danger, c'est l'addiction! Donc, je vais faire attention!

Noé

Vocabulaire

Old and new technology

J'aime/J'adore/Je n'aime pas/Je déteste ...	I like/I love/I don't like/I hate ...
mon vieux portable	my old mobile phone
mon nouveau smartphone	my new smartphone
mon nouvel ordiphone	my new smartphone
mon nouvel/vieil ordinateur	my new/old computer
ma nouvelle tablette	my new tablet
ma vieille console (de jeux)	my old games console
Je préfère le vieux/la vieille.	I prefer the old one.
Je préfère le nouveau/la nouvelle.	I prefer the new one.
C'est/Il est/Elle est ...	It is ...
petit(e)/grand(e).	small/big.
léger/légère.	light.
moderne/démodé(e).	modern/old-fashioned.
Il y a ...	There is/are ...
un appareil photo.	a camera.
un écran tactile.	a touchscreen.
des applis.	apps.
des écouteurs.	headphones.
des touches.	buttons, keys.
J'adore ... parce que/car ...	I love ... because ...
Comme c'est/il est/elle est ..., j'adore ...	As it is ..., I love ...

Using technology

J'aime/J'adore ...	I like/I love ...
regarder des émissions en streaming.	watching streamed programmes.
écouter de la musique en ligne.	listening to music online.
jouer à des jeux en ligne.	playing games online.
surfer et trouver des sites intéressants.	surfing and finding interesting websites.
aller sur les réseaux sociaux.	going on social networking sites.
passer des appels vidéo.	making video calls.
C'est ...	It is ...
divertissant.	entertaining.
éducatif/informatif.	educational/informative.
facile/simple.	easy/simple.
pas cher.	cheap.
pratique/rapide.	practical/fast.
Je passe ... heure(s) par jour à jouer/surfer ...	I spend ... hour(s) per day playing/surfing ...
J'ai arrêté de jouer à ...	I've stopped playing ...

Social media

Quels risques présentent les réseaux sociaux?	What are the risks of social media?
la cyberdépendance	cyber-addiction
la cyberintimidation	cyber-bullying
la cyberpermanence	cyber-permanence
la cybersécurité	cyber-safety
Il est important/essentiel/nécessaire de/d'...	It is important/essential/necessary to ...
se protéger en ligne.	protect oneself online.
en parler avec un adulte.	talk about it with an adult.
limiter l'utilisation des réseaux sociaux.	limit the use of social media.
ne jamais partager d'informations ...	never share information ...
Il est impossible d'effacer ...	It is impossible to delete ...
Il faut traiter les autres ...	You must treat others ...
Il ne faut pas donner ton nom complet.	You must not give your full name.

Pros and cons of new technologies

Les nouvelles technologies ...	New technologies ...
sont excellentes mais chères.	are excellent but expensive.
rendent la vie plus simple.	make life easier.
Cela décourage l'activité physique.	They discourage physical activity.
On peut en devenir dépendant.	You can become dependent on them.
On risque de devenir antisocial.	You risk becoming antisocial.
Il y a un risque de/d'...	There's a risk of ...
Il est facile de rester en contact ...	It is easy to stay in contact ...
Internet est une source d'information très riche.	The Internet is a rich source of information.

Grammar and skills: I can...

- use adjectives correctly (agreement and position)
- use 'verb + preposition + infinitive' structures
- use impersonal structures
- structure an argument
- use the preposition à (au/à la/à l'/aux)
- use memorisation strategies
- debate a point
- use speaking strategies

4.1 Ados–parents: c'est la guerre?

- Vocabulary: discuss relationships with parents
- Grammar: use pronouns *me*, *te* and *se* in positive and negative sentences
- Skills: express opinions with confidence; agree and disagree

 Lis et relie le français et l'anglais.

Exemple: **1** d

1 Mes parents me laissent sortir le week-end.
2 Ma mère me fait confiance.
3 Mon père me traite comme un bébé.
4 Je ne peux pas sortir avec mes copains.
5 Mes résultats scolaires sont très importants.
6 J'ai de bonnes relations avec mes parents.
7 Je parle beaucoup avec mes parents.
8 Mes parents sont stricts la semaine mais assez cool le week-end.

a My mum trusts me.
b My school results are very important.
c My parents are strict during the week but quite cool at the weekend.
d My parents let me go out at the weekend.
e I have a good relationship with my parents.
f My dad treats me like a baby.
g I can't go out with my friends.
h I talk a lot with my parents.

 Écoute et vérifie.

 Regarde l'activité 1 avec ton/ta partenaire. C'est positif (P), négatif (N) ou les deux (P + N)?

Exemple: **A** *Le numéro 1: « Mes parents me laissent sortir le week-end. »*
B *C'est positif!*
A *Oui, je suis d'accord./Non, je ne suis pas d'accord …*

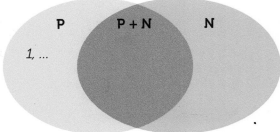

> **Expressing opinions, agreeing and disagreeing**
>
> *Je pense/trouve que …* – I think (that) …
>
> *Je suis d'accord.* – I agree.
>
> *Je ne suis pas d'accord.* – I disagree.
>
> *Tu rigoles/plaisantes!* – You're joking!
>
> *Moi aussi.* – Me too.
>
> *Moi non plus.* – Neither do I/Neither am I/Me neither.
>
> Use *moi non plus* to reply to a negative statement: *Mon père ne me laisse pas sortir. – Moi non plus!*

 Discute avec ton/ta partenaire: « Tu as de bonnes relations avec tes parents? » Utilise 1–8 de l'activité 1.

Exemple: **A** *Tu as de bonnes relations avec tes parents?*
B *Oui, je parle beaucoup avec mes parents. Et toi?*
A *Non, tu rigoles! …*

 Add opinions: *Je pense que c'est important …*

5 Lis. C'est Florian (F) ou Lauren (L)?

Exemple: **a** *F*

Parents: c'est la guerre?

> Moi, j'ai de bonnes relations avec mes parents. Ils me laissent sortir le week-end et ils me font confiance mais je dois rentrer à l'heure! Ils me respectent et on se parle beaucoup, c'est important.
>
> Lauren

> à l'heure   *on time*

> Moi, le problème, c'est le collège. Mes résultats scolaires sont très importants. Pour mes parents, mes notes sont toujours nulles et je dois toujours faire mieux. En plus, en semaine, je ne peux pas sortir avec mes copains parce que je dois faire mes devoirs. Le soir, je ne dois pas utiliser mon ordi plus de deux heures! J'ai de mauvaises relations avec mes parents!
>
> Florian

> faire mieux   *to do better*

a Je ne peux pas aller au ciné en semaine.
b Je parle beaucoup avec mes parents.
c Je peux sortir le week-end.
d Mes résultats scolaires sont importants.
e Je ne peux pas utiliser mon ordi plus de deux heures le soir.
f Je dois rentrer à l'heure.

 6 Écoute Camille, Youssef, Olivier, Léa et Carlotta. Recopie et remplis la grille. Positif (P), négatif (N) ou les deux (P + N)?

	P	N	P + N
Camille	✓		
Youssef			

⭐ **Name two people who have a good relationship with their parents.**

◎ **Listen out for the French for these expressions:**
- I have a brilliant relationship with my parents.
- I've had enough!
- It annoys me.

➕ **Transcribe what Camille says.**

 7 Écris un article: « Mes parents et moi ». Adapte les textes de l'activité 5. Invente si tu veux!

Exemple: Mes parents sont cool. Ils ne me traitent pas comme un bébé et je peux …

J'ai de	bonnes mauvaises	relations avec	mon père. ma mère. mes parents.

⚙ Grammaire   p.166, p.168 WB p.11–12, p.24

Pronouns: *me, te, se*

On pages 58–59, *me* and *te* are used as object pronouns:

me	*me, to me*	**te**	*you, to you*

Se is a reflexive pronoun:

se	*(to) himself/herself/ourselves/ each other/themselves*

*Ils **me** traitent comme un bébé.* – They treat **me** like a baby.

*Ton père **te** fait confiance.* – Your dad trusts **you**.

*On **se** parle.* – We talk **to each other**.

Negative: *On **ne se** parle **pas**.* – We **don't** talk **to each other**.

Plenary

In groups of three, make a list of expressions you have learnt for discussing relationships with parents. Remember to use opinions, connectives and time expressions (*toujours, jamais, toute la journée*).

⭐ Describe your relationship with your parents in three simple sentences.

◎ Add more information and use a connective.

➕ Add your opinion and use a variety of pronouns.

4.2 Les ados et l'argent

- Vocabulary: talk about pocket money and what you do to help at home
- Grammar: identify and use modal verbs: *devoir, pouvoir* and *vouloir*
- Skills: ask and answer questions

1 Lis le sondage et réponds aux questions.

Exemple: **a** 80%

What percentage of teenagers receive pocket money ...?
a for Christmas
b regularly
c for good results at school
d for their birthday
e for tidying their room
f for looking after their younger brother/sister
g for doing the shopping
h for mowing the lawn

Sondage	Réponses
1 Quand reçois-tu de l'argent de poche?	
Je reçois de l'argent ...	
• régulièrement	64%
• pour mon anniversaire	83%
• pour Noël	80%
• pour mes bons résultats scolaires	23%
• pour des petits boulots	35%
2 Quels petits boulots dois-tu faire?	
Je dois aider à la maison:	
• faire la vaisselle, ranger ma chambre	61%
• tondre la pelouse	40%
• laver la voiture	37%
• faire les courses	24%
• garder mon petit frère/ma petite sœur, faire du baby-sitting	15%

2 Sondage. Recopie la grille de l'activité 1. Pose les deux questions à cinq personnes et note les réponses.

Exemple: **A** *Quand reçois-tu de l'argent de poche?*
B *Je reçois de l'argent pour Noël ...*
A *Quels petits boulots dois-tu faire?*
B *Je dois tondre la pelouse ...*

Present your findings: *Deux personnes reçoivent de l'argent pour Noël. Trois personnes doivent tondre la pelouse ...*

> **Asking questions**
>
> In questions, the word order can change to **verb-subject** inversion. Put the verb before the subject and put a hyphen (dash) between them: *Quels petits boulots **dois-tu** faire?*
>
> When you ask a question, your voice must **go up** at the end.
>
> When you answer, your voice **stays even** or **goes down**.

3 Écoute (1–6). Recopie et remplis la grille.
Ils ont combien d'argent? C'est assez?
How much money do they get?
Do they think it is enough?

	Combien?	C'est assez?
1	30€ par mois	oui
2		

10	dix	35	trente-cinq
15	quinze	40	quarante
20	vingt	45	quarante-cinq
25	vingt-cinq	50	cinquante
30	trente	55	cinquante-cinq

par mois   *per month*
par semaine   *per week*

4 **Lis les textes. Qui dit quoi?**

Exemple: **a** *Alex*

Je n'ai pas d'argent de poche régulièrement mais mes parents m'achètent ce que je demande. En plus, quand je dois tondre la pelouse, ils me donnent 5 euros de l'heure. J'aimerais m'acheter un jeu vidéo donc je mets de l'argent de côté mais la semaine dernière, j'ai acheté des places de ciné!

Alex (de Paris)

J'ai un budget de 40 euros par mois et je dois acheter mon maquillage, mes CD et mes livres. Quelquefois, ma grand-mère me donne 20 euros quand je fais les courses. J'adore le shopping donc je peux tout dépenser! Par exemple, hier, j'ai acheté deux robes et un sac! En juin, je veux aller au concert de Beyoncé donc je dois économiser.

Julie (de Lyon)

dépenser *to spend*

a I get money for mowing the lawn.
b I am saving to buy a game.
c I must buy my own books.
d I get money for doing the shopping.
e I must save.
f I put money aside.

⭐ **How many cognates can you see?**

◎ **Find two sentences in the perfect tense.**

➕ **Translate the underlined expressions.**

5 **Écris un mail: « Mon argent de poche ».**

Exemple: *J'ai £10 par semaine …*

➕ **Say what you have bought recently:** *La semaine dernière, j'ai acheté un T-shirt …*

Grammaire p.167, p.170 WB p.31

Modal verbs + infinitive

devoir (*must*)	vouloir (*want*)	pouvoir (*can*)
je dois	je veux	je peux
tu dois	tu veux	tu peux
il/elle/on doit	il/elle/on veut	il/elle/on peut

*Je **veux payer**.* – I want to pay.

*Il **doit économiser**.* – He must save.

To form the negative: ***ne … pas*** wraps around the modal verb:

*Tu **ne** dois **pas** dépenser ton argent.* – You must not spend your money.

Mes parents	me donnent m'achètent	£10 par semaine/par mois. mes vêtements. mes livres.
Mon père Ma mère	me donne m'achète	
Je dois Je veux Je voudrais Je peux Je ne peux pas	acheter payer	mes places de ciné. mes CD. mes livres.
	m'acheter	une tablette. un jeu vidéo.
	économiser. mettre de l'argent de côté.	

Plenary

Talk about pocket money with your partner.

⭐ Say how much pocket money you get and how often you get it.

◎ Add what you have to do and what you would like to buy.

➕ Include three different connectives and a perfect tense.

Is your partner using correct pronunciation and intonation? Give each other feedback and then repeat your conversation. Can you hear the difference?

4.3 Ados + pressions = problèmes?

- Vocabulary: talk about the pressures faced by teenagers and understand advice
- Grammar: use the *tu* form of the imperative
- Skills: use listening strategies

 Écoute, lis et trouve les titres.
Find a title (a–d) for each paragraph (1–4).

Être ado, c'est facile?

1 Pour moi, c'est le regard des autres qui est difficile. Je n'ai pas confiance en moi. Je trouve que mes copains sont plus intelligents, plus « fun » que moi mais j'ai besoin d'avoir beaucoup d'amis. Quelquefois, c'est difficile ... au collège surtout.
Alice

2 Mes parents ne sont jamais contents! Ils m'étouffent, ils sont toujours sur mon dos: « travaille plus », « finis tes devoirs », « arrête avec ton portable ». J'en ai un peu marre!
Valentin

3 Moi, je veux ressembler aux jeunes des magazines. Je voudrais être belle et mince! J'adore les stars alors je lis tous les magazines people.
Camille

4 Moi, j'ai peur de ne pas réussir plus tard. Tous les profs disent « il faut travailler », « l'avenir est difficile pour les jeunes aujourd'hui », « fais des efforts » ... et ça me stresse beaucoup. C'est l'école qui me met la pression.
Louis

a Pression au collège
b Pression des parents
c Pression des copains
d Pression de la presse

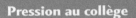 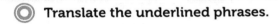 **Translate the underlined phrases.**

étouffer   *to suffocate/stifle*
les magazines people   *celebrity magazines*
réussir   *to succeed*

 Relis l'activité 1. Vrai, faux ou pas mentionné?

Exemple: **a** *vrai*

a Alice veut avoir beaucoup d'amis.
b Alice a confiance en elle.
c Pour Alice, au collège, c'est compliqué avec les copains.
d Valentin a de bonnes relations avec ses parents.
e Valentin n'a pas de portable.
f Camille a confiance en elle.
g Louis veut réussir au collège.

 Sondage: pose la question à cinq personnes.

Exemple: **A** *Quelle est la plus grosse pression pour toi?*
B *Pour moi, la plus grosse pression, c'est le collège.*

 Quelles sont tes pressions? Écris des phrases.

Mon problème, La plus grosse pression,	c'est	le collège la presse	parce que/qu' ... ça m'étouffe/me met trop de pression/me stresse.
	ce sont	les profs les parents les copains	ils m'étouffent/me mettent trop de pression/me stressent. je veux leur ressembler. je veux réussir.

5 **Lis et trouve les expressions en français.**

Exemple: **a** *fais tes devoirs*

a do your homework
b revise for your tests
c ask your teachers
d talk to your parents
e concentrate on your work
f stay positive

Grammaire WB p.32

The imperative

Use the imperative to give advice or orders.

Present tense		Imperative
tu fais	→	fais!
tu attends	→	attends!
tu restes	→	reste!

To form the negative: **ne** ... **pas** wraps around the verb: **ne** *fais* **pas** ...!

Les conseils d'Agathe

Travaille régulièrement, fais tes devoirs tous les jours et révise pour tes contrôles parce que les résultats scolaires sont importants. Demande à tes profs si tu ne comprends pas et ne t'inquiète pas pour ton avenir. Discute avec tes parents parce qu'ils t'aiment. Demande de l'aide à tes copains aussi. Tu es jeune alors concentre-toi sur ton travail et garde confiance en toi, c'est le plus important. Bon courage et reste positif!

Tante Agathe

ne t'inquiète pas   *don't worry*

 6 **Écoute Tante Agathe et mets ses conseils dans l'ordre.**

Exemple: e, ...

a Explain your problems.
b Go to the cinema with your parents.
c Help your dad.
d Do not stay in your room.
e Talk to them.
f Talk about your problems.

➕ **Transcribe Agathe's advice.**

 7 **Choisis un problème dans l'activité 1 et écris une réponse.**

Exemple: Valentin, ne t'inquiète pas ...

Reste	positif/positive.
Parle/Discute	avec tes amis/profs/parents. de tes doutes/problèmes.
Travaille	régulièrement/tous les jours.
Demande	de l'aide à ...
Passe	du temps avec ...
Ne t'inquiète pas. Garde confiance en toi.	

Listening strategies

- Remember to use strategies you know from *Allez 1*: look at the task and try to predict what you might hear, say key words aloud and listen out for them (*problèmes, cinéma, père*).
- When you hear these words, use them to help you break up the sounds around them into other words and structures.
- Listen to the speakers' tone of voice for more clues.

Plenary

Look at the structures and vocabulary in this unit. How much can you remember? How do you learn new language? Discuss memorisation strategies with your partner.

⭐ Give two short pieces of advice using the imperative.

◎ Imagine you are a teenager with a problem! Explain your problem.

➕ Give advice to a teenager on how to cope with a problem.

4.4 La vie, c'était mieux avant?

- Vocabulary: discuss what life used to be like for teenagers
- Grammar: use the imperfect tense
- Skills: express opinions; identify lifestyle differences and develop cultural awareness

 Écoute, lis et trouve les paires.

Exemple: **1** *b*

Il était une fois ...

il était une fois
once upon a time

 a

 b

 c

 d

 e

 f

Avant, ...
1. On écoutait la musique sur un tourne-disque.
2. Les émissions étaient en noir et blanc et il y avait seulement une ou deux chaînes.
3. On faisait les courses avec des francs.
4. On avait un téléphone fixe.
5. La voiture « deux chevaux » de Citroën était populaire.
6. On jouait aux jeux de société, le jeu des « petits chevaux » par exemple.

Grammaire
p.168–170
WB p.39

The imperfect tense

This is used for saying what **used to be**.

je jou**ais**	tu jou**ais**	il/elle/on jou**ait**
j'av**ais**	tu av**ais**	il/elle/on av**ait**
j'écout**ais**	tu écout**ais**	il/elle/on écout**ait**
Être:		
j'**étais**	tu **étais**	il/elle/on **était**

je jouais – I used to play
il y avait – there was/were
c'était – it was
Negative: *on n'écoutait **pas** ...*

 Regarde les boîtes « Avant » et « Maintenant » et compare. Donne tes opinions. A↔B.
Say a sentence about how things used to be.
Your partner compares with how things are now.

Exemple: **A** *Avant, on avait un tourne-disque. C'est ...*
B *Maintenant, on a un lecteur MP4. C'est ...*

Maintenant, ...
1. Il y a des voitures électriques.
2. On a un lecteur MP4/un portable/une télé à écran plat/un ordinateur/une tablette numérique/une console de jeux/des CD ...
3. On joue aux jeux vidéo.
4. On fait les courses avec des euros.

Expressing opinions

You have learnt many different phrases for expressing opinions. Make a list with your partner and discuss when to use them.

Add these to your list:
C'est incroyable! – It's unbelievable!
Je n'y crois pas! – I don't believe it!

3 **Lis et réponds aux questions en anglais.**

See page 69 for cultural awareness strategies.

Exemple: **a** *francs*

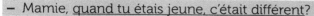

– Mamie, <u>quand tu étais jeune, c'était différent</u>?

– Oui, l'euro <u>n'existait pas</u> par exemple. On faisait les courses avec des francs! <u>Tout a changé</u> en 2002 quand l'euro est arrivé.

– <u>Combien coûtait</u> une baguette?

– Une baguette coûtait à peu près 5 francs ... environ 0,75 euro. Aujourd'hui, elle coûte 1 euro donc c'est plus cher!

– <u>Qu'est-ce que tu faisais le soir</u>?

– Nous, le soir, <u>on n'avait pas de</u> jeux vidéo ou de DVD. On regardait la télé (il y avait une chaîne, c'était tout!) ou on écoutait la radio. Moi, j'écoutais mes disques dans ma chambre. J'étais fan des Beatles. Toi, tu peux télécharger toutes les musiques que tu veux. On n'allait pas à l'école le jeudi; maintenant, c'est le mercredi. Toi, tu passes souvent des appels vidéo, mais avant, on ne téléphonait pas tout le temps comme toi!

– <u>Tu penses que c'était mieux avant</u>?

– Non, c'était différent, c'est tout!

à peu près/environ   *about*
mieux   *better*

a What money did Céline's grandmother use?
b What happened in 2002?
c What did people do in the evenings? (*2 things*)
d Where did Céline's grandmother listen to records?
e When didn't they go school?
f Does she think it was better before?

⭐ **What cognates can you see in the text?** *exemple (example)*

◎ **Find all the verbs in the imperfect tense:** *c'était – être (to be)*

4 **Écoute les quatre jeunes. Qu'est-ce qui a changé?**
Recopie la grille et note les réponses en anglais.

See page 69 for cultural awareness strategies.

	Camille	Florent	Robin	Aïsha
Before	listened to music on record player			
Now				

5 **Interview: « La vie avant et maintenant ».**
Write a short interview between an older person and a teenager comparing life in the past and now. Use the underlined phrases from activity 3.

Exemple: – *Qu'est-ce que tu faisais?*
            – *J'écoutais la radio ...*

Plenary

With a partner, make a list of differences between life in the past and now. Talk about it at home with members of your family from different generations.

⭐ Use one phrase in the imperfect tense.

◎ Use a verb in the imperfect tense plus an opinion.

✚ Use the present tense and the imperfect tense.

4.5 Les enfants des rues

- Vocabulary: describe the life of homeless children
- Grammar: revise the present and imperfect tenses
- Skills: develop good pronunciation of verb endings; understand longer reading passages

 ÉCOUTER 1

Écoute et lis l'interview. Remplis les blancs a–g en anglais. ▶

Exemple: **a** *120 million*

L'enfant des rues

Plus de cent vingt millions d'enfants dans le monde vivent dans la rue, sans famille: trente millions en Afrique, trente millions en Asie et soixante millions en Amérique du Sud. On estime qu'il y a plus de onze millions d'enfants qui vivent dans les rues en Inde. Nous avons rencontré Jasbir:

– Bonjour, Jasbir, quel âge as-tu?
– J'ai treize ans.
– Tu vas à l'école?
– Non, je n'ai pas le temps. Je travaille à l'usine de tapis toute la journée. Et le soir, je cire les chaussures dans les rues.
– Tu travailles quand?
– Tous les jours.
– Et tu habites avec ta famille?
– Non, mes parents sont morts. Maintenant, j'habite avec mes quatre frères.
– Tes frères travaillent aussi?
– Oui, ils travaillent à l'usine aussi, mais le soir, ils vendent des objets dans la rue ou ils collectent les déchets pour le recyclage.
– Merci, Jasbir.

une usine de tapis   *a carpet factory*
cirer   *to polish*

a More than ____ children in the world live on the streets.
b More than eleven million live ____ .
c Jasbir is ____ years old.
d He works in a ____ during the day.
e He works ____ .
f ____ are dead.
g He lives with his ____ .

◎ **What do Jasbir's brothers do apart from working at the factory?**

✚ **Translate the first paragraph into English.**

 PARLER 2

**Pose les questions à ton/ta partenaire.
Utilise les dessins. A↔B.**

Exemple: **A** *Où habitent les enfants?*
B *Ils habitent en Amérique du Sud.*
A *Que font-ils?*   **B** *Ils …*

 Pronunciation of verb endings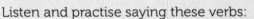

Listen and practise saying these verbs:

| viv**ent** | vend**ent** | habit**ent** |
| travaill**ent** | collect**ent** | cir**ent** |

 en Amérique du Sud

en Inde

en Afrique

3 Écoute. Quatre jeunes parlent de l'interview de Jasbir. Qui dit quoi?

effrayant	*scary*
triste	*sad*
construire	*to build*

Clément	Marine	Sadia	Aziz
b, ...			

a I gave money to charity.
b I found it scary.
c I think I'm very lucky.
d I didn't know about these children.
e I want to help.
f It makes me very sad.

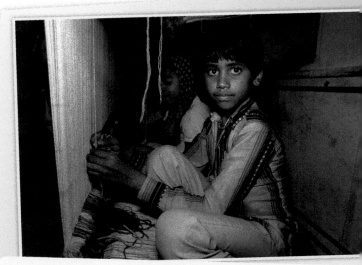

Listen again and spot the French for:
- I found that scary.
- I think that ...
- This interview made me think.

Can you spot a comparative (*plus/moins que ...*) and an imperfect tense?

4 Lis le texte de Mélissa. Réponds aux questions en anglais.

Exemple: a *children who work*

a What did Mélissa read about?
b How old were the children?
c How many hours a day did they work?
d Where did they work?
e What **two** illnesses did they develop?
f How does Mélissa feel about this?

Choose three verbs in the imperfect tense in Mélissa's text and translate them into English.

Translate the underlined expressions.

5 Écris un article. Compare ta vie et la vie des enfants des rues.
Use ideas from activities 1 and 4.

Exemple: Moi, je peux aller au collège tous les jours ...

Use the present tense and the imperfect, like in Mélissa's text.

Add some comparisons with your own life: *Ma vie est plus facile ...*

6 Présente ton article à la classe.

> J'ai lu un article sur les enfants qui travaillent. Les enfants avaient entre six et quinze ans. Au Pakistan, par exemple, ils travaillaient jusqu'à vingt heures par jour, sept jours par semaine, dans des usines de tapis. Souvent ils mangeaient, dormaient et travaillaient dans une petite chambre obscure. Ils étaient malades et développaient des problèmes d'yeux et des maladies respiratoires. Ça me rend triste.
> Moi, je vais au collège, je peux manger ce que je veux et je ne dois pas « travailler » pour manger. J'ai une vie très différente et j'ai beaucoup de chance.
>
> **Mélissa**

Plenary

You have discovered how children's lives can differ. Reflect on how this makes you feel about your own life.

Name three countries where children live on the streets.

Think about the street children you've learnt about. Use the imperfect tense to explain what they had to do.

Make up three sentences about their lives using connectives and two tenses (present and imperfect).

Modal verbs

1 Put the words in the correct order.

Exemple: **a** *Je dois faire mon lit tous les jours.*

a jours / dois / mon / je / faire / lit / les / tous / .

b nous / tous / aider / maison / devons / les / mes / à / parents / la / week-ends / .

c mon / pas / ranger / frère / veut / sa / ne / chambre / .

d on / aller / le / cinéma / peut / au / week-end / prochain / .

e je / tondre / dois / pour / mes / la / parents / pelouse / .

f peut / faire / elle / confiance / me / .

➕ **Translate the sentences into English.**

pouvoir (can/to be able to)	vouloir (to want to)	devoir (must/to have to)
je peux	je veux	je dois
tu peux	tu veux	tu dois
il/elle/on peut	il/elle/on veut	il/elle/on doit
nous pouvons	nous voulons	nous devons
vous pouvez	vous voulez	vous devez
ils/elles peuvent	ils/elles veulent	ils/elles doivent

Modal verbs are followed by an **infinitive**:

*Je **peux aider**.* – I can help.
*Je **veux aider**.* – I want to help.
*Je **dois aider**.* – I must help.

To form the negative: **ne** ... **pas** wraps around the modal verb: *Je **ne** peux **pas** aider.*

Imperfect tense

2 Complete the sentences using the correct form of the verb in brackets. Use the present tense or the imperfect tense.

Exemple: **a 1** *utilise,* **2** *utilisait*

a Aujourd'hui, on **1** [____] l'euro. Avant, on **2** [____] le franc. (*utiliser*)

b Aujourd'hui, on **1** [____] des SMS tous les jours. Avant, on **2** [____] des lettres. (*écrire*)

c Maintenant, je **1** [____] beaucoup sur mon ordi. Avant, je **2** [____] à la bibliothèque. (*travailler*)

d Maintenant, on ne **1** [____] pas à l'école le mercredi matin. Avant, on n' **2** [____] pas à l'école le jeudi. (*aller*)

e Maintenant, il y **1** [____] des tablettes et des lecteurs MP4. Avant, il n' y **2** [____] pas de tablettes numériques. (*avoir*)

The imperfect tense is used for **descriptions in the past**: *C'**était** super!* – It **was** great!

It is also used for saying what **used to happen**: *On **écoutait** des disques.* – We **used to listen to** records.

To form the imperfect tense: take the *nous* form of the verb in the present tense and take away the ending *-ons*:

~~nous~~ travaill~~ons~~

Add the following endings:

		Imperfect	
je	→ **ais**	je travaill**ais**	
tu	→ **ais**	tu travaill**ais**	
il/elle/on	→ **ait**	il/elle/on travaill**ait**	
nous	→ **ions**	nous travaill**ions**	
vous	→ **iez**	vous travaill**iez**	
ils/elles	→ **aient**	ils/elles travaill**aient**	

All verbs follow this pattern except *être*:

j'étais	tu étais	il/elle/on était
nous étions	vous étiez	ils/elles étaient

The imperative

3 **Translate Tante Agathe's advice into French.**

Exemple: **a** *Parle à tes parents.*

a Talk to your parents.
b Tidy your room.
c Work well at school.
d Trust your friends.
e Help your little brother.
f Do not stay in your room.

Use the imperative to give advice or orders.

To make the imperative, use the *tu* form of the verb in the present tense and take away the word *tu*.

Remember! For **-er** verbs and **aller**: take off the final **-s** too.

Present tense		Imperative
tu parles	→	parle!
tu fais	→	fais!
tu vas	→	va!

To form the negative: **ne ... pas** wraps around the verb: **ne** *fais* **pas** ...!

Learn these patterns too:
*concentre-**toi**!* – concentrate
*accepte-**toi**!* – accept yourself

Cultural awareness strategies

Use these strategies with activities 3–4 on page 65.

Some changes in French culture over time might be similar to changes in your own culture, for example price rises and computer technology. Other things might be different, for example French currency changed from francs to euros in 2002.

When you are trying to predict what you might hear or read, knowing about cultural similarities and differences can help you.

Before doing activity 3 on page 65, make a list with your partner of what has changed in your culture over the last 30–40 years and what has stayed the same, for example food and festivals. Compare your list with the things mentioned on pages 64–65.

Pronunciation: silent verb endings

4 **Decide whether each verb is present or imperfect. Make two lists and read them aloud. Listen to check.**

In the third person plural form of the present tense and the imperfect tense, the verb ending **-ent** is **silent**.

Exemple: <u>Present</u>: **1** *habitent, ...* <u>Imperfect</u>: *...*

1	habitent	5	allaient	9	peuvent
2	utilisent	6	parlent	10	travaillaient
3	avaient	7	doivent	11	étaient
4	rendent	8	écoutaient	12	veulent

- Vocabulary: talk about pocket money and the pressures faced by teenagers
- Grammar: identify modal verbs, the present tense and the imperfect
- Skills: recognise question forms and answer questions

LIRE 1 **Find five sentences in the word snake and copy them out.**

Exemple: Mon père me traite ...

monpèremetraitecommeunbébéjenepeuxpassortirlesrésultatsscolairessontimportants

jeparlebeaucoupavecmesparentsjedoisrentreràl'heure

LIRE 2 **Match the answers to the questions.**

Exemple: **1** f

1 Tu as combien d'argent de poche?
2 Qu'est-ce que tu achètes avec ton argent?
3 Quels petits boulots dois-tu faire?
4 Tu as de bonnes relations avec ta mère?
5 Quelle est la plus grosse pression pour toi?
6 Ta grand-mère avait-elle un ordinateur avant?

a Oui, j'ai une super relation avec ma mère.
b Je dois ranger ma chambre.
c Non, elle n'avait pas d'ordinateur.
d C'est le collège. Ça me stresse beaucoup.
e J'achète des jeux vidéo.
f J'ai vingt euros par semaine.

ÉCRIRE 3 **Write your own answers to the questions in activity 2.**

Exemple: **1** J'ai £10 par semaine ...

LIRE 4 **Read Basile's email and answer the questions in English.**

Exemple: **a** a good relationship

Sujet: Mes parents et mon argent de poche

Salut!

Moi, j'ai de bonnes relations avec mes parents et ma mère me fait confiance. C'est cool! Toutes les semaines, mes parents me donnent vingt-cinq euros d'argent de poche. Je dois acheter mes magazines et mes places de ciné mais c'est ma mère qui m'achète mes vêtements! Quand je lave la voiture, j'ai dix euros!

La semaine dernière, c'était mon anniversaire et ma tante m'a donné cinquante euros! C'est génial! Maintenant, je peux m'acheter un nouveau lecteur MP4!

Basile

a What relationship does Basile have with his parents?
b What does he say about his mum?
c How much money does Basile get?
d What does he buy with his money?
e What does his mum buy?
f When does he get ten euros?
g What happened last week?
h Who gave him fifty euros?

- Vocabulary: talk about teenage lifestyles and issues affecting teenagers
- Grammar: identify the present tense and the imperfect
- Skills: develop reading skills and cultural awareness

LIRE 1

Lis et trouve les verbes.

Exemple: **a** *avais*

| avait | ai | travaille | ~~avais~~ | utilisait | écoute | regardait | parle |

Monique

> J' **a**   quatorze ans en 1970.
> On **b**   une seule chaîne de télé.
> Il n'y **c**   pas d'ordinateurs.
> On **d**   une monnaie différente: le franc!

> J' **e**   quatorze ans aujourd'hui.
> Je **f**   beaucoup sur mon ordi.
> J' **g**   de la musique sur mon lecteur MP4.
> Je **h**   avec mes copains par SMS.

Carla

LIRE 2

Traduis les phrases de Monique et de Carla en anglais.

LIRE 3

Lis le mail de Judith et trouve les expressions.

Exemple: **a** *je me sentais seule*

- **a** I felt lonely
- **b** I was often sad
- **c** I spoke to no one
- **d** I sent a letter
- **e** I can help others
- **f** gave me confidence

ÉCRIRE 4

Écris un paragraphe sur l'argent de poche.

Exemple: Mes parents me donnent £20 par mois ...

Mention:
- how much pocket money you get
- when/how often you get it
- who gives you your pocket money
- what jobs you do
- what you buy/bought

Un forum sur Internet m'a aidé

Accueil   Profil   Compte

L'année dernière, je me sentais seule, j'étais mal dans ma peau et j'étais souvent triste. Je ne parlais à personne. Un jour, j'écoutais la radio et il y avait un forum sur *Hunger Games*. Ils cherchaient des jeunes pour aider sur le forum.

J'ai envoyé une lettre et ils m'ont choisie! Maintenant, je peux aider les autres, ils m'écoutent et c'est génial! Bien sûr, je passe beaucoup de temps sur mon ordinateur, mais ce forum m'a donné confiance en moi. Merci, Internet!

Judith (14 ans)

> j'étais mal dans ma peau   *I felt bad about myself*

> Je reçois/J'ai ... Je gagne ... Ma mère me donne ...
> pour mon anniversaire/de bons résultats au collège ...
> Je fais les courses/range ma chambre ...
> J'achète ... J'ai acheté ... Je suis allé(e) ...
> C'est assez. Ce n'est pas beaucoup.

Maïté Coiffure

Résumé

Il s'agit d'un garçon qui s'appelle Louis. Il est en troisième et doit trouver un stage. Sa grand-mère propose de demander à la propriétaire du salon Maïté Coiffure, où elle se fait coiffer. La propriétaire accepte. Ni Louis ni son père ne sont enchantés par ce projet.

Le premier jour de stage, il fait la connaissance de ses collègues: Fifi, Madame Maïté, Garance et Clara. Il s'entend très rapidement avec eux. Plus les jours passent et plus il apprécie ce stage. Fifi lui dit qu'il est plutôt doué pour la coiffure. Le stage se finit bientôt. Mais il fait la promesse à ses collègues, qui sont devenus des amis au fil du temps, qu'il viendra le mercredi et le samedi pour aider. En plus, il aime bien Garance, qui a 16 ans. Il déclare donc à ses parents que la coiffure lui plaît vraiment et qu'il veut en faire son métier.

Son père acceptera-t-il que son fils abandonne l'école pour devenir coiffeur? Louis sortira-t-il avec Garance?

Opinion

Ce livre est très bien pour les jeunes car le thème du choix d'un métier concerne tous les adolescents. En plus, au début, Louis va à contre-cœur dans cette voie et le livre montre son changement d'attitude: grâce à son ouverture d'esprit, il a la surprise de découvrir un monde qui lui plaît. Ensuite, il est obligé de se battre contre son père pour arriver à son but et cela peut arriver à n'importe quel jeune. J'ai aimé Louis, le personnage principal, car il a le courage d'affronter ses parents.

Clémence, collège de la Côte Blanche

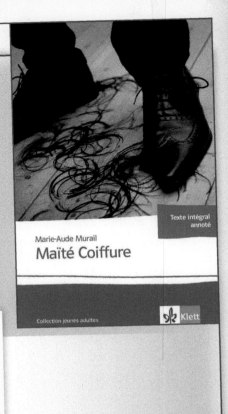

Marie-Aude Murail
Maïté Coiffure

Texte intégral annoté

Collection jeunes adultes   Klett

---

le stage   *work experience*
au fil du temps   *as time passes*
le métier   *job, trade*
à contre-cœur   *reluctantly*
l'ouverture d'esprit   *open-mindedness*

1 **Clémence, a teenager, has written a review of the novel** *Maïté Coiffure* **by Marie-Aude Murail. According to Clémence, what are the four themes of the book?**

a   business difficulties of a small hairdresser's
b   conflicts between parents and children
c   relationships between teenagers
d   school curriculum

e   career choice
f   discovering a different environment
g   effects of divorce on children

2 **Choose words from the box to fill in the gaps in this summary of the book.**

Exemple: **a** *stage*

affronter   change   coiffure   collège
collègues   métier   opposés   ~~stage~~

Louis est en classe de troisième au collège et il fait son **a** ▢▢▢ professionnel dans un salon de **b** ▢▢▢. Au début, il n'est pas enthousiaste. Peu à peu, il **c** ▢▢▢. Il a quatre **d** ▢▢▢ et il apprend à les apprécier, surtout Garance, une autre ado. En plus, il découvre qu'il aime bien le **e** ▢▢▢ de coiffeur. Il veut abandonner le **f** ▢▢▢, mais ses parents sont **g** ▢▢▢ à ses choix. Louis doit trouver le courage d' **h** ▢▢▢ son père et sa mère.

3 **Does Clémence like the book? Find phrases in the text to justify your opinion.**

La jeunesse de Madame Tournemine

Regarde l'épisode 4. Madame Tournemine (Francette) parle de quelle période dans sa vie?

a les années 1940
b les années 1950
c les années 1960

Madame Tournemine raconte sa jeunesse. De quels sujets (a–k) parle-t-elle? Choisis les <u>six</u> bonnes réponses.

Exemple: a, ...

a l'endroit où elle est née
b ses parents
c ses frères et sœurs
d son anniversaire
e ses ami(e)s
f sa première voiture
g ses loisirs
h son travail
i ses enfants
j la fête de Noël
k pourquoi elle habite à Montpellier

Vrai ou faux? Corrige les phrases fausses <u>en anglais</u>.

a Madame Tournemine s'entendait bien avec son père et sa mère.
b Elle avait le droit de faire du vélo avec ses amis.
c Elle n'avait pas le droit de sortir le soir.
d D'habitude, elle portait des gants et un chapeau.
e À l'école, elle pouvait porter un pantalon quand il faisait froid.
f Madame Tournemine pouvait regarder la télévision quand elle voulait.
g Le premier film qu'elle a vu au cinéma était un film pour enfants.
h Ses cadeaux de Noël, c'étaient d'habitude un fruit et des bonbons.

À ton avis, la vie des ados est meilleure aujourd'hui qu'avant? Pourquoi?
In your opinion, do teenagers have a better life today than in the past?

Exemple: À mon avis, la vie des ados est meilleure aujourd'hui parce que/qu'...

Listen to Isabelle, Yvan, Coralie and Nathan talking about pocket money. Copy out and fill in the grid in English. (See pages 60–61.)

	How much?	Is it enough?	What chores do they do?	Extra details
Isabelle	*25€ per month*			
Yvan				

 Prepare a short presentation. (See pages 58–59 and 62–65.)

Talk about:
- your relationship with your family: *J'ai de bonnes relations ... Ils me traitent ... Ils me laissent sortir ... Je dois ... Je peux ...*
- the pressures faced by teenagers today: *La plus grosse pression, c'est ... parce que ...*
- how your life is different from that of your grandparents: *Avant, on ... mais maintenant, ...*

 Read these two articles. Who says what? (See pages 58–59.)

Exemple: **a** *Sophie*

a My parents trust me.
b My parents put pressure on me.
c I would like to buy a computer game.
d My mum helps me with my homework.
e I can't use the Internet in the evenings.
f My school results are very important.
g My parents are strict.
h I talk a lot with my mum.

 Write an article for your school magazine comparing your lifestyle with that of your grandparents. (See pages 62–65.)

- Explain what life used to be like: *On avait ... Il y avait ...*
- Explain what life is like now: *On a ... Il y a ...*
- Mention the pressures on teenagers today and what pressures <u>you</u> are under: *La plus grosse pression, c'est ...*
- Give three pieces of advice on coping with pressure: *Parle à ...*

Remember: the more you can develop your answers, the better your work will be.

Ados et parents   Accueil   Profil   Compte

Moi, j'ai de bonnes relations avec mes parents car ils ne me traitent pas comme un bébé et ils me font confiance.

Je parle beaucoup avec ma mère. Elle me laisse sortir avec mes copines le week-end. Elle m'aide aussi avec mes devoirs mais je dois bien travailler au collège. Ma mère est géniale parce qu'elle me donne de l'argent quand j'ai de bons résultats scolaires! J'aimerais m'acheter un jeu vidéo le week-end prochain.

Sophie (de Nice)

À la maison, mes parents sont toujours très stricts. Je ne peux pas sortir en semaine et je n'ai pas le droit de parler à mes copains sur Internet le soir. C'est nul! En plus, mes parents me mettent tout le temps la pression avec le collège. Mes résultats scolaires sont très importants!

Léo (de La Réunion)

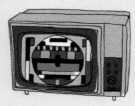

Relationships

Tu as de bonnes relations avec tes parents?	Do you have a good relationship with your parents?
J'ai de bonnes/mauvaises relations avec ...	I have a good/bad relationship with ...
Mes parents ...	My parents ...
me laissent sortir le week-end.	let me go out at the weekend.
me font confiance.	trust me.
me respectent.	respect me.
me traitent comme un bébé.	treat me like a baby.
sont stricts la semaine.	are strict during the week.
sont assez cool le week-end.	are quite cool at the weekend.
Mon père/Ma mère est ...	My dad/mum is ...
Il/Elle ...	He/She ...
me laisse/traite ...	lets/treats me ...
me respecte/fait confiance.	respects/trusts me.
Je parle beaucoup avec mes parents.	I talk a lot with my parents.
Mes résultats scolaires sont très importants.	My school results are very important.
Je (ne) peux (pas) sortir avec mes copains.	I can(not) go out with my friends.

Pocket money

Quand reçois-tu de l'argent de poche?	When do you get pocket money?
Je reçois de l'argent ...	I receive money ...
pour Noël/mon anniversaire.	for Christmas/my birthday.
Quels petits boulots dois-tu faire?	What chores do you have to do?
Je dois ...	I have to ...
aider à la maison.	help at home.
faire la vaisselle.	wash the dishes.
ranger ma chambre.	tidy my room.
tondre la pelouse.	mow the lawn.
laver la voiture.	wash the car.
faire les courses.	do the shopping.
garder mon petit frère/ma petite sœur.	look after my little brother/sister.
faire du baby-sitting.	babysit.
Je reçois £10 par semaine/mois.	I receive £10 per week/month.
C'est assez/Ce n'est pas assez.	It's enough/It isn't enough.
Je dois/veux/peux/voudrais ...	I must/want to/can/would like to ...
mettre de l'argent de côté.	put money aside.
économiser/acheter/payer ...	save/buy/pay for ...

Teenagers' pressures and problems

Quelle est la plus grosse pression pour toi?	What is the biggest pressure for you?
Pour moi, la plus grosse pression, c'est ...	For me, the biggest pressure is ...
le collège/les profs.	school/teachers.
les parents/les copains.	parents/friends.
la presse.	the media.
Ça m'étouffe. Ils m'étouffent.	It stifles me. They stifle me.
Ça me met/Ils me mettent trop de pression.	It puts/They put too much pressure on me.
Ça me stresse. Ils me stressent.	It stresses me. They stress me.
Reste positif/positive.	Stay positive.
Parle/Discute avec tes parents.	Talk with your parents.
Parle de tes problèmes.	Talk about your problems.
Demande de l'aide à ...	Ask for help from ...
Passe du temps avec ...	Spend time with ...
Ne t'inquiète pas.	Don't worry.
Garde confiance en toi.	Have confidence in yourself.

How has life changed?

Avant, ...	Before/In the past, ...
On écoutait la musique sur un tourne-disque.	We/They used to listen to music on a record player.
Les émissions étaient en noir et blanc.	TV programmes were in black and white.
Il y avait une ou deux chaînes.	There were one or two (TV) channels.
On faisait des courses avec des francs.	We/They used to do the shopping with francs.
On avait un téléphone fixe.	We/They used to have a landline phone.
La voiture « deux chevaux » de Citroën était populaire.	The Citroën 2CV car was popular.
On jouait aux jeux de société.	We/They used to play board games.
Maintenant, ...	Now, ...
Il y a ...	There are ...
On a/fait/joue/écoute ...	We have/do/play/listen to ...

⊙ Grammar and skills: I can...

- ⊙ use pronouns (*me, te, se*)
- ⊙ use modal verbs (*vouloir, devoir, pouvoir*)
- ⊙ use the imperative
- ⊙ use the imperfect tense
- ⊙ express opinions, agree and disagree
- ⊙ use listening strategies
- ⊙ use cultural awareness strategies

5.1 Tu manges bien?

- Vocabulary: talk about healthy eating
- Grammar: use impersonal structures
- Skills: develop dictionary skills; use context to work out meaning

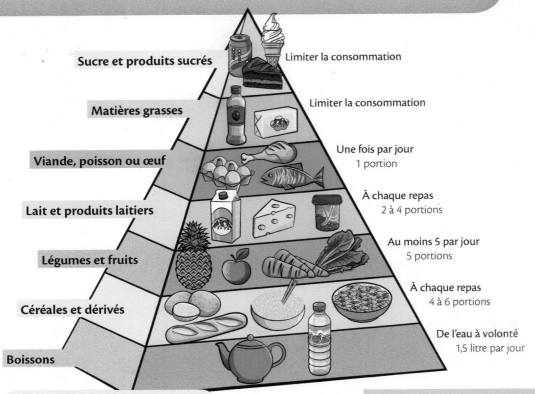

Sucre et produits sucrés — Limiter la consommation

Matières grasses — Limiter la consommation

Viande, poisson ou œuf — Une fois par jour / 1 portion

Lait et produits laitiers — À chaque repas / 2 à 4 portions

Légumes et fruits — Au moins 5 par jour / 5 portions

Céréales et dérivés — À chaque repas / 4 à 6 portions

Boissons — De l'eau à volonté / 1,5 litre par jour

> une fois par jour   *once a day*

 Écoute et lis (1–15). Trouve les images dans **la pyramide.**

Exemple: **1**   *l'huile – oil*

 Add an extra item to each category: *Fruits: les poires*

1 l'huile	9 le poisson
2 le poulet	10 les pommes de terre
3 le yaourt	11 le pain
4 le beurre	12 les gâteaux
5 les glaces	13 l'ananas
6 le fromage	14 le coca
7 le riz	15 les carottes
8 l'eau	

 Regarde la pyramide et lis (a–f). C'est vrai ou faux?

Exemple: **a**   *vrai*

Il faut manger ou boire:
- **a** de la viande, du poisson ou des œufs une fois par jour
- **b** des produits laitiers à tous les repas
- **c** trois fruits ou légumes par jour
- **d** des céréales une fois par jour
- **e** des produits sucrés à tous les repas
- **f** de l'eau à volonté

 Find the French for: • consumption
  • with each meal   • as much as you want

Grammaire WB p.20

Impersonal structures

Use these for saying:
- what you **must do**: *il faut* + infinitive
- what is **important**, etc. **to do**:

Il faut/Il ne faut pas			+ *infinitive*:
Il est	important essentiel nécessaire	de/d' de ne pas	manger ... boire ... prendre ... avoir ...

Écoute, lis et trouve les parties du corps.

Exemple: **1** b

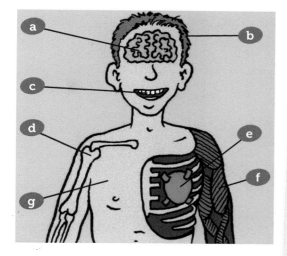

C'est bon pour la santé? Pourquoi?

Il est essentiel d'avoir une alimentation équilibrée, riche en protéines (la viande, le poisson, les œufs) et en vitamines C et E (les fruits et les légumes). Il faut manger au moins cinq fruits et légumes par jour.

Il est important de manger des céréales (du pain, du riz, des pâtes) et des produits laitiers (des yaourts, du fromage) à chaque repas. Le pain et les céréales apportent des fibres et aident à avoir **1** de beaux cheveux, **2** une peau saine, **3** un cœur en pleine forme et **4** de beaux muscles! Les produits laitiers apportent du calcium. Le calcium est très important pour **5** les os et **6** les dents. Quand on mange bien, **7** notre cerveau fonctionne mieux.

En revanche, il est nécessaire de diminuer sa consommation des produits gras comme les frites et il est essentiel de boire de l'eau. Mais attention, il ne faut pas boire trop de boissons sucrées!

> une alimentation équilibrée
> *a balanced diet*

Relis et réponds aux questions en anglais.

Exemple: **a** *meat, ...*

a Which **three** foods are rich in protein?
b Which foods contain vitamins C and E?
c How many of these foods should you eat per day?
d Which **three** carbohydrates are mentioned?
e Which **two** dairy products are mentioned?
f What is said about **two** different drinks?

À deux: « C'est bon pour la santé? Pourquoi? » A ↔ B.

Exemple: **A** *Les fruits, c'est bon pour la santé?*
B *Oui, c'est bon pour la santé./Non, ce n'est pas bon pour la santé.*
A *Pourquoi?*
B *Parce qu'il y a des vitamines C et E ...*

◎ **Say which part of the body it is good for:**
C'est bon pour les cheveux ...

Écris un paragraphe: « Bien manger ».

Exemple: Il faut manger cinq fruits et légumes par jour parce que ...

➕ **Add what is not good and why:** *Il ne faut pas manger trop de sucre parce que ce n'est pas bon pour les dents ...*

Using a dictionary

When you look up a word in the French–English section of a bilingual dictionary:

- Check the spelling carefully.
- Make sure you know what type of word it is: noun (*nm*, *nf*), adjective (*adj*) or verb (*v*).
- If it is a verb, look for its infinitive form.

C'est bon Ce n'est pas bon	pour	le cœur/le cerveau/ la peau/les yeux/ les dents/les cheveux/ les os/les muscles.
Il y a		des vitamines/des fibres. des protéines. trop de sucre/graisses.

Plenary

Talk about healthy eating with your partner:

⭐ Name five foods that are good for a healthy diet.

◎ Use impersonal structures to give advice on a healthy diet.

➕ Give reasons for your advice, for example vitamins, protein.

Has your fluency improved? Discuss with your partner.

5.2 Comment vivre sainement?

- Vocabulary: discuss healthy lifestyles
- Grammar: use the pronoun *en*
- Skills: build confidence in asking questions; evaluate your performance

 Lis les phrases a–j. C'est Monsieur Parfait ou Madame Terrible?

	Monsieur Parfait	Madame Terrible

	a, ...	

a Je dors entre huit heures et neuf heures par nuit.
b Je ne fais pas de sport car c'est trop fatigant.
c Je mange toute la journée.
d Je bois beaucoup de boissons sucrées.
e Je bois beaucoup d'eau.
f Je fais beaucoup de sport.
g Je mange des hamburgers et des gâteaux. Je déteste les légumes.
h Je mange au moins cinq fruits et légumes par jour.
i Je mange à des heures régulières.
j Je dors très peu, juste cinq ou six heures par nuit.

 Écoute l'interview: « Que fais-tu pour vivre sainement? »
C'est Margaux (M), Robin (R), Léa (L) ou Sacha (S)?
Most of the statements apply to more than one person.

Les règles d'or	Qui?
Je mange à des heures régulières.	
Je bois beaucoup d'eau.	
Je fais du sport.	M, ...
Je mange équilibré.	

> vivre sainement   *to live healthily*

 Which three sports are mentioned in the interview?

 Transcribe what Margaux says.

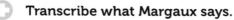 **Grammaire** WB p.22

The pronoun *en*

En means 'of them', 'of it', 'some' or 'any'.
It comes before the verb:

*Tu manges **des fruits et des légumes**? →*
*Oui, j'**en** mange cinq par jour.*
Do you eat **fruit and vegetables**? →
Yes, I eat five **of them** per day.

*Tu fais **du sport**? → Non, je n'**en** fais pas.*
Do you do **any sport**? → No, I don't do **any**.

Je bois Je mange	un litre d'eau cinq fruits et légumes beaucoup de/d'...	par jour.	
Je fais	du sport de la danse	une/deux fois par semaine. tous les jours. toutes les semaines.	
Je joue	au foot/tennis		
J'en mange/bois/fais ...			
Je mange	équilibré/sainement/à des heures régulières.		
Je dors	huit heures	par nuit.	

3 **Lis. Recopie et remplis la grille.**

Que fais-tu pour vivre sainement?

– Maxime, tu dors combien d'heures par nuit?

– Je dors environ huit heures par nuit.

– Fais-tu du sport?

– Oui, j'en fais beaucoup. Par exemple, je fais de la natation. J'en fais trois fois par semaine.

– Est-ce que tu manges des fruits et des légumes?

– Oui, comme je suis végétarien, j'en mange beaucoup.

– Tu manges à des heures régulières?

– Oui, je mange à midi et à dix-neuf heures tous les jours.

– Que fais-tu d'autre pour être en forme?

– Je mange équilibré et je bois beaucoup d'eau. J'en bois plus de deux litres par jour.

– Qu'as-tu mangé hier?

– Hier, au dîner, j'ai mangé du riz et des légumes.

Maxime

Hours of sleep?	8 hours per night
Sport?	
Fruit and vegetables?	
Regular mealtimes?	
Other details	

⭐ **Translate the six questions.**

➕ **Translate what Maxime says.**

4 **À deux. A pose les questions de l'activité 3. B répond. Utilise *en*. A↔B.**

🛠 See page 87 for strategies to evaluate your performance.

Exemple: **A** *Tu fais du sport?*
  B *Oui, j'en fais. Je fais du yoga.*

◎ **Add a time expression and a reason:** *J'en fais tous les week-ends parce que c'est important de bouger.*

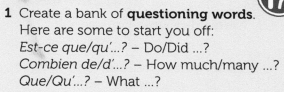

Asking questions

1 Create a bank of **questioning words**. Here are some to start you off:
Est-ce que/qu'...? – Do/Did ...?
Combien de/d'...? – How much/many ...?
Que/Qu'...? – What ...?

2 Use the questions in the book and adapt them.

3 Remember: your voice goes up at the end of a question!

5 **Écris un blog: « Que fais-tu pour** **vivre sainement? »**

Exemple: *Je fais beaucoup de sport parce que ...*

◎ **Use *en* and *il faut*:** *J'en fais toutes les semaines parce qu'il faut bouger ...*

➕ **Say what you did last week:** *La semaine dernière, j'ai mangé/fait ...*

Plenary

Prepare a short report for a radio programme, saying what you do to keep healthy. Try to make it interesting for listeners: what would catch their attention and why?

⭐ Use simple sentences.

◎ Build more complex sentences using connectives and giving reasons.

➕ Add your opinion: is your lifestyle healthy or not?

5.3 Attention: danger!

- Vocabulary: talk about how diet affects health
- Grammar: revise the perfect tense; use expressions of quantity
- Skills: use strategies for checking written work; evaluate your performance

1 Trouve les paires.

Exemple: **1** b

1 des céréales
2 du thé
3 un yaourt
4 un steak-frites
5 une tarte au citron
6 un hamburger
7 des pâtes
8 un gâteau
9 du jambon
10 une pomme
11 du fromage blanc
12 un jus d'orange

2 Écoute l'interview de Léna. Qu'est-ce qu'elle a mangé et bu hier?

Exemple: <u>Breakfast</u>: cereal and ...; <u>Lunch</u>: ...;
<u>4 o'clock snack</u>: ...; <u>Evening meal</u>: ...

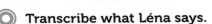

Transcribe what Léna says.

3 Lis le journal de Léna. <u>En réalité</u>, qu'est-ce qu'elle a mangé et bu hier?
Read Léna's diary. What did she <u>really</u> eat and drink yesterday?

Exemple: <u>Breakfast</u>: ate nothing; <u>Lunch</u>: ...

> **Samedi**
>
> J'ai mangé/bu ...
> **Petit déjeuner:** rien
> **Déjeuner:** un hamburger, une pomme, un coca
> **Goûter:** un gâteau au chocolat, du thé
> **Dîner:** un steak-frites, une tarte au citron

Léna

Grammaire p.168–170 WB p.35–36

Perfect tense with *avoir*

j'ai	
tu **as**	+ *past participle*
il/elle/on **a**	

To form the **past participle**:

- Regular **-er** verbs:

manger → j'ai mangé (*I ate, I have eaten*)

- Irregular verbs:

boire → j'ai **bu** (*I drank, I have drunk*)
prendre → j'ai **pris** (*I had, I have had*)

4 À deux: « Qu'est-ce que tu as mangé et bu hier? » A↔B.

Exemple: **A** Qu'est-ce que tu as mangé et bu hier?
B J'ai mangé/bu ...

5 **Lis l'analyse de l'alimentation de Léna. Trouve les expressions a–f dans le texte.**

Exemple: **a** *il faut manger plus de céréales*

Léna n'a pas mangé au petit déjeuner. Ce n'est pas bien parce qu'<u>il est essentiel de manger le matin</u>. <u>Il faut manger plus de céréales</u>. C'est bon pour la santé.
Léna a mangé trop de produits gras qui sont mauvais pour le cœur. <u>Il y a des risques de surpoids ou d'obésité si on en mange trop</u>. En plus, elle a bu trop de coca. <u>Il faut boire moins de boissons sucrées</u> parce qu'elles ne sont pas bonnes pour les dents.
Léna a mangé une pomme au déjeuner. C'est bien mais elle n'a pas mangé assez de fruits. <u>Il est important de manger plus de fruits et de légumes</u> parce qu'ils contiennent des vitamines.
Je pense que Léna mange assez mal! <u>Bien manger est essentiel</u> pour rester en forme.

a you must eat more cereals
b it is important to eat more fruit and vegetables
c you must drink fewer sugary drinks
d it is essential to eat in the morning
e healthy eating is essential
f there are risks of being overweight or obese if you eat too many of them

⭐ **What are the dangers of eating too much fat and too much sugar?**

6 **Traduis l'analyse (activité 5) en anglais.**

Exemple: *Léna did not eat breakfast …*

Est-ce que tu as bien mangé hier?
Write an analysis of what you ate yesterday. Explain why it is good or bad. Use activity 5 and the language box to help you.

🍴 See page 87 for strategies to evaluate your performance.

Exemple: Hier, au petit déjeuner/déjeuner/dîner, j'ai mangé … j'ai bu … C'est bien parce que/qu' … Il est important de …

C'est bien/Ce n'est pas bien parce que/qu'…		
… c'est trop gras/sucré.		
… c'est bon/mauvais pour la santé/la peau/le cœur/les dents.		
… c'est équilibré.		
… il y a des vitamines/protéines/fibres.		
… il y a des risques d'obésité/de surpoids.		

Je pense que/qu'	je mange tu manges il/elle mange	bien/mal/assez bien.

Grammaire p.166

Expressions of quantity

plus de – more
moins de – fewer/less } + noun
trop de – too much/many
assez de – enough

*Elle a mangé **trop de** produits gras. –* She ate **too many** fatty foods.

Checking written work

Use strategies you learnt in *Allez 1* to check your written work. Don't forget to:

• use a range of connectives (not just *et* and *mais*), for example *donc, en plus, par contre*
• divide your work into paragraphs
• make sure you have used the correct person of the verb (*je, tu*, etc.) and the correct verb endings
• check your tenses, for example present, perfect.

Plenary

In groups of four, discuss what you ate and drank last weekend. Use what you have learnt in Unit 5.

⭐ Say what you ate and drank for the different meals.

◎ Decide who has the best diet.

➕ Give reasons for your choice.

5.4 Ma vie changera!

- Vocabulary: talk about resolutions to be healthier
- Grammar: use the future tense
- Skills: use connectives to extend sentences

 ÉCOUTER 1

Écoute et lis (1–8). Trouve les paires.

Exemple: **1** *b*

Mes nouvelles résolutions pour être en pleine forme!

1 Je mangerai plus de fruits et de légumes.
2 Je ferai plus de sport.
3 Je boirai moins de boissons sucrées.
4 J'irai à l'école à vélo.
5 Je mangerai moins de fast-food.
6 Je jouerai au basket.
7 Je regarderai moins la télé.
8 Je dormirai huit heures par nuit.

◎ **Translate the eight resolutions into English.**

 PARLER 2

Choisis cinq résolutions de l'activité 1. Discute avec ton/ta partenaire.

Exemple: **A** *Je boirai de l'eau … Et toi?*
   B *Moi, je mangerai …*

➕ **Add connectives (*mais, et, par contre*) and quantities (*plus/moins de*):** *Je boirai plus d'eau et je ferai plus de sport.*

 ÉCOUTER 3

Écoute (1–4). Quatre jeunes parlent de leurs résolutions. Recopie et remplis la grille.

	Drink more water	Do more sport	Eat more fruit/veg	◎ Extra details
1			✓	

Grammaire p.169–170 WB p.34

The future tense

For regular verbs, add the following **endings** to the infinitive:

| je manger**ai** |
| tu dormir**as** |
| il/elle/on boir**a** |
| *Negative*: je **ne** mangerai **pas** |

Some verbs are irregular. You still add the same **endings** but the stem is different:

| j'ir**ai** – *I will go* |
| je fer**ai** – *I will do* |
| tu ser**as** – *you will be* |
| il/elle/on aur**a** – *he/she/we will have* |

Mes résolutions pour la Nouvelle Année

LIRE 4 Lis les résolutions et les questions (a–f). C'est qui?

Exemple: **a** *Isabelle*

Who ...

a goes out too often?
b eats too much chocolate?
c is not fit?
d will do more sport?
e will work harder?
f will eat more fruit?
g will eat fewer chips?

⭐ **How many connectives can you spot?**

Martin

Comme je ne suis pas en forme, je mangerai moins de chocolat et moins de frites. Par contre, je mangerai plus de fruits car ils contiennent des vitamines! En plus, je ferai plus de sport.

Isabelle

Je sors trop souvent, presque tous les soirs, donc je sortirai moins souvent, juste le week-end. J'irai au cinéma une fois par semaine et je serai plus sérieuse. Oui, je travaillerai plus!

LIRE 5 Traduis les textes de Martin et d'Isabelle en anglais.

Exemple: Martin: As I am not fit ...

ÉCRIRE 6 Écris tes cinq résolutions pour la Nouvelle Année. Utilise les exemples de l'activité 4.

➕ **Add reasons:** ... *parce que c'est important pour la santé.*

JANVIER

1 Mes résolutions:
L'année prochaine, je travaillerai plus ...

LIRE 7 Lis et réponds aux questions en anglais.

Exemple: **a** *She launched a programme against childhood obesity.*

a What did Michelle Obama do?
b How many children are obese in the USA?
c What will students do at school?
d What did Michelle Obama do on TV?
e Why did she do it?
f What did she do at the White House? Why?

➕ **What do *auront*, *seront* and *feront* mean?**

Bougeons!

Michelle Obama a lancé un programme contre l'obésité des enfants qui s'appelle *Let's Move!* – « Bougeons! » Aujourd'hui, un enfant sur trois est obèse ou en surpoids aux États-Unis. C'est mauvais pour la santé et pour les résultats scolaires! Avec ce programme, les jeunes feront plus d'activités sportives au collège. Ils auront au moins une heure de sport par jour. Ils seront donc plus en forme.

Pendant sa campagne, Michelle Obama a dansé à la télévision pour encourager les jeunes à bouger. Elle a aussi créé un jardin potager dans le parc de la Maison Blanche pour encourager les jeunes à manger sainement.

Plenary

⭐ Say three things that you will do to change your lifestyle.

◎ Add time expressions.

➕ Add reasons.

As you complete this plenary, think about how you have developed your ability to talk about the future.

- Vocabulary: talk about what life will be like in the future
- Grammar: develop knowledge of the future tense
- Skills: translate into French

1 Lis. Corrige les erreurs dans les phrases a–f.

Exemple: **a** *165 million children don't eat enough*

Chiffres de l'OMS (Organisation Mondiale de la Santé)

Famine et obésité

Deux problèmes dans le monde:
on meurt de faim ou on mange trop?

Aujourd'hui, 165 millions d'enfants dans le monde ne grandissent pas bien parce qu'ils ne mangent pas assez. Quarante-deux pour cent vivent en Afrique ou en Asie. La famine reste un problème grave. Par contre, en Occident, quarante-trois millions d'enfants de moins de cinq ans souffrent d'obésité parce qu'ils mangent trop et mal et parce qu'ils ne font pas assez d'activités sportives.
En Chine, le nombre d'enfants obèses augmente parce qu'ils ont une alimentation plus riche qu'avant mais aux États-Unis, leur nombre commence à diminuer parce qu'il y a des programmes spécialisés pour informer les jeunes.
Est-ce que tout le monde pourra manger à sa faim dans cinquante ans ou est-ce qu'on sera tous obèses? Que se passera-t-il? Comment vivrons-nous?

a 165 million children eat too much.
b 42% live in Africa and Europe.
c 43 million children under seven are obese.
d They do a lot of sport.
e In China, the number of obese children is going down.
f In America, the number of obese children is stable.

⭐ Find four verbs in the future tense.

◎ Translate the questions at the end of the article.

➕ Translate the article.

2 Écoute (1–5). « Comment vivrons-nous dans cinquante ans? » Trouve une image pour chaque personne.

Exemple: **1** *c*

un robot-cuisinier   un mini jardin potager   des insectes
des pauses-exercices   une pilule-repas

Grammaire p.169–170 WB p.34

The future tense
Add the following **endings** to the infinitive:

je manger**ai**	nous habiter**ons**
tu dormir**as**	vous finir**ez**
il/elle/on boir**a**	ils/elles attendr**ont**

Irregular verbs:

je fer**ai** (*I will do*)   je ser**ai** (*I will be*)
on pourr**a** (*we will be able to*)
nous aur**ons** (*we will have*)
ils ir**ont** (*they will go*)

3 Lis. Qui dit les phrases a–f? C'est Justine, Romain ou les deux ?

On mangera différemment dans cinquante ans?

Exemple: **a** *Justine*

Justine

Je pense que dans cinquante ans, on mangera moins de viande mais plus d'insectes, comme en Asie, parce que les insectes sont très riches en protéines, en vitamines et en minéraux. Ils ont d'excellentes valeurs nutritionnelles. Ils remplaceront la viande de bœuf ou de porc dans les pays occidentaux.
En plus, l'élevage d'insectes sera meilleur pour la planète parce que les insectes n'ont pas besoin de beaucoup de nourriture ou d'eau. En plus, ils émettent moins de gaz à effet de serre donc je pense que ce sera un changement positif. Je suis sûre que quelqu'un créera un « insecte-burger ».

l'élevage   *farming (of livestock)*
le gaz à effet de serre   *greenhouse gas*

Romain

Moi, je pense que nous remplacerons certains repas par une pilule. Nous aurons une vie si active que nous n'aurons pas le temps de manger donc je pense qu'une « pilule-repas » sera la solution.
Ces pilules auront de bonnes valeurs nutritionnelles pour nous aider à être en forme. Nous perdrons moins de temps et nous pourrons faire d'autres activités comme le sport!

a We will eat less meat.
b We will waste less time.
c It will be better for the planet.
d They have/will have good nutritional value.
e We will have less time to eat.
f They produce less greenhouse gas.

➕ **Translate the underlined expressions:** *I think that in fifty years' time we will eat less meat.*

4 **Traduis en français.**

Exemple: **a** *Je pense qu'on …*

a I think we will eat less meat but more insects. They are very good for the health because they have a lot of vitamins.
b Insects are rich in proteins so they will replace meat.
c We will eat one pill a day. The 'meal pill' will have good nutritional values and will replace a meal.

Translating into French

1 Think about the tenses: past, present or future?
2 Think about gender: masculine or feminine?
3 Remember adjective agreement.
4 Use a dictionary to look up words you are unsure of.
5 Read through your translation – does it make sense?

5 **Comment vivrons-nous dans cinquante ans?**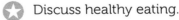
Écris un blog pour présenter tes idées.

Exemple: *Je pense que dans cinquante ans, …*

On mangera	plus/moins de/d'… des insectes/pilules.
On remplacera	les repas par …
Ce sera	meilleur pour la planète.
On aura/Il y aura	des robots-cuisiniers.

Plenary

In pairs: reflect on your progress with tenses in Unit 5. Try to use different tenses in the medal activities.

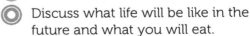 Discuss healthy eating.

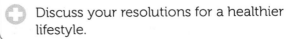 Discuss what life will be like in the future and what you will eat.

➕ Discuss your resolutions for a healthier lifestyle.

The pronoun *en*

1 Write answers to the questions. Replace the noun with the pronoun *en*.

Exemple: **a** *Oui, j'en mange beaucoup.*

a Tu manges beaucoup de légumes? ✓
b Il fait du sport toutes les semaines? ✗
c Ta mère fait du sport? ✓
d Tu bois assez d'eau? ✗
e Tu manges de la viande? ✗
f Tu manges des céréales? ✓

The pronoun *en* replaces a noun preceded by:

- the **partitive article**: *du/de la/de l'/des*
- a **number**
- an **adverb of quantity**: *assez de, beaucoup de, plus de.*

En means 'of them', 'of it', 'some' or 'any'. When using *en*, you must repeat the number or the adverb of quantity:

Je mange **des fruits**.	→ J'**en** mange. (*I eat some.*)
Je mange **cinq fruits**.	→ J'**en** mange **cinq**. (*I eat five of them.*)
Je bois **beaucoup d'eau**.	→ J'**en** bois **beaucoup**. (*I drink a lot of it.*)

Negative expressions:

Non, je **n'en** mange **pas**. (*No, I don't eat any.*)
Non, je **n'en** mange **pas cinq**. (*No, I don't eat five of them.*)
Non, je **n'en** bois **pas beaucoup**. (*No, I don't drink a lot of it.*)

Talking about the past

The perfect tense (*le passé composé*) is used for talking about the past. It is usually formed with the present tense of *avoir* followed by the past participle of the verb:

	Past participle	
	Regular verbs	Irregular verbs
j'**ai**	-**er** *verbs:*	
tu **as**	mang**er** → mang**é** (*ate/have eaten*)	faire → **fait** (*did/have done*)
il/elle/on **a**	-**ir** *verbs:*	boire → **bu** (*drank/have drunk*)
nous **avons**	fin**ir** → fin**i** (*finished/have finished*)	voir → **vu** (*saw/have seen*)
vous **avez**	-**re** *verbs:*	prendre → **pris** (*took/have taken*)
ils/elles **ont**	attend**re** → attend**u** (*waited/have waited*)	

Negative: Je **n'**ai **pas** mangé/fini/attendu/fait/bu/vu/pris.

2 Copy out the sentences. Put each verb into the perfect tense.

Exemple: **a** *Michelle Obama* a lancé *une campagne contre l'obésité.*

a Michelle Obama [lancer] une campagne contre l'obésité.
b Tu [finir] ton travail?
c Nous [manger] trop de frites.
d Les enfants [choisir] des gâteaux au chocolat.
e Vous [boire] beaucoup de coca?
f Je [faire] beaucoup de sport cet été.

3 Translate a–f into English.

Exemple: **a** *Michelle Obama launched/has launched a campaign against obesity.*

Talking about the future

4 **Copy out the sentences. Put each verb into the future tense.**

Exemple: **a** *Nous <u>aurons</u> une pilule-repas.*

a Nous [avoir] une pilule-repas.
b Je [être] végétarienne.
c Dans cinquante ans, on [manger] des insectes.
d Les jeunes [boire] plus d'eau.
e Vous [faire] plus de sport.
f Ma sœur et moi [aller] en France.
g Tu [venir] avec nous en France?
h Mes copains [prendre] de nouvelles résolutions.

Use the future tense to talk about what will happen in the future. For most verbs, add the following **endings** to the infinitive. If the infinitive ends with *e*, take off the *e* before you add the endings:

je	manger écouter finir choisir boir(e) prendr(e)	**ai**	→ je manger**ai** (*I will eat*)
tu		**as**	→ tu écouter**as** (*you will listen*)
il/elle/on		**a**	→ il finir**a** (*he will finish*)
nous	+	**ons**	→ nous choisir**ons** (*we will choose*)
vous		**ez**	→ vous boir**ez** (*you will drink*)
ils/elles		**ont**	→ elles prendr**ont** (*they will take*)

There are some exceptions to this rule. You still add the same **endings**, but the stem is not the infinitive:

je ser**ai** (*I will be*)	nous ir**ons** (*we will go*)
tu aur**as** (*you will have*)	vous verr**ez** (*you will see*)
il/elle/on fer**a** (*he/she/we will do*)	ils/elles viendr**ont** (*they will come*)

Evaluating your performance

Completing a speaking or writing task is one thing, but how can you tell how well you've done?

After you've done activity 4 on page 79, ask yourself:

- Did you use your bank of questioning words?
- Did you make your voice go up at the end of the questions?
- How 'French' did you sound? Record yourself, play it back and give yourself a mark out of ten for 'Frenchness'.

After you've done activity 7 on page 81, check your work:

- Did you use the new grammar and structures from Unit 5, for example the perfect tense, *il faut/il est important de* + infinitive?
- Did you use connectives to make longer sentences?
- Does each verb ending match the person of the verb?

Which speaking and writing strategies do you find most helpful? Which will you try next?

Pronunciation: the French *r* sound

5 **Listen and repeat:**

> je choisi**r**ai il fini**r**a nous i**r**ons
> je ve**rr**ai je **r**ega**r**de**r**ai tu se**r**as
> Je mange**r**ai moins de f**r**ites. Ce se**r**a supe**r**.

To make the French *r* sound, imagine you are pronouncing it at the back of your throat, with the tip of your tongue touching the bottom of your teeth. Try it! It is like a 'gurgling' sound if you overdo it!

5.7 Extra Star

- Vocabulary: identify information about healthy lifestyles
- Grammar: identify a range of structures, including the perfect and future tenses
- Skills: analyse and correct a reading text

ECRIRE 1

Can you crack the code and find eight items of food and drink? Write out the words.

Exemple: **a** la viande

❶ = e ❷ = ? ❸ = ? ❹ = ? ❺ = ?

a l❸ v❷❸nd❶   **d** l❶ c❺c❸   **g** l❶ p❺❷ss❺n
b l❶ r❷z   **e** l❶ y❸❺❹rt   **h** l'❶❸❹
c l❶ p❺❹l❶t   **f** l❶s fr❷❷ts

LIRE 2

Match the pictures to the words in activity 1.

Exemple: **1** f

ECRIRE 3

Rewrite these sentences using the correct word order.

Exemple: **a** Je n'ai pas mangé au petit déjeuner.

a déjeuner / mangé / je / n' / au / petit / pas / ai / .
b jour / il / par / faut / manger / fruits / et / moins / légumes / au / cinq / .
c bouger / je / de / il / fais / beaucoup / parce qu' / faut / sport / .
d assez / dors / ce / heures / je / six / mais / nuit / par / n'est / pas / .
e produits / je / moins / gras / mangerai / de / .
f le / essentiel / os / est / pour / les / calcium / .

LIRE 4

Translate the sentences from activity 3.

Exemple: **a** I didn't eat at breakfast.

LIRE 5

Affreux Jojo has written about a healthy lifestyle. Correct his seven <u>underlined</u> mistakes using words from the box.
Some of the words in the box won't be needed.

Exemple: **1** manger

> fruits et légumes   moins   ~~manger~~
> irai   boire   dormirai   du sport
> vitamines   des yaourts

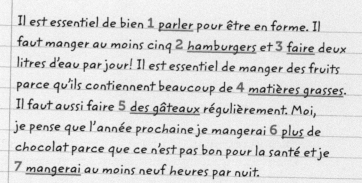

Il est essentiel de bien **1** <u>parler</u> pour être en forme. Il faut manger au moins cinq **2** <u>hamburgers</u> et **3** <u>faire</u> deux litres d'eau par jour! Il est essentiel de manger des fruits parce qu'ils contiennent beaucoup de **4** <u>matières grasses</u>. Il faut aussi faire **5** <u>des gâteaux</u> régulièrement. Moi, je pense que l'année prochaine je mangerai **6** <u>plus</u> de chocolat parce que ce n'est pas bon pour la santé et je **7** <u>mangerai</u> au moins neuf heures par nuit.

Jojo

- Vocabulary: talk about healthy lifestyles
- Grammar: use the perfect and future tenses and other structures from the unit
- Skills: develop awareness of healthy lifestyles

Trouve l'intrus.

Find the odd one out in each set of four. Explain why it is the odd one out.

a la viande   le poisson   le sucre   l'eau
b les pommes de terre   les carottes   les ananas   le pain
c le cerveau   les os   les œufs   les dents
d je dors   je mange   je bois   j'ai mangé
e boire   manger   prendrai   dormir

Lis et réponds aux questions en anglais.

Exemple: a schools

a Who will take part in the 'Taste Week'?
b Why is it important to eat well? (**two** reasons)
c Who will come to your classroom?
d Why will they come? (**three** reasons)
e What will you taste?
f How many restaurants will take part?

le goût   *the taste*
les habitudes alimentaires   *eating habits*

La Semaine du Goût
du 14 au 20 octobre

Est-ce que ton école participera à la Semaine du Goût cette année?

Il est important de bien manger pour vivre mieux et plus longtemps. C'est pourquoi des chefs viendront dans ta classe pour t'expliquer comment bien manger, préparer des plats équilibrés et parler des bonnes habitudes alimentaires.

Tu goûteras des plats originaux et des légumes différents. Les chefs répondront à tes questions. En plus, pendant cette semaine, plus de cinq cents restaurants en France proposeront des menus « Surprise du Chef ».

Traduis le texte de Corinne en anglais.

Exemple: To be fit, ...

Pour être en forme, je ferai plus de sport et je prendrai des repas équilibrés. En plus, je mangerai au moins cinq fruits et légumes par jour.
Je mangerai des produits laitiers parce qu'ils contiennent du calcium qui est bon pour les os et les dents.
Je pense qu'il est important de manger à des heures régulières. Il est aussi essentiel de boire de l'eau pour rester en forme. Hier, j'en ai bu deux litres.

Qu'est-ce que tu as mangé et bu le week-end dernier? Qu'est-ce qu'il faut faire pour être en forme? Quelles seront tes résolutions?

Exemple: Le week-end dernier, j'ai mangé ... Pour être en forme, il faut ... Je mangerai ...

Corinne

5.8 Lire

Au Togo, projet « Toutes au foot »
Les filles révèlent leur potentiel

Rosalie N'Dah, arbitre internationale – un modèle pour les jeunes Africaines

1 Depuis 2008, l'ONG belge Plan a développé un projet de football pour filles, pour les former comme joueuses et comme arbitres. L'objectif est de rendre les filles fortes sur le terrain et en dehors du terrain. Cécile, jeune arbitre togolaise formée par Plan, explique pourquoi ce projet a changé sa vie:

« Pour moi, jouer au foot, c'est essayer d'obtenir ce que nos mamans n'ont pas eu: l'égalité avec les garçons. »

2 Au départ, tout le monde n'a pas accepté le projet « Toutes au foot ». Certains leaders communautaires et religieux considéraient ce sport comme violent et réservé aux garçons. Mais ils ont reconnu l'effet positif pour les filles et maintenant, ils les encouragent à rejoindre l'initiative.

3 Cécile a suivi des formations à l'arbitrage, et brillamment passé des examens théoriques et pratiques au niveau du district. Prochaine étape: réussir les épreuves au niveau national.

« Ce projet m'apporte énormément, explique Cécile. Aujourd'hui, j'arbitre des rencontres aux quatre coins du district. Je découvre de nouveaux lieux, un public toujours différent, et j'ai confiance en moi. C'est très rare pour les filles de mon village! »

4 Cécile voudrait continuer ses activités d'arbitrage, mais elle souhaite surtout faire des études longues pour devenir journaliste ou interprète. Même chose pour Stéphanie, Maryse ou Jeanne, ses amies du projet « Toutes au foot ». Elle sont maintenant prêtes à faire des études supérieures et ainsi bâtir leur avenir professionnel.

> l'ONG (organisation non gouvernementale)
> *NGO, a charity or campaigning organisation*
> l'arbitre   *referee*   le district   *county*
> le terrain   *pitch*   bâtir   *to build*

---

 1 Read the text. Match these phrases (a–i) to the **highlighted** phrases in the text.

Exemple: **a**   *a suivi des formations à l'arbitrage.*

a   trained as a referee
b   to follow a long course of study
c   make the girls strong on and off pitch
d   to build their future
e   to pass the tests
f   try to get what our mums didn't have
g   they recognised the positive side
h   ready to go into higher education
i   I discover new places

Using a dictionary

If you have to look up a word in the French–English section of a bilingual dictionary, use the strategies on page 77.

 2 Choose a title (below) for each paragraph of the text (1–4). Careful: there are two titles that you will not need.

- Devenir footballeuse professionnelle à l'âge adulte
- Encourager les jeunes Togolaises à devenir arbitres
- Filles et garçons travaillent ensemble
- Les opposants changent d'avis
- Les projets à long terme des jeunes arbitres
- Une occasion pour voyager et apprendre

 3 Answer the questions in English.

a   Why were some leaders against the project at the beginning?
b   In paragraph 3, Cécile lists **three** benefits of being a referee. What are they?
c   In paragraph 4, what **two** things does Cécile say she would like to do in the future?

5.8 Vidéo

Manger équilibré

 VIDEO 1 Regarde l'épisode 5. Qui est Lyvia?

> une professeur   une journaliste
> une diététicienne   une infirmière

 VIDEO 2 **Avant** la rencontre avec Lyvia, qui mange quoi?
C'est Zaied ou Basile?
Before the meeting with Lyvia, who eats what?
Is it Zaied or Basile?

Exemple: **a** *Basile*

a des céréales avec du lait	**d** un pain au chocolat
b du jus d'orange	**e** du fromage à tous les repas
c du chocolat chaud	**f** des glaces

 VIDEO 3 Lis les bonnes résolutions de Basile. Trouve les
sept erreurs. Recopie et corrige le texte.

Exemple: *Je mangerai plus de fruits et de* <u>*légumes*</u> *...*

> Je mangerai plus de fruits et de yaourts. Le matin, je
> mangerai du fromage blanc et des céréales. À midi,
> je prendrai du poisson avec du pain ou des pâtes et
> des légumes. Et le soir, je mangerai du fromage ou une
> soupe de légumes. Je boirai aussi un litre d'eau par jour.

 VIDEO 4 Lis les phrases a–g. C'est vrai ou faux, selon la vidéo?
Corrige les phrases fausses <u>en anglais</u>.

Exemple: **a** *faux (Breakfast cereal isn't good if ...)*

a Les céréales au petit déjeuner, c'est toujours bon.
b Le chocolat au petit déjeuner, c'est trop sucré.
c Dans une alimentation équilibrée, il y a beaucoup de vitamines et de fibres.
d C'est bon de manger des légumes au petit déjeuner.
e Les produits laitiers contiennent des protéines.
f Le calcium est important pour les cheveux.
g Des glaces comme dessert, c'est excellent pour la santé.

 VIDEO 5 Lyvia donne beaucoup de conseils. Pour toi, quel conseil est le plus facile?
Lyvia gives a lot of advice. Which piece of advice do <u>you</u> find easiest to follow?

Exemple: *Pour moi, les céréales pas trop sucrées au petit déjeuner, c'est facile:*
j'adore le porridge ...

5.9 Test

1 Listen to three young people talking about their diet. Copy and fill in the grid in English. (See pages 80–83.)

	Breakfast	Lunch	Dinner	Good or bad diet? Why?	Resolutions
1	cereal, milk				

2 Answer these questions about healthy eating and your lifestyle. (See pages 76–83.)

- Qu'est-ce qu'il faut manger/boire pour être en forme? Pourquoi? *Il faut manger/boire ... parce que ...*
- Qu'est-ce que tu fais pour être en forme? *Je fais du sport ... Je dors ... Je joue ...*
- Qu'est-ce que tu as mangé la semaine dernière? *J'ai mangé/bu ...*
- Quelles seront tes nouvelles résolutions? *Je ferai ... J'irai ... Je mangerai ...*

3 Read the text and answer the questions in English. (See pages 76–83.)

Exemple: **a** *a healthy diet and ...*

- **a** According to Thomas, which **two** things are important for good health?
- **b** Why didn't he do sport when he was younger?
- **c** Name **two** foods that he eats more of now.
- **d** What does he drink every day?
- **e** What does he say about sugary drinks?
- **f** What **two** things is Thomas going to do after the summer holidays?

> Je m'appelle Thomas et j'habite à Lyon, en France. À mon avis, il est très important de bien manger et de faire du sport parce que c'est bon pour la santé.
> Quand j'étais plus petit, je n'étais pas sportif parce que j'étais obèse.
> Alors, j'ai décidé de suivre un programme. J'ai fait plus de sport et j'ai mangé plus de fruits et de légumes, comme les ananas, les carottes et les pommes de terre, parce qu'ils contiennent des vitamines ... et maintenant, je suis en pleine forme! Je bois un litre et demi d'eau par jour et je n'aime plus du tout les boissons sucrées!
> En plus, je dors neuf heures par nuit et après les grandes vacances, j'irai à l'école à vélo et je jouerai au basket dans un club. J'aime bien manger, faire du sport et être en pleine forme. C'est super!

4 Write an article for your school magazine, talking about a healthy lifestyle. (See pages 76–83.)

Include four paragraphs, mentioning:
- what is essential for a healthy lifestyle and why
- what you eat/do normally, including an example of what you ate recently
- what you will do to be healthier and why
- what you think we will eat/do in fifty years' time.

Remember: the more you can develop your answers, the better your work will be.

- Connectives
- Opinions
- One tense

→

- Connectives
- Opinions and reasons
- Two tenses

→

- Opinions and reasons
- Two or three tenses
- Range of structures

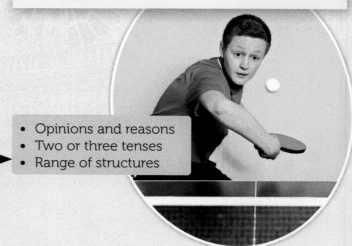

Food and drink

l'ananas	pineapple
le beurre	butter
les carottes	carrots
les céréales	cereals
le coca	Coke, cola
l'eau	water
le fromage	cheese
les fruits	fruit
les gâteaux	cakes
les glaces	ice creams
l'huile	oil
le lait	milk
les légumes	vegetables
les œufs	eggs
le pain	bread
le poisson	fish
les pommes de terre	potatoes
le poulet	chicken
le riz	rice
le sucre	sugar
la viande	meat
le yaourt	yoghurt

Il est essentiel/important/ nécessaire de manger ...	It is essential/important/ necessary to eat ...
Il (ne) faut (pas) boire ...	You must (not) drink ...
C'est/Ce n'est pas bon pour ...	It is/isn't good for ...
le cœur/le cerveau.	the heart/the brain.
les cheveux/les dents.	the hair/the teeth.
les muscles/les os.	the muscles/the bones.
la peau/les yeux.	the skin/the eyes.
la santé.	the health.
Il y a des vitamines/fibres/ protéines.	There is/are vitamins/fibre/ protein (in it).
Il y a trop de sucre/ graisses.	There is too much sugar/ fat (in it).

Healthy lifestyle

Que fais-tu pour vivre sainement?	What do you do to live healthily?
Je fais beaucoup de sport.	I do a lot of sport.
Je joue au foot/tennis.	I play football/tennis.
Je mange au moins cinq fruits et légumes par jour.	I eat at least five fruits and vegetables per day.
Je mange à des heures régulières.	I eat at regular times.
Je mange équilibré/ sainement.	I eat a balanced diet/ healthily.
Je bois un litre et demi d'eau par jour.	I drink 1½ litres of water per day.
Je dors huit heures par nuit.	I sleep eight hours per night.

Diet and health

Qu'est-ce que tu as mangé et bu hier?	What did you eat and drink yesterday?
J'ai mangé/bu/pris ...	I ate/drank/had ...
du fromage blanc.	fromage frais.
un gâteau (au chocolat).	a (chocolate) cake.
un hamburger.	a hamburger.
du jambon.	ham.
un jus d'orange.	an orange juice.
des pâtes.	pasta.
une pomme.	an apple.
un steak-frites.	steak and chips.
une tarte au citron.	a lemon tart.
du thé.	tea.
au petit déjeuner	for breakfast
au déjeuner/dîner	for lunch/dinner
au goûter	for an afternoon snack
C'est trop gras/sucré.	It contains too much fat/ sugar.
Il y a des risques d'obésité/ de surpoids.	There are risks of being obese/overweight.
C'est bon/mauvais pour ...	It's good/bad for ...
trop de ..., assez de ...	too much/many ..., enough ...
plus de ..., moins de ...	more ..., less/fewer ...

Resolutions

Qu'est-ce que tu feras pour être en forme?	What will you do to be healthy?
Je mangerai plus de fruits et de légumes.	I'll eat more fruit and vegetables.
Je mangerai moins de fast-food.	I'll eat less fast food.
Je boirai moins de boissons sucrées.	I'll drink fewer sugary drinks.
Je ferai plus de sport.	I'll do more sport.
Je jouerai au basket.	I'll play basketball.
J'irai à l'école à vélo.	I'll go to school by bike.
Je dormirai huit heures par nuit.	I'll sleep eight hours per night.
Je regarderai moins la télé.	I'll watch less TV.

◉ Grammar and skills: I can...

- ◉ use impersonal structures
- ◉ use the pronoun *en*
- ◉ use the perfect tense with *avoir*
- ◉ use the future tense
- ◉ use a dictionary
- ◉ use strategies to check written work
- ◉ evaluate my performance

6.1 Alors, cette fête de fin d'année?

- Vocabulary: organise a party
- Grammar: use the near future
- Skills: develop strategies to improve speaking; evaluate your performance

1 Qu'est-ce qu'on va faire pour organiser la fête?
Trouve les paires.

Exemple: **1 d**

On va ...

AVANT:
1 envoyer les invitations
2 acheter la nourriture et les boissons pour le buffet
3 télécharger de la musique

LE JOUR J:
4 décorer la salle
5 préparer le buffet

APRÈS:
6 nettoyer!

le jour J   D-Day, the big day

2 Écoute. Qui va faire quoi? Choisis les bonnes images (a–f) de l'activité 1.

Martin	Margaux	Amélie	Hugo
d, ...			

3 Lis l'invitation et réponds aux questions en anglais.

Exemple: **a** *Saturday 21 June*

a When is the party?
b What time does it start and finish?
c Where will it be?
d How much does it cost?
e What are the three groups going to organise?
f What kind of food do they want people to bring?

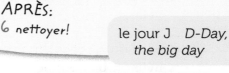

Grammaire p.169 WB p.33

The near future

To say what you are going to do, use **aller** + **infinitive**:

je vais	organiser
tu vas	inviter
il/elle/on va	acheter

Je vais organiser une fête. – **I am going to organise** a party.

Negative: *Je **ne** vais **pas** faire ...* – I am **not** going to do ...

MÉGA-FÊTE DES TROISIÈMES
pour célébrer les grandes vacances!

Date: samedi 21 juin
Heure: à partir de 18 heures
Fin: 23 heures

Rendez-vous: au foyer du collège
Prix: 3€
Groupes:
1 la déco de la salle
2 les courses
3 la musique

Réponds et coche ✔
☐ Je peux venir.   ☐ Je ne peux pas venir.

Je vais apporter:
☐ des boissons   ☐ des gâteaux
☐ des chips   ☐ des fruits   ☐ des pizzas

4 **Écoute, lis et note les mots (1–8).**
Choose words from the box.

Exemple: **1** *fête*

> jardin   vacances   copains   collège   boissons
> chercher   soir   acheter   ~~fête~~   danser

Olivier: Allô, <u>Lisa</u>, tu vas venir à la **1** [___] qui est organisée <u>par Hugo</u>?
Lisa: Salut, <u>Olivier</u>. Bof, je ne sais pas encore. Et toi?
Olivier: Oui, bien sûr! Ça va être génial! C'est pour célébrer <u>les grandes **2**</u> [___].
Lisa: Ben … je ne suis pas sûre. C'est quand exactement?
Olivier: <u>Samedi **3**</u> [___], à partir de <u>dix-huit heures</u>. On va **4** [___] et s'amuser! Allez, viens!
Lisa: Euh … je ne sais pas, peut-être … ça va être où?
Olivier: Ça va être <u>au grand foyer du **5**</u> [___].
Lisa: Il faut apporter quelque chose?
Olivier: Hugo va **6** [___] la nourriture mais si tu veux, tu peux <u>apporter des **7**</u> [___].
Lisa: Bon, d'accord, tu vas passer me **8** [___] chez moi?
Olivier: Oui. Comme la fête commence à <u>dix-huit heures</u>, je vais passer te chercher à <u>dix-sept heures quarante-cinq</u> … OK?
Lisa: Super, merci, à plus!

5 **À deux. Adaptez le dialogue. Utilisez les questions de l'activité 4 et changez les expressions soulignées.**
 See page 105 for strategies to evaluate your performance.

Exemple: **A** *Allô, Alex, tu vas venir à la fête qui est organisée par le collège?*
B *Salut, Emily. Oui, bien sûr! Et toi? …*

6 **Écris un mail pour inviter tes copains à ta fête d'anniversaire.**

Exemple: *Salut à tous! Je vais organiser une fête pour mon anniversaire …*

C'est une fête pour célébrer	mon anniversaire.	
C'est	samedi soir/à partir de 18 heures.	
Ça va être	au collège/chez moi.	
	(vraiment) super/génial.	
Tu peux apporter	du coca/des sandwichs.	
Je vais passer te chercher	à 17 heures.	

Speaking strategies

- Plan what you are going to say. Try to use different tenses and structures.
- Read your script aloud several times with your partner. Try to learn the harder phrases. Then practise it again without the script.
- Use 'filler' words to give yourself time to think: *mais* (but), *bien sûr* (of course), *alors* (so), *OK/d'accord* (OK), *bon/ben* (so).
- Remember to raise your voice at the end of a question.

Plenary

With your partner, reflect on why confident use of the near future is important, then try the medal activities:

⭐ Say three things you are going to do to prepare for a party.

◎ Ask your partner when and where the party will be. Your partner will answer.

➕ Add an opinion and tell your partner what time you will pick him/her up.

6.2 *On pourrait sortir?*

- Vocabulary: suggest activities and make excuses
- Grammar: use the conditional: *on pourrait* + infinitive
- Skills: develop conversation skills; evaluate your performance

1 Écoute et lis (1–8). C'est quelle image? Recopie les phrases.

Exemple: **1** d – *On pourrait faire les magasins?*

  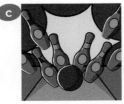

On pourrait …?
1. faire les magasins
2. faire un pique-nique
3. aller à un concert
4. aller à une fête
5. aller au bowling
6. aller au ciné
7. manger au McDo
8. regarder un DVD

2 Écoute et lis le dialogue. Mets les excuses (a–d) dans l'ordre.

Exemple: c, …

- **a** the shops are overcrowded on Saturdays
- **b** I hate dancing
- **c** they get on my nerves
- **d** the cinema is too expensive

○ **What are Marion's four suggestions?**

✚ **Translate the conversation into English.**

⚙ **Grammaire** p.169–170 WB p.42

***On pourrait* + infinitive**

*On **pourrait aller au** cinéma?* – We **could go** to the cinema?

Chantal la Râleuse

SALUT, CHANTAL, ÇA VA?

BOF!

Marion: Salut, Chantal, ça va?
Chantal: Bof!
Marion: Écoute, ce week-end, on pourrait faire un pique-nique avec Sacha et Matthias?
Chantal: Ah non, je déteste Sacha et Matthias. Ils m'énervent!
Marion: OK, alors on pourrait aller au ciné?
Chantal: Désolée, c'est trop cher, le ciné. Je n'ai pas assez d'argent!
Marion: Alors on pourrait aller en ville et faire les magasins?
Chantal: Tu rigoles, j'espère! Le samedi, il y a trop de monde dans les magasins!
Marion: Bon, alors … euh … viens chez moi! On pourrait jouer aux jeux vidéo? J'ai un nouveau jeu qui s'appelle « Dansez! ». C'est génial!
Chantal: Non mais tu plaisantes! Danser, j'ai horreur de ça!
Marion: OK, ciao … Moi, je vais retrouver Sacha et Matthias!

3 Écoute. Axel veut sortir mais Morgane invente des excuses! Recopie et remplis la grille en anglais.

Suggestions	Excuses
Go into town with friends ...	

⭐ **Can you spot any 'filler' words?** *Écoute ...*

◎ **Can you spot one verb in the perfect tense?**

➕ **In pairs: A transcribes what Axel says; B transcribes what Morgane says. Perform the dialogue.**

4 À deux. Écrivez un dialogue: **A** veut sortir mais **B** invente des excuses! Utilisez les activités 2 et 3.

Exemple: **A** *Salut, Jack, ça va?*
            B *Bof ...*
            A *Écoute, ce week-end, on pourrait ...?*
            B *Ah non, tu rigoles! ...*

◎ **Include reasons:** *... parce que j'ai horreur du fast-food!*

5 À deux. Faites le dialogue de l'activité 4.
🔧 See page 105 for strategies to evaluate your performance.

➕ **Memorise your dialogue and perform it.**

Developing conversation skills 🔧

- Use *On pourrait ...?* as a polite way to suggest different activities. Remember: it's a question so you need to use rising intonation.
- Use 'filler' words to give yourself time to think:

  Bon, alors ... – OK, so ...
  Écoute ... – Listen ...
  Allez ... – Come on/Go on ...
  D'accord/OK ... – OK ...
  Bof, je ne sais pas mais ...
     – I don't know, but ...
  Ah non/Ben oui, peut-être ...
     – No/Yes, maybe ...

Listen out for these in activities 2 and 3. Use them in your own dialogue.

Les excuses
🙂 Bof, je n'aime pas trop ...
   Je ne sais pas ...
🙁 Ah non, c'est nul./Je déteste ...
   Je ne peux pas ...

parce que ...
... c'est trop cher.
... je n'ai pas beaucoup d'argent.
... j'ai horreur de danser/du fast-food.
... je suis fatigué(e).
... j'y suis allé(e) hier.

Plenary

With your partner, take turns to suggest activities:

⭐ Suggest three activities.

◎ Refuse two of your partner's suggestions and give reasons.

➕ How long can you keep the dialogue going? Carry on until you run out of suggestions and excuses!

Afterwards, give each other feedback: How is your intonation? How 'French' is your pronunciation?

6.3 Les festivals, j'adore!

- Vocabulary: talk about a festival or special event that you've been to
- Grammar: use the perfect tense with *être*; use the imperfect tense
- Skills: use cultural awareness strategies; evaluate your performance

Lis les textes. Réponds aux questions en anglais pour Gwenaël et Mathilde.

Exemple: **a** <u>Gwenaël</u>: *to a music festival in Brittany;*
<u>Mathilde</u>: *to a ... festival in ...*

Je suis allé au festival de musique de Bretagne qui s'appelle Les Vieilles Charrues. C'était un peu cher, cent six euros, mais c'est ma mère qui a payé.
Je suis parti avec mon grand frère et quatre copains. On est arrivés le vendredi et on a campé parce que le camping est gratuit quand tu as un billet. On y est restés trois jours. Il y avait plus de deux cent mille personnes — c'était incroyable! C'était très marrant parce qu'on a dansé dans la boue ... il a plu tout le week-end! Un soir, il y a eu un grand feu d'artifice.
J'ai passé un week-end de rêve!
On va y retourner l'été prochain et tu pourrais venir avec nous.

la boue   *mud*
il a plu   *it rained*

Je suis rentrée hier soir du festival de danse hip-hop de Paris! C'était vraiment top!
J'y suis allée avec deux copines, Lola et Olivia. On est arrivées le samedi matin et on y est restées deux jours. On a dansé et on a vu des groupes qui étaient absolument incroyables.
Ma sœur est venue nous retrouver le dimanche et on est rentrées ensemble le soir.
On va y retourner l'année prochaine, c'est sûr!

Gwenaël

Mathilde

a Where did each person go?
b Who did each person go with?
c When did they arrive and how long did they stay?
d List **two** activities mentioned by each person.
e What does each person say about next year?

⭐ Find connectives and perfect tense verbs in each text.

◎ Find opinions and imperfect tense verbs. Identify verbs that take *avoir* and *être* in the perfect tense.

➕ Translate the texts into English.

Grammaire p.168–170 WB p.37–38

The perfect tense with *être*

Some verbs use *être* instead of *avoir* in the perfect tense:

aller (*to go*) → allé
rester (*to stay*) → resté
arriver (*to arrive*) → arrivé

venir (*to come*) → venu
partir (*to leave*) → parti
rentrer (*to return*) → rentré

With *être* verbs, the past participle agrees with the subject:

Masculine	Feminine
je suis allé	je suis allé**e**
tu es allé	tu es allé**e**
il est allé	elle est allé**e**
on est allé**s**	on est allé**es**

ÉCOUTER 2

Écoute Julie, Tom et Hussein qui parlent de trois fêtes. Note les détails en anglais.

- Which festival?
- When?
- How long?
- Activities?
- Extra details?

Exemple: <u>Julie:</u> *Music Day, ...*

la Fête nationale belge

la Fête de la Musique

la Fête du Cinéma

◎ **What is the final question that the interviewer asks each person?**

✚ **Choose Julie, Tom or Hussein and transcribe what they say.**

Cultural awareness strategies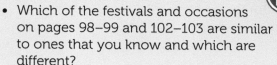

- Which of the festivals and occasions on pages 98–99 and 102–103 are similar to ones that you know and which are different?

- Think about why certain occasions might be important to a particular country or culture, for example why is 14 July celebrated every year in France?

- Compare with your own culture. In activity 2, Tom talks about the national day of Belgium. Do you think the UK should have a national day? How would it be celebrated?

> J'**y** suis allé(e)   *I went **there***
> On **y** est resté(e)s   *We stayed **there***

LIRE 3

Lis les questions et trouve les réponses.

Exemple: 1   c

1 Où es-tu allé(e)?
2 Avec qui?
3 C'était quand?
4 Tu y es resté(e) combien de temps?
5 Qu'est-ce que tu as fait?
6 C'était comment?
7 Tu vas y retourner?

a On a dansé, chanté et mangé des sandwichs.
b C'était absolument fantastique.
c Je suis allé(e) à la Fête de la Musique en ville.
d Oui, je vais y retourner l'année prochaine avec mes copains.
e C'était le week-end dernier.
f J'y suis allé(e) avec ma sœur.
g On y est resté(e)s tout le week-end parce que le dimanche soir, il y avait un grand feu d'artifice!

PARLER 4

Imagine que tu es allé(e) à un festival. Réponds aux questions de l'activité 3.
Use the highlighted phrases and adapt the rest of each sentence.

Exemple: Où es-tu allé(e)? – Je suis allé(e) à la Fête de ...

◎ **Add what you liked best:** *Ce que j'ai préféré, c'était ...*

ÉCRIRE 5

Imagine que tu es allé(e) à un festival. Écris un blog.
⚒ Swap with a partner and evaluate each other's work. See page 105 for evaluation strategies.

Exemple: La semaine dernière, je suis allé(e) à la Fête de ...

Plenary

What do you think it means to be 'culturally aware'? Write down two things.

⭐ Name three festivals.

◎ Choose one festival and say you went to it. Say when it was and who you went with.

✚ Describe what you did there and add your opinion.

⚙ Grammaire p.168–170
WB p.14, 35–39

Perfect or imperfect?

- Use the **perfect tense** to say what you did in the past: *j'ai dansé* – I danced, *je suis allé(e)* – I went.

- Use the **imperfect tense** for descriptions in the past: *c'était* – it was, *il y avait* – there was/were.

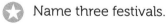

6.4 Rencontre

- Vocabulary: communicate with people in formal situations
- Grammar: use the *vous* form of the verb
- Skills: use formal and informal language; evaluate your performance

  Hôtel de ville de Montpellier et administration principale

 1

Lis la lettre et trouve les expressions a–h.

Exemple: **a** *Merci pour votre lettre*

a Thank you for your letter
b I would be delighted
c to answer your questions
d in the reception room at the Town Hall
e two representatives
f our meeting
g Could you send me
h Yours faithfully

➕ **What does the Mayor ask for?**

Montpellier, le 2 mars

Chère Julie,

Merci pour votre lettre datée du 20 février. Je serais ravi de vous recevoir pour répondre à vos questions le mardi 27 mars, à quatorze heures, dans la salle de réception de la Mairie.

Deux représentants du Conseil des Enfants participeront à notre réunion.

Pourriez-vous m'envoyer la liste de vos questions par mail?

Recevez mes sincères salutations,

Monsieur le Maire

Conseil des Enfants   *Children's Council*

 2

Lis le mail de Julie et réponds aux questions.

Exemple: **a** *the Mayor*

a Who wrote to Julie?
b When is the meeting?
c What is she going to send?
d Who else will be at the meeting?
e When can Mohamed phone Julie?

⭐ **How do you know this is an informal email?**

◎ **Translate the email into English.**

 3

Traduis la lettre de l'activité 1 en anglais.

Exemple:

Dear Julie,

Thank you for your letter dated 20 February. I would be delighted ...

Sujet: Le Maire

Salut Mohamed!

Tu vas bien? J'ai reçu une réponse du Maire! On a une réunion le 27 mars, à quatorze heures. Je vais envoyer nos questions par mail. Deux personnes du Conseil des Enfants vont être à la réunion aussi.

C'est génial, non? Tu peux me téléphoner demain?

Bisous et à plus! ☺

Julie

Formal and informal language

Did you notice the difference between the language in the Mayor's letter and Julie's email?

Formal	Informal
• *vous*	• *tu*
• *Pourriez-vous ...?* (Could you ...?)	• *Tu peux ...?* (Can you ...?)
• *Recevez mes sincères salutations* (Yours faithfully)	• *Bisous ...* (Love from ...)
	• *À plus!* (See you later!)

ÉCOUTER 4 Écoute et lis l'interview de Monsieur le Maire. Trouve les paires.

Exemple: **1** e

1 Bonjour, <u>Monsieur le Maire</u>. Depuis quand êtes-vous <u>maire</u>?
2 Vous aimez votre travail?
3 Pourriez-vous décrire une journée typique?
4 Pourquoi avez-vous <u>créé un Conseil des Enfants</u>?
5 Sur quel projet allez-vous travailler cette année?
6 Je vous remercie, <u>Monsieur le Maire</u>.

Grammaire WB p.4

Tu and vous

Tu (*informal*)	Vous (*formal*)	
tu es	vous êtes	*you are*
tu as	vous avez	*you have*
tu aimes	vous aimez	*you like*
tu fais	vous faites	*you do/are doing*
tu vas	vous allez	*you go/are going*

prenant   *time-consuming*
parfois   *from time to time*

a Merci à vous.
b L'année prochaine, nous allons <u>organiser un grand festival de théâtre</u>. Ça va être notre grand projet de l'année!
c Oui, <u>c'est passionnant</u> mais c'est aussi très <u>prenant</u>.
d Parce que je pense que c'est très important d'<u>écouter les jeunes</u>.
e Je suis <u>maire</u> depuis <u>deux ans</u>.
f D'habitude, je commence à <u>huit heures</u>. J'ai des réunions et des visites, je travaille sur des projets ... mais ce que je préfère dans mon travail, ce sont les mariages que je dois célébrer parfois!

Je suis ... depuis ... ans/mois.

C'est passionnant/excitant/intéressant mais c'est aussi fatigant/frustrant/prenant.

Je commence à ... heures.
Je fais/lis/visite/travaille ...

L'année prochaine, nous allons organiser/faire ...

ÉCRIRE 5 À deux. Inventez et écrivez l'interview d'une personne célèbre. Utilisez l'interview de l'activité 4. Adaptez les expressions soulignées.

Exemple: **A** Bonjour, Monsieur/Madame ... Depuis quand êtes-vous ...?
B Je suis ... depuis ... ans.

⭐ **Use connectives:** *Je pense que c'est passionnant et ... mais ...*

◎ **Add what you did last week:** *La semaine dernière ...*

PARLER 6 À deux. Faites l'interview de l'activité 5.
👥 See page 105 for strategies to evaluate your performance.

➕ **Learn your interview and perform it.**

Plenary

With your partner, discuss when to use formal and informal language. Reflect on why you need to know both forms of language.

⭐ Say a sentence or a question. Your partner decides if it is formal or informal.

◎ How would you start and end a formal letter?

➕ Choose five French expressions that you could use in a formal situation. Your partner translates them into English.

6.5 Calendrier des fêtes

- Vocabulary: talk about traditions and festivals
- Grammar: use past and present tenses
- Skills: develop cultural awareness strategies

 Écoute, lis et trouve les paires.

Exemple: **1** *d*

Les dates
1 1ᵉʳ mai
2 8 mai
3 11 novembre
4 14 juillet
5 14 février

 l'Armistice de la Première Guerre mondiale (1914–1918)

 la Saint-Valentin

 la victoire de la Seconde Guerre mondiale (1939–1945)

 la Fête du travail et la Fête du muguet

 la Fête nationale française (prise de la Bastille de 1789)

 Lis. C'est Thomas ou Salomé?

Exemple: **a** *Thomas*

Ma fête préférée

Moi, c'est le 1ᵉʳ avril parce qu'on fait des blagues au téléphone ou au collège. On colle des poissons en papier dans le dos des copains. C'est marrant!

L'année dernière, j'ai mis un poisson dans le dos de ma mère et elle n'a rien vu. Toute la journée, elle a gardé le poisson! Mon père et moi avons beaucoup ri!

Thomas

Moi, c'est le 21 juin parce que c'est la Fête de la Musique. Il y a des concerts gratuits dans toutes les villes.

L'année dernière, mon copain Antoine a joué avec son groupe de rock donc je suis allée le voir! Le soir, on a vu deux concerts gratuits au parc et on a dansé sur du rap.

J'ai adoré le concert parce que j'ai vu mon groupe préféré. C'était fantastique car il faisait super beau et on a dansé jusqu'à une heure du matin!

Salomé

---

une blague   *a joke/trick*
coller   *to stick*

Who ...?
a   plays tricks on friends
b   laughed a lot
c   saw two free concerts
d   saw their favourite group
e   sticks paper fish on people's backs
f   had nice weather

⭐ **Find connectives and time expressions.**

◎ **Find verbs in the imperfect tense.**

✚ **Find verbs in the present tense and the perfect tense.**

Cultural awareness strategies

Remember that different countries and cultures celebrate different festivals and occasions. Look at the dates and festivals on pages 102–103. What do you know about each of them? Which ones are celebrated in the UK?

3 Écoute et lis l'interview de Sophiane. Note les mots 1–8.

Exemple: **1** *mois*

> boire   mère   semaine   onze ans
> difficile   trois   cadeaux   ~~mois~~

– Bonjour, Sophiane. <u>Tu es musulman</u>. Tu fais le Ramadan?
– Oui. Pendant un **1** _____ , on « jeûne », c'est-à-dire <u>on ne doit pas manger ou **2** _____ </u> de l'aube au coucher du soleil.
 Moi, <u>j'ai fait le Ramadan</u> pour la première fois l'année dernière, quand j'avais **3** _____ , mais juste un jour par **4** _____ parce que <u>c'était trop **5** _____ tous les jours</u>. Après le coucher du soleil, <u>on peut manger et boire comme on veut</u>. Ma **6** _____ a préparé beaucoup de plats cette année.
 Quand c'est la fin du Ramadan, l'Aïd el-Fitr, <u>on fait la fête pendant **7** _____ jours</u> et on a des **8** _____ .
– Merci, Sophiane!
– De rien! À bientôt!

> musulman   *Muslim*
> c'est-à-dire   *that is to say*
> l'aube   *sunrise*
> le coucher du soleil   *sunset*

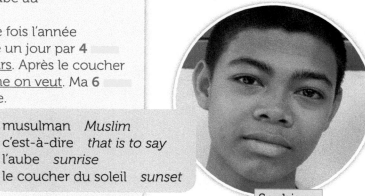

Sophiane

Grammaire p.168–170 WB p.43

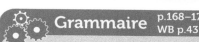

Present and past tenses

When describing an event:

• Use the **present tense** to give a general description and to say what usually happens.

• Use the two **past tenses** to talk about a particular event in the past: use the **imperfect** to describe it (there was ..., it was ...) and the **perfect** to say what happened and what you did.

		Past	
Present		**Imperfect**	**Perfect**
C'est Il y a		C'était Il y avait	
On	danse va		On a	dansé
			On est	allé(e)s

 Translate the underlined phrases into English.

4 Écris un article sur ta fête préférée.

Exemple: *Ma fête préférée, c'est ... parce que ...*
  D'habitude, ... L'année dernière, ...

➕ Use the present tense, the perfect tense and at least one imperfect tense: *Le week-end dernier, je suis allé(e) au festival de ... C'est un très grand festival et c'était gratuit ...*

5 👥👥 Fais une présentation de ta fête préférée. Utilise ton article de l'activité 4.

Plenary

Discuss the main tenses with your partner. How are they formed and what are the key points about each one?

⭐ Say what your favourite festival or special day is and when it takes place.

◎ Add what you did last year on this occasion, say who you were with and give your opinion.

➕ Write a tourist leaflet advertising a local festival. Be creative! Give examples of what usually happens and what happened last year.

Talking about the past: the perfect tense with *être*

- The perfect tense is usually formed from the present tense of *avoir* + past participle: *j'ai dansé/bu/fait*.
- But some verbs (usually verbs of movement) use the present tense of *être* + past participle.
  MRS VAN DER TRAMP can help you remember them!
- When you form the perfect tense with *être*, the past participle agrees with the gender (**masculine**/**feminine**) and number (singular/plural) of the subject of the verb.

	masculine	feminine
singular	je suis allé	je suis allée
	tu es allé	tu es allée
	il est allé	elle est allée
plural	on est allés	on est allées
	nous sommes allés	nous sommes allées
	vous êtes allés	vous êtes allées
	ils sont allés	elles sont allées

	Verb	Past participle
M	monter (*to go up*)	monté
R	rester (*to stay*)	resté
S	sortir (*to go out*)	sorti
V	venir (*to come*)	venu
A	aller (*to go*)	allé
N	naître (*to be born*)	né
D	descendre (*to go down*)	descendu
E	entrer (*to go in*)	entré
R	rentrer (*to go/come home*)	rentré
T	tomber (*to fall*)	tombé
R	retourner (*to return*)	retourné
A	arriver (*to arrive*)	arrivé
M	mourir (*to die*)	mort
P	partir (*to leave*)	parti

1 **Copy out Samuel's text. Put each infinitive into the perfect tense.**

Exemple: La semaine dernière, je <u>suis allé</u> à un festival de hip-hop.

> La semaine dernière, je [aller] à un festival de hip-hop. Mon copain Luc [venir] au festival avec moi. On [partir] le vendredi matin et on [arriver] au camping le vendredi soir. Nos copines de classe Alice et Clara [arriver] le samedi. Mais Alice [tomber] et elle [aller] à l'hôpital! Clara [partir] avec elle. Luc et moi, nous [rester] tout le week-end au festival. Luc [rentrer] le dimanche soir. Moi, je [rentrer] le lundi matin.

The conditional: *on pourrait* + infinitive

2 **Replace the pictures with words and write sentences in French.**

Exemple: **a** *On pourrait aller au cinéma?*

a We

b My brother

c I

d We

e You

f They

To suggest activities in a polite and formal way, use the conditional of *pouvoir*:

je pourrais	+ *infinitive:*
tu pourrais	sortir
il/elle/on pourrait	aller
nous pourrions	manger
vous pourriez	faire ...
ils/elles pourraient	

On pourrait aller en ville? – We could go into town?

The near future: *aller* + infinitive

3 **Unscramble the sentences and rewrite them using correct word order.**

Exemple: **a** *On va aller à la Fête de la Musique ce week-end.*

a va / aller / de / Fête / ce / la / on / à / la / week-end / Musique / .
b Sacha / des / va / pour / acheter / la / pizzas / fête / .
c va / préparer / sandwichs / qui / les / ?
d passer / je / te / chercher / vais / .
e télécharger / on / la / va / musique / de / .
f tu / décorer / ne / vas / salle / la / pas / ?

To say what is going to happen, use the near future: the present tense of *aller* followed by an infinitive.

je	vais	
tu	vas	+ *infinitive*:
il/elle/on	va	organiser
nous	allons	acheter
vous	allez	faire ...
ils/elles	vont	

Je vais organiser une fête. – I am going to organise a party.

Negative: *Je **ne** vais **pas** faire ...* – I am not going to do ...

Evaluating your own and others' performance

Working with a partner can make tasks easier and more fun, and it also helps you to improve. Suggestions:

- Test each other on which verbs take *être* and which take *avoir* in the perfect tense. To help you remember, make up a mnemonic together (like **MRS VAN DER TRAMP**) or invent a rap.
- If you get stuck when speaking, ask your partner *Comment dit-on ... en français?* You can also use facial expressions or point at something to show what you mean. If your partner can't think of anything to say, ask extra questions to keep the conversation going.
- In writing activities, swap your work with your partner, check each other's first draft and suggest corrections. (*Try this with activity 5 on page 99.*)
- In speaking activities, evaluate each other on how 'French' you sound. Be tactful but honest! (*Try this with the speaking activities on pages 95, 97 and 101.*)

Pronunciation: the perfect tense and the imperfect

4 **Try to pronounce these verbs, then listen and repeat.**

1 je dansais
2 j'ai dansé
3 j'étais
4 j'ai été
5 il arrivait
6 il est arrivé

5 **Listen (1–8). Is it the perfect tense or the imperfect?**

Exemple: **1** *imperfect*

- Perfect tense: the past participle of regular *-er* verbs ends in the é sound, which is similar to 'ay' in English 'day', but shorter.
- Imperfect tense: the endings *-ais*, *-ait* and *-aient* sound similar to 'e' in English 'set'.

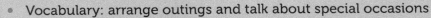

- Vocabulary: arrange outings and talk about special occasions
- Grammar: practise *on pourrait* + infinitive
- Skills: develop reading skills

Suggest an activity for each picture. Begin each suggestion with *On pourrait* + infinitive.

Exemple: **a** *On pourrait aller au bowling?*

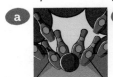   

The lines of this conversation are mixed up! Write them out in the correct order.

Exemple: **3** *Salut, Marie! Est-ce que tu vas à la fête ce week-end?*

1 C'est à partir de dix-huit heures.
2 Ça va être chez Sacha.
3 Salut, Marie! Est-ce que tu vas à la fête ce week-end?
4 Alors, je vais passer te chercher à dix-sept heures. À plus, ciao!
5 C'est à quelle heure?
6 C'est une fête pour célébrer l'anniversaire de Sacha.
7 OK, d'accord, c'est une super idée! Merci!
8 Salut, Hakim. C'est une fête pour célébrer quoi?
9 Ça va être où?

Read Charly's text and answer the questions in English.

Exemple: **a** *Quebec, Canada*

a Where does Charly live?
b When is the National Day?
c When did Charly go to the festival?
d Who did he go with?
e What **two** things happened during the day?
f What happened in the evening?
g When is he going to go again?

Sujet: La Fête nationale à Québec

Salut à tous!

Chez moi, à Québec, au Canada, la Fête nationale, c'est le vingt-quatre juin. J'y suis allé l'année dernière avec mon frère. Pendant la journée, on a vu des groupes de rock qui étaient super et il y avait aussi un grand défilé dans les rues. Le soir, on a assisté à un feu d'artifice gigantesque!

C'était fantastique et je pense qu'on va y retourner l'année prochaine avec tous mes copains!

Charly (de Québec)

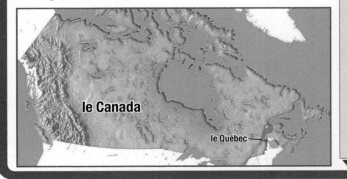

le Canada

le Québec

6.7 Extra Plus

- Vocabulary: describe festivals and special occasions
- Grammar: identify and use different tenses
- Skills: develop cultural awareness

1 Lis le poster et trouve les paires (1–6 et a–f). Recopie les six phrases.

Exemple: **1** d – *Le premier festival était en 1989.*

1	Le premier festival était	**a**	est gratuit.
2	Plus de 60 artistes vont	**b**	réserver sur Internet.
3	C'est 45 euros pour	**c**	une journée.
4	Avec ton billet, le camping	**d**	en 1989.
5	Tu peux	**e**	chanter pendant trois jours.
6	Le pass week-end,	**f**	c'est quatre-vingt-un euros.

2 Traduis les phrases de l'activité 1 en anglais.

Exemple: *The first festival was in 1989.*

3 Lis le texte de Justine et réponds aux questions en anglais.

Exemple: **a** *the Armistice/end of the First World War*

MÉGA-FÊTE DE LA MUSIQUE!
du 4 au 6 juillet

Ce festival a commencé en 1989!

Cette année, plus de soixante artistes (Stromae, les Pixies, Shaka Ponk ...) vont participer au festival pendant trois jours.

Tu peux réserver tes billets sur Internet.
Billet une journée: 45€
Pass week-end (samedi–dimanche): 81€
Pass trois jours: 105€

IMPORTANT: Le camping est gratuit avec ton billet!

Tous les ans, le onze novembre, on célèbre l'Armistice, c'est-à-dire la fin de la Première Guerre mondiale que l'on a aussi appelée la « Grande Guerre ». Je pense qu'il est important de se souvenir des guerres et de l'Histoire de son pays en général.

En France, il n'y a pas école parce que c'est un jour férié. Chaque ville organise un défilé et on fait une minute de silence devant les monuments aux morts.

L'année dernière, j'ai participé au défilé et j'ai lu un poème devant le maire de ma ville. C'était très stressant mais très excitant aussi! L'année prochaine, je vais aller en Belgique pour visiter les principaux monuments de la Grande Guerre et pour apprendre plus sur cette guerre.

Justine (14 ans)

a What is celebrated on 11 November?
b What does Justine think is important?
c Why are schools closed?
d What **two** things do towns organise?
e What **two** things did Justine do last year?
f How did she feel?
g What will she do next year?

4 Imagine que tu vas organiser une fête.

Describe:
- what the occasion is: *Je vais organiser une fête pour célébrer ...*
- when and where it will take place: *C'est ... Ça va être chez moi ...*
- what you and your friends will do to prepare: *Je vais préparer ...*
- a party or festival that you went to last year: *L'année dernière, ...*

6.8 *Lire*

À Schiltigheim, le Conseil Municipal des Jeunes

Accueil   **Conseil municipal** | Rechercher … | **lancer**

Les jeunes conseillers, âgés de 12–16 ans et élus par les jeunes de la ville, travaillent en commissions et leurs projets portent donc sur différents thèmes:

» **La solidarité**, avec la participation des jeunes à des évènements solidaires: téléthon, bénévolat à la Course des Brasseurs, organisation d'animations à destination des aînés.

» **Les loisirs**, avec la participation à l'élaboration du programme de loisirs d'été, l'organisation de soirées festives pour les jeunes et d'une scène ouverte pour la Fête de la Musique.

» **Le sport**, avec la promotion de l'offre des associations sportives de Schiltigheim et l'organisation d'un tournoi inter-Conseils de Jeunes.

» **La culture**, avec la promotion du programme culturel à destination des jeunes, un projet de repas avec les chercheurs du CNRS et de partenariat avec l'Opéra National du Rhin.

» **L'environnement, la mémoire et la prévention:**

◆ plantation de 52 arbres et suivi de leur croissance avec l'aide des enfants de l'école primaire Exen.

◆ soutien au collège Leclerc d'une exposition sur l'esclavage; participation aux cérémonies commémoratives des deux guerres mondiales.

◆ projet en cours de prévention routière:

— petit film adapté aux problèmes locaux

— plan de la ville à destination des jeunes et indiquant les pistes cyclables.

la Course des Brasseurs

LIRE 1

Read the web page about Schiltigheim youth council. Find these words in French in the text.

Exemple: **a** *élus*

a elected
b tournament
c growth
d support
e wars
f cycle paths

le bénévolat   *volunteering*
la Course des Brasseurs   *the Brewers' Race (an annual running race held in Schiltigheim)*
animations   *entertainment*
les aînés   *elderly people*
CNRS (Centre National de la Recherche Scientifique)   *National Centre for Scientific Research*
le suivi   *monitoring*
l'esclavage   *slavery*
prévention routière   *road safety*

LIRE 2

Which <u>eight</u> of the following activities are young councillors involved with? Find phrases in the text to justify your answers.

Exemple: **a** *volunteering at sports events – bénévolat à la Course des Brasseurs*

a volunteering at sports events
b trips abroad
c working with elderly people
d music events
e encouraging healthy eating
f sports events with young councillors from other towns
g meetings with scientists
h gardening
i working with schools
j helping with transport

ECRIRE 3

Imagine that you have been voted onto a youth council in your own town. List the activities you would like to be involved with. Give reasons for your choices.

Exemple: le sport – parce que le sport est très important pour la santé …

Les fêtes

VIDEO 1

Regarde l'épisode 6. On parle de quelles fêtes? Trouve les six fêtes dans la liste.

Exemple: f, ...

a le Nouvel An
b la Saint-Valentin
c le 1ᵉʳ avril
d le 1ᵉʳ mai
e la Fête de la Musique

f le 14 juillet
g le 11 novembre
h Noël
i la fête de l'Aïd el-Fitr

VIDEO 2

Qui a fait quoi? Relie les quatre jeunes aux dates et aux activités. Écris des phrases en anglais.

Exemple: On 21 June, on Music Day, Zaied went to a concert with his brother.

Basile Zaied	saw fireworks
Maxime Jémilie	saw a parade
	stayed in a hotel
	stuck a paper fish on mother's back
1 April	went to a concert with brother
21 June (Music Day)	went to a concert with sister
14 July (Bastille Day)	went to Paris

VIDEO 3

Les jeunes parlent de l'Armistice. Trouve et note les mots et les dates (a–k).

Exemple: a *Première*

1918   onzième   onzième   Seconde
le onze novembre   1939   onze   1914
~~Première~~   1945   l'Armistice

Clarisse: Ce jour-là, on pense à tous les morts de la **a** [____] et la **b** [____] Guerre mondiale.

Maxime: La Seconde Guerre mondiale a eu lieu de **c** [____] à **d** [____], et la Première Guerre mondiale de **e** [____] à **f** [____].

Zaied: À l'école, on a étudié la Première Guerre mondiale. Je pense que la Première Guerre mondiale s'est terminée **g** [____].

Basile: Ah oui, on a signé **h** [____] à **i** [____] heures le **j** [____] jour du **k** [____] mois.

a eu lieu   *took place*

VIDEO 4

Quelle est la fête préférée, ou la plus importante, pour Maxime, Thouraya et Zaied? Écris des phrases en français.

Exemple: Pour Maxime, c'est ...

VIDEO 5

Parle de ta fête préférée.

- Quelle fête?
- Pourquoi?
- L'année dernière?

Exemple: Ma fête préférée, c'est ... parce que ... L'année dernière, j'ai ... Il y avait ... C'était ...

1 Listen to five young people talking about weekend activities. Copy and fill in the grid in English. (See pages 94–97.)

	Suggestion	Yes or no? (✓ or ✗)	If no, what is their excuse? If yes, what will they do?
1	*go to the cinema?*	✗	

2 Give a short presentation about your favourite festival or celebration. (See pages 98–99.)

Say:
- what it is and when it takes place: *Ma fête préférée, c'est …*
- who you went with last year and what you did/saw: *J'y suis allé(e) avec … On a/J'ai vu …*
- what it was like, what you enjoyed most about it and why: *C'était … Ce que j'ai préféré, c'était … parce que …*
- whether you will go back next year and who you will go with: *L'année prochaine, je vais … On pourrait y aller …*

3 Read Thouraya's interview and answer the questions in English. (See pages 100–101.)

Exemple: **a** *the mayor of her town*

a Who is Thouraya interviewing?
b When did he start his job?
c What does he enjoy most and why?
d What does he enjoy least?
e What was last year's project about?
f What is his next project going to be?

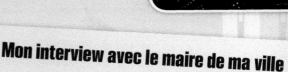

Mon interview avec le maire de ma ville
par Thouraya

– Monsieur Le Maire, depuis quand êtes-vous maire de cette ville?

– J'ai commencé il y a trois ans.

– Qu'est-ce que vous préférez dans votre travail?

– Ce que je préfère, c'est le travail avec les enfants parce que c'est essentiel d'écouter les jeunes.

– Qu'est-ce que vous n'aimez pas?

– Les journées sont très longues et j'ai beaucoup de réunions qui sont parfois assez ennuyeuses!

– Sur quel projet avez-vous travaillé avec les jeunes?

– L'année dernière, nous avons travaillé sur le projet d'une nouvelle piscine pour notre ville. Je pense qu'il est important de faire du sport.

– Sur quel projet allez-vous travailler l'année prochaine?

– Nous allons organiser un grand festival international de danse. Ça va être un projet très excitant!

– Je vous remercie beaucoup, Monsieur le Maire.

– Merci à vous.

Thouraya

7 Write about an outing or a special event that you attended. (See pages 98–99.)

Use the suggestions from activity 2 and remember to say whether you will go again, and who with.

Remember: the more you can develop your answers, the better your work will be.

Organising a party

Pour organiser la fête, on va ...	To organise the party, we will ...
envoyer les invitations.	send the invitations.
acheter la nourriture et les boissons.	buy the food and drink.
télécharger de la musique.	download the music.
décorer la salle.	decorate the room.
préparer le buffet.	prepare the buffet.
Après, on va nettoyer.	Afterwards, we will clean up.
C'est une fête pour célébrer ...	It's a party to celebrate ...
C'est samedi soir.	It's on Saturday evening.
C'est à partir de 18 heures.	It starts at 6 p.m.
Ça va être chez moi/au collège.	It will be at my house/at school.
Tu peux apporter ...	You can bring ...
Je vais passer te chercher à 17 heures.	I'll call round for you at 5 p.m.

Suggesting activities, making excuses

On pourrait ...?	We could ...?
faire les magasins	go shopping
faire un pique-nique	go on a picnic
aller à un concert/une fête	go to a concert/a party
aller au bowling/au cinéma	go bowling/to the cinema
manger au McDo	eat at McDonald's
regarder un DVD	watch a DVD
Bof, je n'aime pas trop.	I'm not keen/I don't fancy it.
Je ne sais pas.	I don't know.
Ah non, c'est nul/je déteste.	No, it's rubbish/I hate it.
Je ne peux/veux pas parce que/qu' ...	I can't/don't want to because ...
c'est trop cher.	it's too expensive.
je n'ai pas beaucoup d'argent.	I haven't got much money.
j'ai horreur de danser/du fast-food.	I hate dancing/fast food.
je suis fatigué(e).	I'm tired.
j'y suis allé(e) hier.	I went there yesterday.
il y a trop de monde.	it's too crowded.

Festivals and special events

Tu es allé(e) à un festival/une fête cet été?	Did you go to a festival this summer?
Où es-tu allé(e)?	Where did you go?
Je suis allé(e) au/à la ...	I went to ...
J'y suis allé(e) avec ...	I went there with ...
C'était l'année dernière/le week-end dernier.	It was last year/last weekend.
Je suis parti(e)/arrivé(e) ...	I left/arrived ...

J'y suis resté(e)/On y est resté(e)s tout le week-end.	I/We stayed there all weekend.
J'ai/On a dansé/chanté/mangé ...	I/We danced/sang/ate ...
Je suis rentré(e) ...	I came home/returned ...
C'était fantastique/incroyable.	It was fantastic/incredible.
Il y avait un grand feu d'artifice.	There was a big fireworks display.
Je vais y retourner l'année prochaine.	I'll go again next year.

Meeting people in formal situations

Depuis quand êtes-vous maire?	How long have you been the mayor?
Je suis maire depuis deux ans.	I've been the mayor for two years.
Vous aimez votre travail?	Do you like your work?
C'est passionnant/excitant/intéressant.	It's fascinating/exciting/interesting.
C'est fatigant/frustrant/prenant.	It's tiring/frustrating/time-consuming.
Pourriez-vous décrire une journée typique?	Could you describe a typical day?
Je fais/lis/visite/travaille ...	I do/read/visit/work ...
Pourquoi avez-vous fait/créé ...?	Why did you do/create ...?
Parce que je pense que c'est important de ...	Because I think it's important to ...
Sur quel projet allez-vous travailler?	Which project are you going to work on?
L'année prochaine, nous allons organiser ...	Next year, we're going to organise ...
Je serais ravi de/d'...	I would be delighted to ...
Je vous remercie.	I thank you.
Recevez mes sincères salutations ...	Yours faithfully ...

⊙ Grammar and skills: I can...

- ⊙ use the near future
- ⊙ use on *pourrait* + infinitive
- ⊙ use the perfect tense with *être*
- ⊙ use the perfect tense and the imperfect tense
- ⊙ use informal and formal language (*tu* and *vous*)
- ⊙ use strategies to improve my conversation skills
- ⊙ use cultural awareness strategies
- ⊙ evaluate my own and others' performance

7.1 On voyage comment?

- Vocabulary: talk about how you travel and compare means of transport
- Grammar: use negatives: *ne ... pas/jamais/ni ... ni ...*
- Skills: use comparisons to develop writing and speaking

LIRE 1 Trouve les paires.

Exemple: **1** h

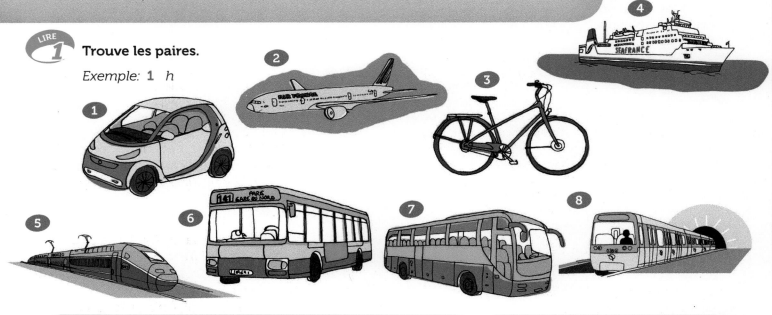

| a | le train | b | le car | c | le bateau | d | l'avion |
| e | le métro | f | le vélo | g | le bus | h | la voiture |

Comparisons 🛠

Use comparisons to make your writing and speaking more detailed and interesting:

plus pratique *que*
 – **more** practical **than**
moins polluant(e) *que*
 – **less** polluting **than**
le/la **plus** rapide – the fast**est**
meilleur(e) *que* – better than
le/la meilleur(e) – the best
(See Workbook, page 18.)

ÉCOUTER 2 Écoute. Recopie et remplis la grille avec les moyens de transport (1–8) de l'activité 1.

	Lola	Hugo	Karim	Sandrine	Robin
Je prends	6, 1				
J'aime prendre	2, 4				

◎ **Note down any extra details you hear:**
Lola takes the bus and the car every day ...

LIRE 3 Lis. Trouve les expressions a–f dans le texte. 🔍

Exemple: **a** *on utilise les transports en commun*

- a we use public transport
- b it is more practical
- c less expensive than the car
- d it is very environmentally friendly
- e the electric car
- f the fastest means of transport

⭐ **Find at least three connectives in the text:**
comme (such as, like), ...

On préfère quels moyens de transport aujourd'hui?

Dans les grandes villes, on utilise les transports en commun comme le bus ou le métro parce que c'est plus pratique, moins polluant et moins cher que la voiture ou le taxi. Le vélo, c'est très écologique et c'est bon pour la santé!

Aujourd'hui, on préfère la voiture électrique car elle est moins polluante que la voiture à essence.

Mais l'avion reste le moyen de transport le plus rapide pour voyager. En revanche, c'est probablement le plus cher et le plus polluant.

à essence   *petrol-powered*

4 Écoute et remplis la grille en anglais pour Aïsha, Benjamin et Nolan.

	Transport to school + reasons	Favourite transport + reasons	Extra details
Aïsha	*bus: cheap and practical*		

➕ **Transcribe what Aïsha says.**

5 Sondage. Pose les questions (1–3) à cinq personnes.

1 Quel moyen de transport prends-tu pour aller au collège et pour aller en vacances? *Je prends le bus ...*
2 Quel est ton moyen de transport préféré? *Je préfère ...*
3 Pourquoi? *Parce que c'est ...*

◎ **Say how you went on holiday last year:**
L'année dernière, j'ai pris ... pour aller ...

> Je prends/J'utilise/Je préfère ...
> Mon moyen de transport préféré, c'est ...
>
> parce que ...
> c'est (plus/moins) polluant, cher, rapide, facile, pratique, relaxant, écolo(gique).
> c'est bon/meilleur pour la santé.

6 Lis la conversation et réponds aux questions en anglais.

Exemple: **a** *in Quebec*

a Where is Chiara?
b How did she travel?
c How does Tom usually travel?
d Why don't Tom's parents want to travel by plane?
e How did Tom travel to Spain?
f What was the journey like?

➕ **Translate Tom's lines into English:**
Hi Chiara! You're lucky! ...

7 Écris un blog sur les moyens de transport. Réponds aux questions de l'activité 5.

Exemple: *Pour aller au collège/en vacances, je prends le bus ...*

Chiara

Chiara: Salut, Tom! Je suis à Québec! J'ai pris l'avion hier matin. C'était mon premier voyage en avion. C'était génial!

Tom: Salut, Chiara! Tu as de la chance! Nous, on ne prend ni l'avion ni le bateau. On prend toujours le train ou la voiture! Je n'ai jamais pris l'avion.

Chiara: Mais pourquoi tu ne prends pas l'avion?

Tom: Parce que mes parents pensent que l'avion est trop cher et trop polluant. Ils sont très écolo! L'année dernière, quand on est partis en Espagne, on a pris le camping-car. C'était très long et ennuyeux!

Chiara: Alors regarde les photos sur mon blog! À plus!

Tom: D'accord! À plus!

Tom

Grammaire p.167 WB p.5

Negatives

Je **ne** prends **pas** l'avion. – I **don't** take the plane.

Find these negatives in activity 6:
ne ... ni ... ni ... – neither ... nor ...
ne ... jamais – never

In the perfect tense, the negative wraps around the auxiliary verb:

Je **n'**ai **jamais** pris ... – I have **never** taken ...

Plenary

With a partner, review what you have learnt about transport.

⭐ Name at least five means of transport and say which you prefer.

◎ Add a reason for your choice.

➕ Compare different means of transport.

- Vocabulary: buy tickets and talk about travel plans
- Grammar: use *choisir* and *partir* in the present tense
- Skills: develop confidence with the 24-hour clock

Regarde les billets et trouve les expressions a–h.

Exemple: **a** *un aller-retour*

a a return ticket
b a single ticket
c departure
d arrival
e stamp your ticket
f student rate
g full price
h ticket valid for 30 days

un aller-retour

un aller simple

| Marseille ↔ Paris |
| Billet valable 30 jours |
Départ: 11 h 07 — 65€ Tarif étudiant
Arrivée: 14 h 29
Compostez votre billet

| Lille → Besançon |
Départ: 08 h 13 — 95€ Plein tarif
Arrivée: 13 h 26
Compostez votre billet

Écoute et lis. Mets les phrases du dialogue **dans le bon ordre.**

Exemple: c, …

a Oui, bien sûr, vous avez votre carte-étudiant?
b Un aller-retour. Vous avez des réductions pour les étudiants?
c Bonjour, monsieur. Je voudrais un billet pour Marseille, s'il vous plaît.
d Oui, voilà. C'est combien?
e À quelle heure part le train?
f Oui, un aller simple ou un aller-retour?
g Il part à 10 h 42 du quai numéro 2 et il arrive à Marseille à 16 h 34.
h Parfait! Merci, monsieur. Au revoir.
i C'est 25 euros avec la réduction-étudiant.

✚ **Translate the dialogue into English.**

du quai numéro 2   *from platform 2*

À deux. Adaptez le dialogue de l'activité 2 pour acheter les billets a–c.

Exemple: **A** *Bonjour, madame. Je voudrais un billet pour Paris, s'il vous plaît.*
B *Oui, un aller simple ou …*

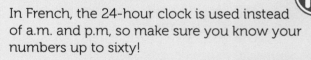
The 24-hour clock

In French, the 24-hour clock is used instead of a.m. and p.m, so make sure you know your numbers up to sixty!

20 h 50 (vingt heures cinquante) – 8.50 p.m.
07 h 23 (sept heures vingt-trois) – 7.23 a.m.

Remember! *11 h 03 – onze heures zéro trois*

a | Calais → Paris |
Départ: 13 h 03 — 30€ Tarif étudiant
Arrivée: 15 h 00
Compostez votre billet

b | Nice ↔ Lyon |
| Billet valable 30 jours |
Départ: 09 h 05 — 26€ Tarif étudiant
Arrivée: 12 h 02
Compostez votre billet

c | Paris → Londres |
Départ: 07 h 33 — 89€ Tarif étudiant
Arrivée: 08 h 55
Compostez votre billet

Lis les dialogues 1 et 2. Vrai, faux ou pas mentionné?

Exemple: **1** **a** *vrai*

On voyage comment?

la Grande-Bretagne

la France

l'Italie

1

– Si on choisit l'Italie pour les vacances, on peut prendre la voiture. C'est plus pratique parce qu'on peut prendre nos vélos!

– Oui, mais le voyage est très long et fatigant! Avec l'avion, ce sera plus rapide et pour Papa, ce sera plus relaxant que la voiture. Donc moi, je choisis l'avion!

– Non, l'avion, c'est trop cher pour quatre personnes donc si on part en Italie, on prend la voiture!

– D'accord, la voiture sera la meilleure solution pour toute la famille!

2

– Alors, quel moyen de transport choisis-tu pour partir en Grande-Bretagne cette année? Le train, la voiture et le bateau ou le Shuttle, ou l'avion?

– Ben moi, je préfère le bateau mais c'est un peu long.

– Oui, c'est trop long. Moi, je préfère prendre l'avion parce que c'est plus rapide ... mais c'est un peu cher!

– Mais si on prend la voiture et le Shuttle, ce sera plus rapide que le bateau et moins cher que l'avion!

– D'accord!

a They can go by car to Italy.
b It will be more fun to go by car.
c It will be more relaxing to go by plane.
d The plane is the best solution for everyone.

a They prefer to go by plane to Britain.
b The boat takes a long time.
c The plane is fast and cheap.
d They agree to take the car and the Shuttle.

 Écoute Maman, Papa, Marion et Vincent. Qui choisit quoi?

Which type of holiday (a–c) does each person choose?

Qui choisit ...?
a les vacances à l'hôtel
b les vacances au camping
c les vacances à la ferme

⭐ **Where do they decide to go?**

◎ **What reasons do they give?**

 Choisis une destination pour les vacances. On voyage comment? Écris un dialogue comme dans les activités 4 et 5.

Exemple: **A** *Pour mes vacances au camping en Écosse, je choisis la voiture ...*
B *Non, je choisis ... parce que ...*

 À deux. Faites les dialogues de l'activité 6.

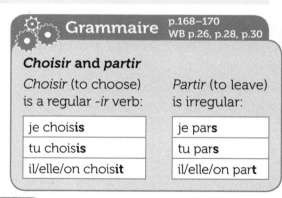

Grammaire p.168–170
WB p.26, p.28, p.30

Choisir and partir

Choisir (to choose) is a regular *-ir* verb:

je chois**is**
tu chois**is**
il/elle/on chois**it**

Partir (to leave) is irregular:

je par**s**
tu par**s**
il/elle/on par**t**

Plenary

Imagine that your friend has missed pages 114–115. Make notes on the most important vocabulary to help your friend catch up. Don't forget *-ir* verbs!

⭐ Explain the 24-hour clock to your partner.

◎ With your partner, discuss where to go on holiday and how to travel.

➕ Develop your conversation by discussing the advantages and disadvantages of different ways to travel.

- Vocabulary: plan a holiday
- Grammar: use the correct tenses with *si* and *quand*
- Skills: pronounce the French *r* sound; use Super Strategies

1 **Écoute et lis le dialogue. Qui dit quoi?**
Papa, Maman, Maëva ou Noa?

Exemple: **a** *Maman*

a England will be good for the children's English.
b There are cheap flights to London.
c We will eat scones with cream.
d We will stay in a holiday cottage in Devon.
e We will go shopping.
f I will speak English all the time.

des vols   *flights*
on louera   *we will hire*

2 **À deux. A pose les questions de l'activité 1.**
B répond. A ↔ B.

Exemple: **A** *On ira où en vacances?*
             B *On ira en France …*

◎ **Add opinions:** *Ce sera super!*

✚ **Use a *si* clause and a *quand* clause.**

Maëva: Maman, **on ira où en vacances** cet été?

Maman: Je pense qu'on ira en Angleterre. Ce sera bien pour votre anglais, les enfants, non?

Noa: Et **on partira quand**?

Maman: On partira juste après les examens, en juillet!

Maëva: Super! Mais **on voyagera comment**?

Papa: Si on veut arriver vite, on prendra l'avion. Il y a des vols « low cost » pour Londres qui ne sont pas trop chers et on louera une voiture pour visiter la région.

Noa: Oui, super. Et **on restera combien de temps**?

Maman: Je pense qu'on restera une semaine dans le Devon et cinq jours à Londres.

Noa: Oui, c'est génial! Mais quand on sera dans le Devon, **qu'est-ce qu'on fera**?

Maman: Ça dépendra du temps. S'il fait beau, on ira à la plage et on visitera les villes de la région. On prendra aussi des « afternoon teas ». J'adore les scones avec de la crème!

Maëva: Super! **On logera où**? Dans un camping ou à l'hôtel?

Papa: Je pense qu'on logera dans un gîte dans le Devon et dans un hôtel à Londres.

Maëva: Et quand on sera à Londres, on visitera Big Ben et les Maisons du Parlement. Ce sera génial! Et on fera du shopping!

Noa: *England*, on arrive! Je parlerai anglais tout le temps. J'adore l'anglais! Ce sera super pour mes examens!

⚙ **Grammaire** p.169–170
WB p.34, p.41

Si (if) and *quand* (when)

Si	+ present tense on **va** en Angleterre,	+ future tense on **prendra** le Shuttle.
Quand	+ future tense on **ira** en Angleterre,	

The French *r* sound
This comes from the back of your throat and sounds as if you are clearing your throat or gargling. Listen and repeat these verbs:

on ira   on sera   on fera
on partira   on restera   on prendra

LIRE 3 Lis le texte et réponds aux questions en anglais.
See page 123 for Super Strategies.

Exemple: a to Australia, with …

Quand j'aurai dix-huit ans, j'irai en vacances en Australie avec mes copains. Si je peux, je prendrai le plus gros avion du monde, l'Airbus A380. Ce sera très confortable!
Quand on sera en Australie, on voyagera en car parce que c'est moins cher. On visitera Sydney et la Grande Barrière de corail parce que j'adore faire de la plongée. Mais on ira aussi à Ayers Rock, dans le désert, pour voir le coucher du soleil.
Si on a le temps (et l'argent!), on visitera la côte Est. J'espère que je verrai des kangourous!

Eliot

la Grande Barrière de corail	the Great Barrier Reef
le coucher du soleil	the sunset
la côte Est	the East Coast

a Where will Eliot go and who will he go with?
b How will he get there?
c When he is there, why will he travel by coach?
d Why will he go to the Great Barrier Reef?
e What will he do at Ayers Rock?
f If he has time, where will he go?

⭐ **Translate the underlined expressions into English:**
Quand j'aurai dix-huit ans – When I am eighteen …

ÉCOUTER 4 Écoute et écris la transcription: « Mes vacances en Corse ».
See page 123 for Super Strategies.

ÉCRIRE 5 Écris un paragraphe comme dans les activités 3 et 4. Utilise les expressions soulignées de l'activité 3.
See page 123 for Super Strategies.

Exemple: Quand j'aurai dix-huit ans, …

◎ **Add your opinions:** *parce que ce sera …*

Ajaccio

la Corse

Quand j'aurai dix-huit ans, …			
j'irai je partirai	en vacances	en/au …	avec …
On prendra	l'avion/le bateau/le train …		
Si on peut, Si on a le temps,	on visitera/ira/fera …		
J'espère que/qu'	je verrai … il fera beau/chaud.		
Ce sera	intéressant/excitant/génial …		

Plenary

Prepare a short talk on a holiday you would like to go on. Present it to your partner.

⭐ Say where you will go and what you will do.

◎ Add a reason for your choice.

✚ Use *si*, *quand* and at least two connectives to make your talk more interesting.

Give each other constructive feedback on fluency, pronunciation and use of the future tense.

7.4 Et tes vacances, c'était comment?

- Vocabulary: describe a past holiday
- Grammar: use the perfect and imperfect tenses
- Skills: use grammar memorisation strategies; develop translation skills

les vacances sportives

 ÉCOUTER 1 Écoute (1–6). « Tu préfères quel type de vacances ? »

	Type of holiday	How long was last year's holiday?	Opinion
1	f		rewarding

 Where did each person go?
1 England, …

les vacances de luxe

les vacances « aventure »

les vacances au vert

les vacances en colonie

les vacances linguistiques

 PARLER 2 À deux. A pose les questions 1–3. B répond. A ↔ B.

1 Tu préfères quel type de vacances et pourquoi ? *Je préfère les vacances sportives parce que j'adore le sport !*
2 Tu es allé(e) où l'année dernière ? *L'année dernière, je suis allé(e) en Espagne.*
3 Qu'est-ce que tu as fait ? *J'ai fait un stage de volley …*

 Add extra details: *pendant deux semaines … avec ma famille … C'était …*

Je suis allé(e)/parti(e) …
J'ai passé une/deux semaine(s) …
J'ai fait/visité/nagé/joué … J'ai pris des photos.

C'était … enrichissant, incroyable, excitant, relaxant, fatigant, barbant.

Grammaire p.168–170 WB p.14, p.35–39

Perfect or imperfect?

To describe an event in the past, use:
- the **perfect tense** to say what you **did** or **have done** or **what happened**
- the **imperfect tense** to describe how it **was** or **used to be**.

Grammar memorisation strategies

With your partner, make a list of the rules for using the perfect tense and the imperfect. How have you gone about memorising these rules? What strategies do you use from *Allez 1*? Try these new ones:

- Make up a story with the exceptions to the rule in it.
- Compare French and your first language:
  je suis allé(e) – I went (literally 'I am gone')
  j'ai mangé – I ate (literally 'I have eaten')

Lis les textes. Vrai, faux ou pas mentionné?

Mes vacances de rêve! ☺

J'ai passé deux semaines au Kenya. On a fait un safari! On a pris un vol direct pour Nairobi et la première nuit, on a logé au pied du Kilimandjaro.

Le lendemain, on est allés visiter le parc national de Tsavo. J'ai pris des photos magnifiques de rhinocéros, de lions, d'éléphants, de zèbres ... En fait, on a vu plus de cinquante espèces d'animaux. C'était des vacances incroyables!

Sacha

> un vol   *a flight*

Mes vacances catastrophiques! ☹

Quand on est arrivés à l'aéroport, notre vol avait un retard de huit heures! On est enfin partis mais à l'hôtel, notre chambre n'était pas prête et on a attendu deux heures.

Finalement, on est allés à la plage qui était à vingt minutes de l'hôtel. Quand je suis entrée dans l'eau, il y avait des méduses partout. Quel cauchemar!

Natasha

> prêt(e)   *ready*
> des méduses   *jellyfish*
> Quel cauchemar!   *What a nightmare!*

a Sacha spent three weeks on safari in Kenya.
b He went sightseeing in Nairobi.
c Sacha saw over sixty animal species.

d Natasha's flight was two hours late.
e At the hotel, their room was not ready.
f Natasha found the sea warm.

Écoute et trouve les sept erreurs dans la traduction.

Exemple: I spent __one week__ in Spain ...

Traduis le texte de l'activité 4 en français.
Don't forget to correct the seven mistakes!

I spent two weeks in Spain, but what a nightmare!
On Sunday, when we arrived at the airport, our flight was three hours late. Then, at the hotel, my bedroom was not ready. We waited two hours. Finally, the sea was very cold and the beach was half an hour away by bus! It was really rubbish!

Translating into French

✓ Look through the unit to find the expressions you need.
✓ Check tenses, verb endings and agreements in the grammar section.
✓ Use a dictionary for words you don't know.
✗ Don't use online translation tools!

Écris un article sur tes vacances de rêve ☺ **ou sur tes vacances catastrophiques ☹.**

Exemple: Mes vacances catastrophiques! Quel cauchemar! Je suis allé(e) ...

Plenary

With your partner, explain when to use the perfect tense and the imperfect tense, and how each tense is formed. Give examples.

⭐ Choose a verb and use it in the perfect tense.

◎ Add a description in the imperfect tense.

✚ Give your partner two sentences to translate into French, one using the perfect tense and the other using the imperfect. Check your partner's translation.

- Vocabulary: talk about transport in books and films
- Grammar: use different tenses
- Skills: understand more complex reading texts

 LIRE 1 **Lis et trouve les expressions a–h dans le texte.**

J'ai lu un roman d'aventures de Jules Verne qui s'appelle *Le Tour du monde en 80 jours*. Il raconte le voyage de Phileas Fogg, un gentleman anglais qui a fait le tour du monde avec son domestique français Passepartout.

J'ai adoré ce livre parce qu'il est arrivé beaucoup d'aventures à Fogg et Passepartout pendant leur voyage. Ils ont pris le bateau et le train parce que les avions n'existaient pas encore en 1870. Ils ont même voyagé à dos d'éléphants! Dans le film adapté du roman, les personnages ont aussi voyagé en montgolfière … mais c'est juste dans le film, pas dans le roman!

Fogg et Passepartout ont voyagé pendant quatre-vingts jours. C'est plus rapide aujourd'hui parce qu'on fait un tour du monde en quelques jours seulement!

Quand Jules Verne a écrit ce livre, le voyage de Fogg et Passepartout était de la science-fiction. Si tu aimes les aventures, tu adoreras cette histoire! C'est passionnant!

son domestique	*his servant*
il est arrivé beaucoup de/d'… à …	
a lot of … happened to …	
en montgolfière	*by hot-air balloon*

a an adventure book
b it tells the story of Phileas Fogg's journey
c they took the boat
d planes did not exist

e they travelled for eighty days
f in a few days
g when Jules Verne wrote
h if you like adventures

⭐ **What are the nationalities of the two main characters?**

◎ **Four tenses are used in the text. Find examples of each of them.**

➕ **Translate the text into English.**

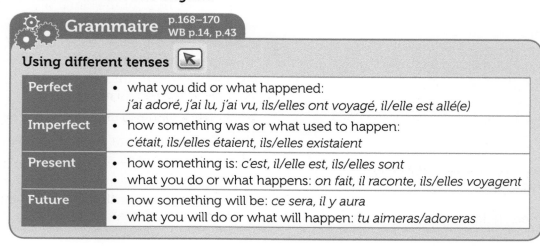

Grammaire   p.168–170 WB p.14, p.43

Using different tenses ⬆

Perfect	• what you did or what happened: *j'ai adoré, j'ai lu, j'ai vu, ils/elles ont voyagé, il/elle est allé(e)*
Imperfect	• how something was or what used to happen: *c'était, ils/elles étaient, ils/elles existaient*
Present	• how something is: *c'est, il/elle est, ils/elles sont* • what you do or what happens: *on fait, il raconte, ils/elles voyagent*
Future	• how something will be: *ce sera, il y aura* • what you will do or what will happen: *tu aimeras/adoreras*

2 Lis et trouve les sept erreurs dans la traduction.

Exemple: I like <u>cars</u> ...

Les voitures sont des stars

J'aime les voitures donc j'ai adoré la série des films *Cars*. Le héros, Flash McQueen, et les personnages principaux sont des voitures. Il arrive beaucoup d'aventures à Flash McQueen!

Le premier film était bien mais j'ai préféré *Cars 2* parce qu'on découvre beaucoup de pays. Les voitures voyagent en France, au Japon, en Italie et en Grande-Bretagne. L'histoire est vraiment amusante et les animations sont géniales.

Si tu aimes les voitures, tu adoreras ce film! J'espère qu'il y aura une suite, *Cars 3*!

I like planes so I loved the series of Cars films. The hero, Flash McQueen, and the French characters are trains. A lot of adventures happen to Flash McQueen!
The second film was good but I preferred Cars 2 because we discover many towns. The planes travel to France, Japan, Italy and Great Britain. The story is really sad and the animations are fantastic.
If you like cars, you will love this film! I hope there will be a sequel, Cars 3!

 Which connectives can you spot? *donc (therefore/so), ...*

 3 Écoute (1–5). Ils aiment a ou b? Pourquoi? **Recopie et remplis la grille en anglais.**

	Likes ...	Because ...
1	b	*exciting story*
2		

 Choose <u>three</u> people and transcribe what they say.

 4 Présente un livre ou un film à ton/ta partenaire. Utilise les activités 1 et 2.

Exemple   J'ai lu un livre qui s'appelle ...

J'ai lu/vu	un livre un film	qui	s'appelle ... raconte l'histoire de ...
C'était	(vraiment) amusant/intéressant/génial ...		
Les personnages sont marrants/intéressants ...			
J'ai adoré	le personnage principal/l'histoire/ les animations.		
Si tu aimes ..., tu aimeras/adoreras ...			

Plenary

Choose either the book or the film from pages 120–121 and prepare to write about it. Before you begin, write down **from memory** a list of positive and negative adjectives to use, plus some qualifiers such as *vraiment*.

⭐ Describe what the story is about.

◎ Add whether you have read the book or seen the film.

➕ Add your opinion and explain why you did or didn't like it.

Read your partner's description and comment on any *phrases fantastiques*!

7.6 Labo-langue

Negatives

1 Translate into French.

Exemple: **a** *Je ne prends ni ... ni ...*

a I take neither the train nor the bus.
b My brother has never taken the plane.
c I like neither sporty holidays nor holiday camps.
d I no longer take the boat because it isn't practical.
e If we take the plane, we will not have a car.
f My friend Mat has never visited London.

ne ... pas – *not*	ne ... jamais – *never*
ne ... plus – *no more/no longer*	ne ... rien – *nothing*
ne ... ni ... ni ... – *neither ... nor ...*	

*Je **ne** prends **pas** l'avion.* – I **don't** take the plane.

*Je **n'**aime **plus** l'avion.* – I **no longer** like the plane.

*Je **ne** prends **ni** l'avion **ni** le bateau.* – I take **neither** the plane **nor** the boat.

*Je **n'**ai **jamais** pris l'avion.* – I have **never** taken the plane.

*Je **n'**ai **rien** vu.* – I have seen **nothing**.

Present tense of *-ir* verbs

2 Choose the correct verb to complete each sentence.

Exemple: **a** *Le train part à dix-sept heures.*

a Le train part / pars / partent à dix-sept heures.
b Mon frère choisis / choisissez / choisit des vacances sportives.
c On choisit / choisissent / choisis le train pour aller en Espagne.
d Mes copains part / partent / pars en Angleterre en juillet.
e Les enfants choisissons / choisissent / choisit le bateau.
f Le film finis / finit / finissent à vingt heures.

Choisir (to choose) is a regular *-ir* verb:	*Partir* (to leave) is an irregular *-ir* verb:
je chois**is**	je par**s**
tu chois**is**	tu par**s**
il/elle/on chois**it**	il/elle/on par**t**
nous chois**issons**	nous part**ons**
vous chois**issez**	vous part**ez**
ils/elles chois**issent**	ils/elles part**ent**

All regular *-ir* verbs follow the same pattern as *choisir*.

The perfect tense and the imperfect tense

3 Choose the correct tense to complete each sentence.

Exemple: **1** *je suis allé*

L'été dernier, **1** je suis allé / j'allais en colonie de vacances pendant un mois et **2** j'ai fait / je faisais un stage de volley. **3** Ça a été / C'était absolument magique!
Tous les matins, **4** on a joué / on jouait pendant quatre heures puis **5** on a mangé / on mangeait. Tous les après-midi, **6** on a visité / on visitait la région. **7** J'ai passé / Je passais un mois super!

- Use the **perfect tense** to say what you **did** or what **happened**. It is formed from *avoir* or *être* + past participle: *j'ai joué, tu as fait, il/elle/on est allé(e)(s)*.

- Use the **imperfect tense** to describe how something **was** or **used to be** or what you **used to do**: *je jouais, j'étais, tu faisais, il/elle/on allait*.

Si (if) and *quand* (when)

4 **Put each highlighted verb into the present tense or the future. Write out the sentences.**

Exemple: **a** *Si tu as une carte-étudiant, tu ...*

a Si tu [avoir] une carte-étudiant, tu [avoir] des réductions.
b Quand mon frère [arriver] , on [aller] au restaurant.
c Si tu [vouloir] , on [prendre] l'avion.
d Si on [avoir] le temps, on [faire] de la plongée.
e Quand j'[avoir] dix-huit ans, je [partir] en vacances avec des copains.
f Quand on [être] en Australie, on [visiter] Sydney.

Si	+ **present tense** on **va** en Italie,	+ **future tense**
Quand	+ **future tense** on **ira** en Italie,	on **prendra** le train.

Future tense

Regular verbs	Irregular verbs
je voyager**ai**	j'**ir**ai (*I will go*)
tu partir**as**	tu ver**ras** (*you will see*)
il/elle/on prendr**a**	il/elle/on fe**ra** (*he/she/we will do*)
nous voyager**ons**	nous aur**ons** (*we will have*)
vous partir**ez**	vous ser**ez** (*you will be*)
ils/elles prendr**ont**	ils/elles viendr**ont** (*they will come*)

Super Strategies

Use these strategies with page 117.

Super Strategies are not tied to one particular skill (such as reading or writing) but can be used in different types of activities. Here are two to try:

Identifying and applying language patterns
• In activity 3 on page 117, **identify** tenses and verb endings in the text.
• In activity 4, **apply** your knowledge of language patterns to help you transcribe what you hear.
• In activity 5, challenge yourself to use the verbs you find most difficult.

Zooming in
• When **listening** and **transcribing**, **zoom in** on familiar key words or on anything you didn't hear on the first listening.
• When checking **transcriptions** and other **written work**, **zoom in** on where you usually make mistakes.
• When **speaking**, **zoom in** on pronunciation of sounds that you find tricky.
• For **all activities**, **zoom in** on the task: make sure you understand what you need to do.

Pronunciation: *u* and *ou*

5 **Listen (1–10) and repeat. Is it *u* or *ou*?**

6 **Listen and repeat.**

> tu as lu   je voudrais un aller-retour
> on utilise la voiture   vous avez attendu
> nous avons vu le bus   c'est plus polluant

• The French *ou* is like the 'oo' sound in the English word 'soup'.
• The *u* sound is trickier! Try this tip:
  Say 'i' or 'ee'. Keep your tongue and mouth in this position but round your lips tightly. The sound you make should be *u*!

- Vocabulary: talk about travel and transport
- Grammar: use the present tense and the future tense
- Skills: identify language patterns

1 **Find the odd one out in each set of words. Explain in English why it is the odd one out.**

Exemple: **a** *les vacances – because …*

a	le train	la voiture	l'avion	les vacances
b	un gîte	un voyage	un hôtel	un camping
c	on ira	on fera	on va	on partira
d	linguistiques	sportives	de luxe	polluant
e	excitant	génial	ennuyeux	enrichissant

2 **This train traveller has been given the wrong ticket!**
Read the conversation and find the six mistakes on the ticket.

Exemple: the destination is Montpellier, not Lyon, …

– Bonjour, madame. Je voudrais un billet pour Montpellier, s'il vous plaît.
– Oui, un aller simple ou un aller-retour?
– Un aller-retour. Vous avez des réductions pour les étudiants?
– Oui, bien sûr, vous avez votre carte-étudiant?
– Oui, voilà. C'est combien?
– C'est 75 euros avec la réduction-étudiant.
– À quelle heure part le train?
– Il part à 11 h 45 du quai numéro 4 et il arrive à Montpellier à 15 h 55.
– Merci, madame!

Paris→Lyon
Départ: 11 h 15
Arrivée: 14 h 05
115€
Plein tarif
Compostez votre billet

3 **Read these holiday plans. Find the missing words 1–7 in the box.**

Exemple: **1** *irai*

ferons ~~irai~~ verrai prendrai fera irons fait

L'année prochaine, j'**1** _____ en Guadeloupe pour voir ma tante qui habite à Basse-Terre. Je **2** _____ l'avion à Paris avec toute ma famille. S'il **3** _____ beau, nous **4** _____ à la plage tous les jours et nous **5** _____ de la plongée. J'espère qu'il **6** _____ beau et que je **7** _____ des dauphins!

des dauphins *dolphins*

4 **Translate the text from activity 3 into English.**

Exemple: Next year …

5 **Write about your holiday plans for next year.**

You could include:
- where you will go: *L'année prochaine, j'irai en/au/à …*
- how you will travel and why: *Je prendrai … parce que c'est …*
- what you will do: *S'il fait beau, j'irai/je ferai/je visiterai …*

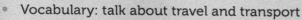

- Vocabulary: talk about travel and transport
- Grammar: use the correct tenses with *si* and *quand*
- Skills: identify language patterns; use more complex structures

1 Trouve les paires.

Exemple: **1** *b*

a	b	c	d	e	f
19:19	13:40	05:10	21:20	08:02	10:55

1 treize heures quarante
2 huit heures zéro deux
3 dix heures cinquante-cinq
4 cinq heures dix
5 dix-neuf heures dix-neuf
6 vingt et une heures vingt

2 Trouve les paires et traduis les phrases en anglais.

Exemple: **1** *c – When I am sixteen, I ...*

1 Quand j'aurai seize ans,
2 Si je vais en Angleterre,
3 S'il fait beau,
4 Quand on ira à Londres,
5 Si tu aimes les films d'animation,
6 Si mon frère a le temps,

a on ira à la plage tous les jours.
b tu adoreras le film *Cars*.
c je partirai en vacances avec mes copains.
d je passerai deux jours à Londres.
e on prendra un vol « low cost ».
f il visitera aussi l'Écosse.

3 Lis et trouve les mots (1–10).

Exemple: **1** *populaires*

adoreras	~~populaires~~	voulait
adoré	s'appelle	avion
rapides	plus	ai	aimes

Les moyens de transport sont très **1** _____ au cinéma. J'**2** _____ vu le film d'animation en 3D qui **3** _____ *Planes*. C'est le premier film de la trilogie *Planes*.

voler   *to fly*
en retraite   *retired*
devenir   *to become*
pompier   *fireman*

J'ai **4** _____ le personnage principal qui s'appelle Dusty Crophopper. C'est un petit **5** _____ qui est toujours un peu triste. Dans le premier film, il **6** _____ voler avec les avions les plus **7** _____ et être champion. Son meilleur copain s'appelait Skipper. C'était un vieil avion qui ne travaillait **8** _____ parce qu'il était à la retraite.

Le deuxième film raconte l'histoire de Dusty qui décide de devenir pompier pour sauver son petit aéroport! Si tu **9** _____ les films d'animation, tu **10** _____ ce film!

4 Écris un blog sur les vacances.

Mention:
- last year's holiday
- next year's holiday
- your dream holiday

Include at least **two** sentences using *si* and **two** using *quand*.

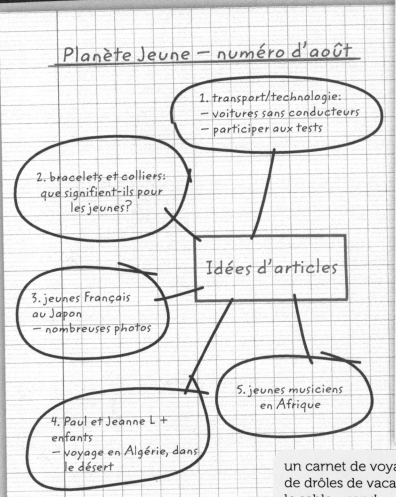

Planète Jeune — numéro d'août

Idées d'articles

1. transport/technologie:
– voitures sans conducteurs
– participer aux tests

2. bracelets et colliers:
que signifient-ils pour
les jeunes?

3. jeunes Français
au Japon
– nombreuses photos

4. Paul et Jeanne L +
enfants
– voyage en Algérie, dans
le désert

5. jeunes musiciens
en Afrique

Est-ce que les automobiles de demain se conduiront seules? Est-ce que c'est possible et, surtout, est-ce que c'est prudent? Des essais sont en cours. Planète Jeune te propose de tenter l'expérience … sur simulateur, bien entendu! C'est un simulateur en ligne et tu trouveras dans l'article un lien pour le site web.

L'été dernier, pour la famille Lefèvre, **direction le soleil et le sable chaud**… Non, ils ne sont pas allés à la plage, ils ont traversé le Sahara. Pas de chameaux non plus, juste une grosse Land Rover, un GPS et des réserves d'eau. De drôles de vacances qu'ils nous font partager.

Une belle leçon d'espoir. À 13 ans, Dominique rêve de devenir trompettiste professionnel et de jouer dans un orchestre ou une fanfare. Il habite à Kinshasa, capitale de la République Démocratique du Congo, un pays longtemps ravagé par la guerre. Dominique t'invite à assister aux répétitions.

Les ados du monde nous montrent les accessoires qu'ils portent au poignet ou autour du cou. Bijou, message, acte de solidarité? Une dizaine d'ados, filles et garçons, expliquent leurs raisons.

Julie et Guillaume habitent à Tokyo depuis deux ans. Ils nous ont envoyé un **carnet de voyage** avec de superbes illustrations de leur ville d'adoption.

un carnet de voyage	*travel journal*	les chameaux	*camels*
de drôles de vacances	*unusual holidays*	les répétitions	*rehearsals*
le sable	*sand*	une dizaine	*ten or so*

1 **Planète Jeune** is a travel and discovery magazine for young people. For each idea in the editor's mind map, find the corresponding paragraph in the text advertising this issue.

Exemple: *1. transport/technologie – Est-ce que les automobiles de demain …*

2 Advertising texts often talk to the reader directly, using words such as 'you', 'us' and 'our'. Find examples of *te/t'* and *nous* in the text. Copy out the phrases and translate them into English.

Exemple: Planète Jeune *te propose de tenter l'expérience* – Planète Jeune *gives you the chance to experience it*

3 True or false? For the false statements, find words from the text to justify your answer.

Exemple: **a** *false (sur simulateur, bien entendu)*

a Safety trials for driverless cars take place in town centres.
b The Lefèvre family rely on technology as well as animals.
c Dominique wants to work as a musician when he grows up.
d Dominique had to leave his war-torn country.
e Young people wear jewellery for a variety of reasons.
f Julie and Guillaume haven't lived in Tokyo all their lives.

Se déplacer à Montpellier 🎞

Regarde l'épisode 7. Quel moyen de transport gagne <u>deux</u> points?

C'est quel moyen de transport? Trouve les paires.

Exemple: **a** *le tramway*

> l'avion le bus courir le Segway le taxi
> ~~le tramway~~ le Vélomagg' le skateboard la voiture

Réponds aux questions en anglais.

Exemple: **a** *Because they want to take the bus afterwards and …*

a Why do the girls buy the ten-journey ticket when they take the tram? (Give **two** reasons.)

b How does Basile go to school?

c What makes trams in Montpellier special to look at?

d How much is it to hire a Vélomagg'?

e Why doesn't Zaied want to use a Vélomagg'?

f Which means of transport does Zaied think is the best?

g According to Thouraya, which way of getting around is very good for the environment?

h How has Jules chosen to travel?

Quel est le moyen de transport le plus écologique en ville, à ton avis? Pourquoi?

Exemple: *Pour moi, c'est … parce que c'est plus/moins … que …*

1 Listen (1–4). How do they travel to school? How do they like to travel on holiday? Copy and fill in the grid. (See pages 112–113.)

	Transport to school	Holiday transport	Reasons
1	bus and …		

2 Prepare a short talk about holidays. (See pages 115–117.)

Say:
- what you do normally and what you did last year: *Je préfère … L'année derniére, j'ai passé …*
- when you will go away again and where: *L'année prochaine, je partirai/j'irai en …*
- how you will travel and why: *On prendra … parce que …*
- what you will do/see if you have time/money: *Si j'ai le temps/l'argent, …*
- what you will do when you are eighteen: *Quand j'aurai dix-huit ans, …*

3 Read Zaied's email and answer the questions in English. (See pages 118–119.)

Exemple: **a** two weeks

Brighton

Sujet: Brighton

Salut!

J'ai passé deux semaines en Angleterre pour un stage linguistique!

On a pris le train et le bateau parce que l'avion était trop cher. Le voyage était très long et j'ai été malade sur le bateau parce que la mer était mauvaise. Quel cauchemar! Quand on est arrivés à l'hôtel, les chambres n'étaient pas prêtes. On a attendu deux heures!

Heureusement, le deuxième jour était génial. On a visité Brighton, on a fait des excursions et j'ai pris des photos fantastiques.

J'espère que j'y retournerai l'année prochaine et que je visiterai Londres!

Zaied

a How long did Zaied spend in England?
b How did he travel? Why?
c Did he have a good journey? Why? (Or why not?)
d What happened when they arrived at the hotel?
e What did they do on the second day?
f What does he want to do next year?

4 Write about a past holiday that you enjoyed and a holiday you will have when you are eighteen. (See pages 116–119.)

You could include:
- where you went and when: *L'année dernière, je suis allé(e) …*
- how you travelled: *J'ai pris …*
- how long you stayed, and where: *On est resté(e)s … On a logé …*
- what you did: *J'ai fait/visité/vu/joué …*
- your opinions: *C'était … parce que …*
- what you will do when you are eighteen: *Quand j'aurai dix-huit ans, …*
- what this future holiday will be like: *Ce sera …*

Remember: the more you can develop your answers, the better your work will be.

Transport

Quel moyen de transport prends-tu ...	*Which means of transport do you take ...*
pour aller au collège?	*to go to school?*
pour aller en vacances?	*to go on holiday?*
Quel est ton moyen de transport préféré?	*What is your favourite means of transport?*
Je prends/Je préfère/ J'utilise ...	*I take/I prefer/I use ...*
Mon moyen de transport préféré, c'est ...	*My favourite means of transport is ...*
l'avion/le bateau.	*the plane/the boat.*
le bus/le car.	*the bus/the coach.*
le métro/le train.	*the underground/the train.*
le vélo/la voiture.	*the bike/the car.*
Pourquoi? Parce que c'est ...	*Why? Because it is ...*
plus rapide/pratique que ...	*faster/more practical than ...*
plus facile/relaxant ...	*easier/more relaxing ...*
plus écolo(gique) ...	*more eco-friendly ...*
moins polluant/cher ...	*less polluting/cheaper ...*
bon/meilleur pour la santé.	*good/better for the health.*

Buying tickets and discussing travel

Je voudrais ...	*I would like ...*
un billet pour Paris, s'il vous plaît.	*a ticket to Paris, please.*
un aller-retour/un aller simple.	*a return/single ticket.*
Vous avez des réductions pour les étudiants?	*Do you have reduced fares for students?*
Oui, vous avez votre carte-étudiant?	*Yes, do you have your student card?*
C'est combien?	*How much is it?*
C'est 65 euros.	*It's 65 euros.*
À quelle heure part/arrive le train?	*What time does the train leave/arrive?*
Il part à 10 h 42 du quai numéro 2.	*It leaves at 10.42 from platform 2.*
Il arrive à Paris à 16 h 34.	*It arrives in Paris at 16.34.*
Compostez votre billet.	*Stamp/Punch your ticket.*
Si on choisit l'Italie, ...	*If we choose Italy, ...*
Si on part en Grande-Bretagne, ...	*If we go to Britain, ...*
on peut prendre le train.	*we can take the train.*
Je choisis ... parce que ce sera ...	*I choose ... because it will be ...*
plus pratique/écolo.	*more practical/ eco-friendly.*
moins cher/plus rapide.	*cheaper/faster.*
Si on prend ..., ce sera ...	*If we take ..., it will be ...*
trop cher/très long.	*too expensive/very long.*
un peu fatigant.	*a bit tiring.*

Holiday plans

On ira/partira où?	*Where will we go?*
On ira en Angleterre.	*We'll go to England.*
On partira en juillet.	*We'll go in July.*
On prendra l'avion.	*We'll take the plane.*
On restera une semaine.	*We'll stay for a week.*
S'il fait beau, ...	*If the weather is nice, ...*
Si on peut/Si on a le temps, ...	*If we can/If we have time, ...*
on ira à la plage.	*we'll go to the beach.*
Quand on sera à Londres, ...	*When we're in London, ...*
on visitera/verra/fera ...	*we'll visit/see/do ...*
On logera dans un gîte.	*We'll stay in a holiday cottage.*
Quand j'aurai dix-huit ans, j'irai ...	*When I'm eighteen, I'll go ...*
Ce sera génial/intéressant.	*It will be great/interesting.*

Past holidays

Tu préfères quel type de vacances?	*What type of holiday do you prefer?*
Je préfère ...	*I prefer ...*
les vacances sportives.	*sporty holidays.*
les vacances de luxe.	*luxury holidays.*
les vacances « aventure ».	*adventure holidays.*
les vacances au vert.	*eco-holidays.*
les vacances linguistiques.	*language-learning holidays.*
les vacances en colonie.	*holiday camps.*
Tu es allé(e) où l'année dernière?	*Where did you go last year?*
Je suis allé(e)/parti(e) ...	*I went ...*
J'ai passé une/deux semaine(s) ...	*I spent one/two week(s) ...*
J'ai fait/visité/nagé/joué/ vu ...	*I did/visited/swam/played/ saw ...*
C'était ...	*It was ...*
enrichissant/relaxant.	*rewarding/relaxing.*
incroyable/excitant.	*incredible/exciting.*
fatigant/barbant.	*tiring/boring.*

◉ Grammar and skills: I can...

- ◉ use negatives
- ◉ use *-ir* verbs in the present tense
- ◉ use the correct tenses with *si* and *quand*
- ◉ use the perfect tense and the imperfect tense
- ◉ use different tenses together
- ◉ use grammar memorisation strategies
- ◉ use strategies to help me translate into French
- ◉ use Super Strategies (identifying and applying language patterns, zooming in)

8.1 Un toit à moi

- Vocabulary: describe what type of home you live in
- Grammar: use *y*; use the present tense with *depuis*
- Skills: develop translation strategies; use Super Strategies

Trouve les paires.

Exemple: **a** 6

1 une caravane	3 une cabane	5 un igloo	7 un appartement
2 une péniche	4 une yourte	6 une hutte en terre	8 une maison jumelée

Écoute (1–8). Où habitent-ils? Recopie et remplis la grille.

	Where?	When?/For how long?	⊙ Extra details
1	a flat	since two years old	housing estate in Paris suburbs

dans une cité
dans la banlieue de …
sur la rivière
dans un bidonville

➕ **Choose three people and transcribe what they say.**

Sondage: « Où habites-tu? »

- Each group member chooses a home from activity 1.
- Take turns to ask everyone where they live.
- Note down the answers and write a short report:
  Moi, j'habite … Tom habite … Trois personnes habitent …

◎ **Add more details:** *J'habite dans une yourte en Mongolie.*
J'y habite depuis …

> **A** Moi, j'habite dans une yourte. Où habites-tu?

> **B** J'habite sur une péniche.

 Grammaire p.168–169
WB p.22, p.25, p.40

J'y habite depuis …

J'y habite depuis dix ans.
I **have been living** here **for** ten years.

Il y habite depuis l'âge de cinq ans.
He **has been living** there **since** the age of five.

Habiter follows the pattern of regular -er verbs in the present tense:

j'habit**e**	nous habit**ons**
tu habit**es**	vous habit**ez**
il/elle/on habit**e**	ils/elles habit**ent**

Chez moi

1 J'habite dans une hutte en terre à la campagne, au Sénégal, en Afrique de l'Ouest. J'y habite depuis toujours. Une hutte en terre est rapide et peu chère à construire. En ville, c'est différent. Les maisons sont modernes et construites en brique et en bois.

2 D'habitude, j'habite dans une maison moderne mais parfois, quand on voyage pour la chasse, j'habite dans un igloo, dans le nord du Canada. J'y habite depuis l'âge de onze ans. Un igloo, c'est une petite maison ronde, construite avec des blocs de neige compacte.

3 J'habite dans une yourte (une tente traditionnelle en peau d'animal ou en feutre) en Mongolie. La yourte est l'habitat traditionnel des nomades mongols et turcs d'Asie centrale. J'y habite depuis toujours … mais seulement en hiver. En été, ma famille et moi habitons dans une maison en ville.

4 J'habite dans une cabane dans un bidonville à Port-au-Prince, en Haïti. Ma cabane est construite avec des matériaux récupérés. J'y habite depuis l'âge de six mois. Ici, il y a des déchets dans les rues et le manque d'hygiène est un gros problème.

5 J'habite sur une péniche sur la rivière Mékong, au Vietnam. Une péniche, c'est un bateau avec un fond plat. Les péniches peuvent être utilisées comme moyen de transport mais elles sont souvent utilisées comme habitations permanentes. J'y habite depuis dix ans.

 Trouve les expressions a–g dans les paragraphes 1–5.

See page 141 for Super Strategies.

Exemple: **a** *rapide et peu chère à construire*

a quick and cheap to build
b built of brick and wood
c built with blocks of compacted snow
d a traditional tent made of animal skin or felt
e built with recycled materials
f the lack of hygiene
g can be used as a means of transport

◎ **Add two more English phrases (h and i) for your partner to find in the texts. (Make a note of the answers too!)**

 Relis les paragraphes 1–5.

See page 141 for Super Strategies.

◎ **Translate two of the paragraphs into English.**

✚ **Translate three or more paragraphs.**

 Écris un paragraphe: « Les Maisons du monde ».
Include your own home.

Exemple: Au Sénégal, à la campagne, on habite dans …

Translation strategies

- When translating into English, don't reach for your dictionary straight away. Read the text first to see what you can understand.
- Look for cognates: they can help you work out the meaning of new words too.
- Then you can reach for your dictionary!

Plenary

As you complete your medal task, think about young people living in other parts of the world. How might their lives be affected by the different weather conditions?

⭐ List as many different types of homes as you can.

◎ Give a description of one of them.

✚ Add what type of home you live in and how long you've been living there. Compare it with one of the other homes you've learnt about.

8.2 Dessine-moi une maison!

- Vocabulary: describe rooms in a house
- Grammar: use regular -re verbs in the present tense
- Skills: recognise and compare writing styles

Au rez-de-chaussée

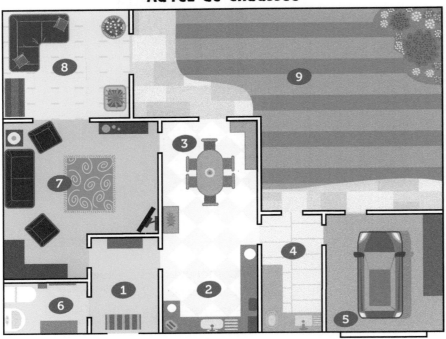

À l'étage

ma chambre

la salle de bains attenante

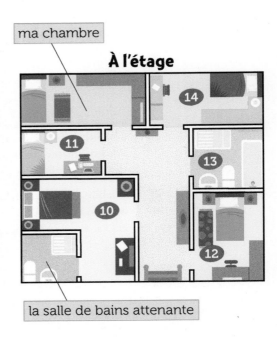

LIRE 1 **Voilà le plan de la nouvelle maison de Nina. Lis et relie.**

Exemple: **1** *f – l'entrée*

a la salle de bains
b les WC
c la cuisine
d la chambre de mon frère
e la chambre de mes parents
f l'entrée
g la buanderie

h le garage
i la chambre de ma sœur
j la chambre d'amis/le bureau
k la véranda
l le jardin
m la salle à manger
n le séjour

Au rez-de-chaussée, À l'étage, À gauche/À droite, En face/À côté, Entre … et …,	il y a … on a … nous avons … se trouve …

D'abord, … Puis, … Ensuite, …
Après, … Pour finir, …

ÉCOUTER 2 **Nina décrit sa nouvelle maison. Écoute et vérifie tes réponses (activité 1).**

◎ At the beginning, what does Nina say she has done?

✚ What would she like her bedroom to have?

PARLER 3 **À deux. A décrit sa maison et B dessine! A ↔ B.**

Exemple: **A** *D'abord, il y a l'entrée. À gauche, il y a …*
B *(draws what A says)*

Grammaire p.168–169 WB p.27–28

Regular -re verbs in the present tense

vendre (*to sell*)	
je vend**s**	nous vend**ons**
tu vend**s**	vous vend**ez**
il/elle/on vend	ils/elles vend**ent**

SOS déménagement!

Un samedi, l'année dernière, mes parents sont venus me parler dans ma chambre, dans notre appart à Paris.

« Louka, j'ai trouvé un nouvel emploi. Nous vendons l'appartement et nous déménageons, a dit mon père.

— Quoi? On vend l'appart? Pour aller où?, j'ai demandé.

— À Marseille », a-t-il répondu.

D'abord, c'était le choc. J'avais peur de quitter Paris, de quitter l'appart que j'habitais depuis dix ans. J'avais peur de quitter mes camarades de classe et mes copains de foot.

Avant le déménagement, nous avons fait quelques voyages pour explorer Marseille. J'étais beaucoup plus à l'aise car j'ai visité ma nouvelle école et ma nouvelle maison. Mon père m'a aidé à m'inscrire au club de foot de la région. Ensuite, je suis allé faire du shopping avec ma mère pour ma nouvelle chambre.

C'est vrai que le déménagement peut être stressant. Pour mes parents et moi, ce changement a été difficile mais pas impossible. Marseille est formidable et je reste en contact avec mes amis de Paris. Je prends le meilleur des deux mondes!

À VENDRE

SOS

4 **Lis le texte de Louka. Trouve les expressions a–f qui sont <u>soulignées</u> dans le texte.**

Exemple: **a** *l'appart que j'habitais depuis dix ans*

  a the apartment that I had been living in for ten years
  b I was (feeling) a lot more comfortable
  c I was scared of leaving …
  d this change was difficult but not impossible
  e my father helped me to join the local football club
  f we made a few trips to explore Marseille

5 **Décris ces propriétés (a et b).**

> **Annonces immobilières: À vendre**
> **a** **Maison individuelle à Desvres**
> Rdc: ent, cuis, séj, SàM, WC, vér, jdn, gge
> Ét: 3 chbr, bur, SdB
> ───────────────
> **b** **Appart à Sanary-sur-Mer**
> ent, cuis, séj, SàM, SdB, 2 chbr, balc

⭐ **List the rooms: a** *Au rez-de-chaussée, il y a l'entrée, …*

◎ **Imagine and describe the layout of the building:**
À droite, il y a la cuisine …

➕ **Use sequencers to develop your description:**
D'abord, à droite, il y a la cuisine, puis …

> le déménagement *move (change of address), moving*
> déménager *to move (house)*

> **Different styles of writing**
>
> Look at the texts in activities 4 and 5. Could you tell what types of texts they are before you started reading them? How do they differ?

> **Plenary**
>
> Identify **specifically** what you can now **say** and **write** in French that you couldn't do before you began Unit 8. Set yourself a target to help you improve.
>
> ⭐ List as many different rooms as you can.
>
> ◎ Use simple sentences to say what rooms you have in your home.
>
> ➕ Describe the layout of your home. Use sequencers to give a guided tour!

- Vocabulary: describe a bedroom
- Grammar: use prepositions
- Skills: extend your range of vocabulary; debate a point

LIRE 1

Trouve les paires.

Exemple: **1** c – un lit

a une table de nuit
b une lampe de chevet
c un lit
d un bureau
e une chaise pivotante
f un ordi
g une lampe de bureau
h une étagère
i une console de jeux vidéo
j un fauteuil poire

le coin nuit

le coin divertissement

le coin travail

ÉCOUTER 2

Écoute (1–10) et vérifie.

LIRE 3

Lis et réponds aux questions. C'est Lila, Zachary ou les deux?

Exemple: **a** *Zachary*

Grammaire WB p.21

Prepositions

sur – on	*sous* – under
devant – in front of	*derrière* – behind
à côté – beside	*en face* – opposite
entre – between	

Les chambres des cousins

Lila (France)

Zachary (Québec)

Je partageais ma chambre quand j'étais petite mais maintenant, **j'ai de la chance** parce que **j'ai une chambre à moi.** Ma nouvelle chambre est assez petite mais c'est mon espace privé et mon refuge. **Ma chambre est strictement interdite à** ma petite sœur.
J'ai personnalisé ma chambre avec des photos de vacances, des cartes postales et des posters aux murs. **Je voudrais avoir** une télé mais mes parents ne sont pas d'accord. J'ai mon ordi et mon lecteur CD, c'est tout.

Je n'ai pas de chance. Je dois partager ma chambre avec mon grand frère.
Comme ma cousine Lila, nous avons personnalisé notre chambre. Moi, j'adore faire du skate alors **j'ai décoré notre chambre avec** des graffitis et il y a des skateboards accrochés aux murs.
Nous avons des lits superposés, un sofa, une grande armoire, un bureau et deux ultra-portables. Nous avons une télévision à écran plat aussi. **Le problème, c'est que** mon frère aime regarder la télé tard le soir alors moi, je ne peux pas dormir!

a Who shares a room?
b Who shared a room when they were little?
c Whose room is out of bounds to their little sister?
d Who has put things on the walls?
e Who would like to have a television?
f Who knows the disadvantage of having a television?
g Who has a computer or laptop?

Translate the phrases in bold.

Translate Lila's or Zachary's text.

4 Partager une chambre ou avoir une chambre à toi? Recopie et remplis la grille avec « Les arguments » de la boîte.

Partager une chambre		Avoir une chambre à toi	
Pour ✓	Contre ✗	Pour ✓	Contre ✗
Ça rapproche.			Ça ne rapproche pas.

Pour ou contre?

Je suis pour/contre parce que/qu'...
Je ne suis ni pour ni contre parce que/qu'...
Ça dépend ...
L'avantage/L'inconvénient, c'est que/qu'...
D'un côté, ... d'un autre côté, ...
En revanche/Par contre, ...
D'abord, ... Puis, ... Pour finir, ...

Les arguments

Ça rapproche. Ça ne rapproche pas.
On apprend à cohabiter/partager.
On est toujours seul. On n'est jamais seul.
C'est facile/difficile pour les devoirs.
On se dispute. On ne se dispute pas.
On a un espace privé. On n'a pas d'espace privé.
On est obligé/On n'est pas obligé de supporter les mauvaises habitudes de l'autre.
On rigole. On ne rigole pas.
C'est pratique/Ce n'est pas pratique pour recevoir des amis.

5 Partager une chambre: ils sont pour ou contre? Écoute le débat (1–4).

Exemple: **1** *contre*

◎ Note the arguments for or against.

6 Écris une lettre au magazine *Monde des Ados* sur le thème: « Ma chambre, mon refuge ».

★ Describe your room and how you have personalised it.

◎ Say whether you share a bedroom or not. Give the advantages and disadvantages.

✚ Add whether you are for or against sharing a bedroom. Explain why.

Cher Monde des Ados,
Alors d'abord, dans ma chambre,
il y a un lit, bien sûr, mais ...

Extend your vocabulary

To make your speaking and writing more interesting, find new vocabulary for furniture and other household accessories on French shopping websites.

For example, if you have a swivel chair in your room, say *une chaise pivotante* instead of *une chaise*; or if you have bunk beds, say *des lits superposés* instead of *un lit*.

Plenary

★ Describe your bedroom (real or imagined).

◎ Sequence three arguments for or against sharing a bedroom.

✚ Say whether you are for or against sharing a bedroom. Explain why.

Read your partner's text. Have they achieved the medal they were aiming for? Provide written feedback to help them improve.

7 Prépare un débat: « Partager une chambre: pour ou contre? »

★ Decide whether you are for or against. Give some supporting arguments.

◎ Use sequencers to present three arguments: *D'abord, ... Puis, ...*

✚ Explain the pros and cons of sharing a room: *D'un côté, ... d'un autre côté, ...*

8.4 La maison de mes rêves

- Vocabulary: describe the type of home you would like to have
- Grammar: use *si* clauses (imperfect tense and conditional)
- Skills: develop knowledge of connectives to extend sentences

 Lis et trouve les paires.

Exemple: **1** e

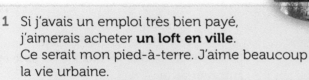

1 Si j'avais un emploi très bien payé,
   j'aimerais acheter **un loft en ville**.
   Ce serait mon pied-à-terre. J'aime beaucoup
   la vie urbaine.
2 Si j'étais riche, j'achèterais **une péniche sur la Seine**. La Seine
   est très belle et j'adore Paris.
3 Si je gagnais à la loterie, je voudrais faire construire **une maison
   sur la plage** car j'adore la mer.
4 Si j'avais de l'argent, je voudrais acheter **un chalet à la montagne**.
   J'aime respirer l'air pur.
5 Quand je pense à la maison de mes rêves, j'imagine **une villa
   dans la banlieue de Paris** car j'adore l'élégance des grandes et
   belles maisons de banlieue.
6 La maison de mes rêves? Ce serait une ferme, **une grande ferme
   à la campagne** parce que j'adore les animaux.

 En groupe: « La maison de mes rêves. »

Exemple: **A** *Parle-moi de la maison de tes rêves.*
B *Si j'étais riche, j'achèterais un chalet à la
      montagne. Et toi?*
A *Si j'avais de l'argent, … Et toi?*
C *Si …*

Si j'avais de l'argent,	j'achèterais …	
Si j'avais un emploi bien payé,	j'aurais …	
Si j'étais riche,	je voudrais	acheter …
Si je gagnais à la loterie,	j'aimerais	faire construire …

 Grammaire p.168–170
WB p.39, p.42

Si clauses

Use *si* (if) with the **imperfect tense**
and the **conditional** to say what
would happen if something else
happened:

*Si j'étais riche, j'achèterais
une ferme.*
If I **were** rich, I **would buy** a farm.

*J'aimerais acheter une ferme si
j'avais de l'argent.*
I **would like** to buy a farm **if** I **had**
the money.

*Si je gagnais à la loterie, j'aurais un
loft en ville.*
If I **won** the lottery, I **would have** a
loft apartment in town.

ÉCOUTER 3

Écoute (1–6). Recopie et remplis la grille en anglais.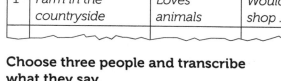

	Dream home	Reason	⊙ Extra details
1	Farm in the countryside	Loves animals	Would have a farm shop ...

Luis

➕ **Choose three people and transcribe what they say.**

LIRE 4

Lis cette description d'une maison de rêve. Vrai, faux ou pas mentionné?

Exemple: **a** *faux*

a Luis dreams of living in a shack made of recycled materials.
b The kitchen would have running water.
c He would like electricity so that he can watch television.
d The house he lives in has two rooms.
e There is no bath in his current home.
f He would like a garden.

J'habite dans une cabane construite avec des matériaux récupérés. Quand je pense à la maison de mes rêves, j'imagine une belle maison, solide et en brique, à deux étages.
Au rez-de-chaussée, il y aurait une cuisine avec l'eau courante. J'aimerais avoir l'électricité aussi. On aurait un petit séjour pour se relaxer le soir. Dans ma cabane, nous avons une pièce seulement.
Dans la maison de mes rêves, à l'étage, il y aurait une chambre pour moi, une chambre pour ma sœur et une chambre pour mes parents. Je voudrais avoir une salle de bains aussi parce que je n'aime pas aller dehors pour aller aux toilettes. Enfin, je rêve d'un jardin.
Si j'étais riche, j'achèterais une maison comme ça. Si je travaille dur à l'école, j'aurai peut-être un emploi bien payé et je pourrai acheter la maison de mes rêves.

◎ **Make up some extra questions about the text, with answers.**

ÉCRIRE 5

Choisis ou invente un personnage. Décris la maison de ses rêves.

Exemple: <u>Joey Sussex: La maison de ses rêves!</u>
Il habiterait dans un loft en ville. Il y aurait ...

PARLER 6

À deux: « La maison de mes rêves ». Continuez le dialogue de l'activité 2.
Add reasons and extra details.

Exemple: **A** *Parle-moi de la maison de tes rêves.*
B *Si j'étais riche, j'achèterais ... Il y aurait ... parce que j'adore ...*

S'il Si elle	était/avait/gagnait ...,
il/elle habiterait dans ... il/elle achèterait/aurait/aimerait ...	
Ce serait grand/beau/moderne ... Il y aurait ... parce que/car ...	

Plenary

⭐ List as many dream homes as you can.

◎ Use a sentence containing a *si* clause to say what kind of dream home you would have.

➕ Explain your choice of dream home.

More connectives

Use *si* and other connectives such as *et, car, parce que* and *comme* to extend your sentences and improve your work. How long a sentence can you build?

Comme j'adore la mer, si j'étais riche, j'achèterais une maison sur la plage car je voudrais nager tous les jours et ...

8.5 Chez moi, ça m'inspire!

- Vocabulary: describe places in detail and express how you feel about them
- Grammar: work with different structures from the unit
- Skills: use memorisation strategies; extend your range of vocabulary

1 Écoute et lis les poèmes. Relie chaque poème à une image.

Exemple: **1** *b*

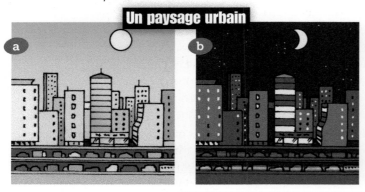

Un paysage urbain

Un paysage campagnard

1 Je vois les étoiles
Ce sont les néons qui brillent
Quand je vais en ville.

2 Je vois les voitures
J'entends la circulation
Quand je vais en ville.

3 Ça me fait sourire.
Un paysage campagnard
Sous le beau soleil.

4 Quand je vais en ville
La silhouette des immeubles
C'est mon horizon.

5 Ça me fait rêver.
Une nuit campagnarde
Les étoiles, les arbres.

⭐ List any cognates, near-cognates or words that you can guess.

◉ What do *je vois* and *j'entends* mean?

➕ Translate two or three of the poems.

2 Écris un haïku comme dans l'activité 1.

⭐ Write one haiku (about the countryside or a town).

◉ Write two haiku (one about the countryside and one about a town).

➕ Research your own vocabulary and use it in your poem.

 Lis ton haïku à haute voix.

⭐ Read your haiku poem to the group.

◉ Read both of your poems. The group members discuss them and choose a favourite: *Moi, j'aime … parce que … Mon haïku préféré, c'est …*

➕ Translate your group's poems into English.

Grammaire p.168–169 WB p.27–28

Regular -re verbs in the present tense

entendre (to hear)	
j'entend**s**	nous entend**ons**
tu entend**s**	vous entend**ez**
il/elle/on entend	ils/elles entend**ent**

Super Strategy: memorising difficult language

Zoom in on structures, words and grammar that you find hard to remember. Putting them into a poem will **make them more personal** and **relevant to you** so will help you remember them.

Lis les deux descriptions. Recopie et remplis la grille en anglais.

	What does the painting show?	Colours and other details
1	the town, ...	
2		

Deux tableaux de Van Gogh

Dans le premier tableau, <u>Van Gogh a peint la ville</u>. Dans le deuxième, <u>il a peint la campagne</u>. *Si vous aviez de l'argent, quel tableau achèteriez-vous et pourquoi?*

1

Le premier tableau, c'est un <u>paysage urbain</u>. Van Gogh s'est inspiré de la vue sur la ville de Paris qu'il avait depuis la fenêtre de son appartement de la rue Lepic.

<u>Les couleurs sont les couleurs de la ville</u>: le gris, le bleu et <u>quelques taches de jaune et de vert</u>. <u>On voit</u> les toits de Paris et, <u>à l'horizon</u>, la tour de la cathédrale Notre-Dame.

Si Van Gogh peignait ce tableau aujourd'hui, il y aurait beaucoup plus de bâtiments et des gratte-ciels.

Vue de la chambre de Vincent, rue Lepic

2

Le deuxième tableau, c'est un paysage campagnard qui s'appelle « La Plaine d'Auvers ». Van Gogh a peint la campagne à Auvers-sur-Oise.

La Plaine d'Auvers

<u>Ce paysage est</u> immense et ouvert. On voit des champs et, à l'horizon, une ligne d'arbres entre la terre et le ciel. <u>Les couleurs sont les couleurs de la campagne</u>: le bleu et le vert, <u>avec des taches de</u> jaune et d'orange.

Si Van Gogh peignait ce tableau aujourd'hui, le paysage serait pratiquement identique.

le tableau   *painting/picture*
peindre   *to paint*

⊚ **Translate the underlined phrases into English.**

✚ **Translate the three *si* sentences (in italics).**

Écris une description du tableau de Cézanne ou de Gauguin.

Use the underlined expressions in activity 4.

Exemple: Le tableau de Gauguin, c'est un paysage ... qui s'appelle ... On voit ...

⊚ **Use prepositions and colour adjectives:** *À gauche, on voit ... Il y a un toit bleu ...*

Extend your vocabulary

- Use your dictionary to find more interesting words for certain colours. For example, instead of *rouge*, use *écarlate*. Can you guess what it means?
- Add suffixes to colours to change their meaning: *bleu + âtre = bleuâtre* (bluish).
- 'Compound' colours do not need adjective agreement: *des toits bleu ciel* (sky-blue roofs).

Gardanne, Paul Cézanne

Cheval sur la Route, Paul Gauguin

Plenary

In a group, describe another painting of your choice. Before you begin, decide which language and grammar would win a Bronze medal, which would win Silver and which would win Gold.

Make a note of your targets:

 ?   ?   ?

Write your description and appoint a group leader to read it aloud to the class. Vote for the best ones!

Regular *-re* verbs in the present tense

1 **Copy and complete each sentence using the correct form of the verb provided.**

Exemple: **a** *Je descends au rez-de-chaussée.*

a Je [descendre] au rez-de-chaussée.
b Tu [vendre] ta caravane?
c Il [entendre] les oiseaux dans les champs.
d Nous [entendre] la circulation en ville.
e Vous [descendre] pour aller aux toilettes.
f Ils [vendre] des maisons et des appartements.

Regular *-re* verbs such as *vendre*, *entendre* and *descendre* follow the same pattern in the present tense: remove the last two letters from the infinitive (*-re*) and add the following endings:

descendre (*to go down*)	
je descend**s**	nous descend**ons**
tu descend**s**	vous descend**ez**
il/elle/on descend	ils/elles descend**ent**

Prepositions

2 **Copy and complete the sentences. Translate the English prepositions into French.**

Exemple: **a** *J'ai une coiffeuse devant un grand miroir illuminé.*

a J'ai une coiffeuse [in front of] un grand miroir illuminé.
b Il y a une télévision à écran plat et [opposite] il y a un lit.
c [On] la table de nuit, j'ai une lampe de chevet.
d [Under] la table de nuit, il y a un tas de livres.
e Dans mon dressing, [on the left], il y a mes chaussures et [on the right], il y a mes vêtements.
f [Between] mon bureau et mon armoire, il y a un fauteuil poire.

Prepositions are used for saying where something is:

derrière – behind
devant – in front (of)
sous – under
sur – on
à gauche/à droite – on the left/on the right
entre – between
en face – opposite/facing (it)
à côté – next to it/beside it

*L'ordinateur est **sur** le bureau.* – The computer is **on** the desk.

*Il y a un lit et une table de nuit **à côté**.* – There's a bed and a bedside table **beside it**.

Si clauses: the imperfect tense

Use *si* (if) with the **imperfect tense** and the **conditional** to say what would happen if something else happened:

Si j'**étais** riche, j'**achèterais** un loft en ville.
If I **were** rich, I **would buy** a loft apartment in town.

To form the **imperfect tense**: find the *nous* form of the verb in the present tense, take off the *-ons* and add these endings:

avoir (*to have*)	
nous avons → ~~nous avons~~ → **av**	
j'av**ais**	nous av**ions**
tu av**ais**	vous av**iez**
il/elle/on av**ait**	ils/elles av**aient**

The main irregular exception is *être* (*to be*):

j'**étais**	nous ét**ions**
tu ét**ais**	vous ét**iez**
il/elle/on ét**ait**	ils/elles ét**aient**

Si clauses: the conditional

3 Copy and complete these sentences. Replace each infinitive with the imperfect tense (see page 140) or the conditional.

Exemple: **a** *Si je <u>gagnais</u> à la loterie, je <u>ferais</u> construire une maison écologique.*

a Si je [gagner] à la loterie, je [faire] construire une maison écologique.
b Si tu [avoir] de l'argent, tu [aimer] acheter une péniche sur la Tamise.
c S'il [être] riche, il [habiter] dans une villa.
d Si nous [avoir] un emploi bien payé, nous [acheter] un appartement en ville.
e Si vous [habiter] dans la campagne africaine, vous [habiter] dans une hutte en terre.
f Elles [vouloir] acheter un chalet en montagne, si elles [gagner] beaucoup d'argent.

4 Translate a–f from activity 3 into English.

The conditional is formed by adding the imperfect tense endings (see page 140) to the infinitive.

Regular verbs (-*er* and -*ir*)	
habiter (*to live*)	
j'habiter**ais**	nous habiter**ions**
tu habiter**ais**	vous habiter**iez**
il/elle/on habiter**ait**	ils/elles habiter**aient**
Acheter adds an accent: *j'ach**è**terais*	

-*re* verbs drop the final -*e*	
vendre (*to sell*)	
je vendr**ais**	nous vendr**ions**
tu vendr**ais**	vous vendr**iez**
il/elle/on vendr**ait**	ils/elles vendr**aient**

Some irregular verbs	
j'aur**ais** (*I would have*)	j'ir**ais** (*I would go*)
je ser**ais** (*I would be*)	je voudr**ais** (*I would like*)
je fer**ais** (*I would do*)	

Super Strategies

Use these strategies with activities 4–5 on page 131.

Regardless of the task, combining Super Strategies can really help. When you are reading, **look for cognates** and use them in combination with **what you already know, your knowledge of the world** and **the context**. For example:

- Use the cognate *igloo* in combination with what you know igloos are made of. This should help you to work out the meaning of *blocs de neige compacte*.

- Take the cognate *cabane* (which is like 'cabin') and think of the context (Haiti is quite a poor country). This helps you to work out that *cabane* may not mean what you first thought.

- Now use your **dictionary skills** to zoom in on anything you still don't know or can't guess.

Pronunciation: *i* and *y*

5 Read aloud these sentences. How many long 'ee' sounds are there? Listen to check.

The letters *i* and *y* make the same sound in French: a long 'ee' sound.

a J'habite sur une péniche sur la rivière, à Paris.
b Il y a une cuisine et derrière, il y a une buanderie. C'est très pratique.
c Le bidonville? J'y habite depuis six ans et demi.
d Si j'étais riche, j'habiterais dans un loft en ville. C'est très chic, à mon avis.

8.7 Extra Star

- Vocabulary: identify and give information about where people live
- Grammar: work with different structures from the unit
- Skills: practise reading for detail

Unscramble these words and match them to the pictures. Write the words out correctly.

Exemple: **1** *c – une lampe de bureau*

1 une ampel ed baurue
2 un agérète
3 un til
4 une cashie tantipove
5 un dior
6 un faulutie ripoe

What do you have in your room? What would you like to have? Copy and complete these sentences.

Exemple: *Dans ma chambre, j'ai un lit, ... et ...*

a Dans ma chambre, j'ai ... et ...
b Dans la chambre de mes rêves, j'aurais ... et ...

Read Adam's description of his home and look at the plan.
Work out what each room is (1–15) and make a list in English.

Exemple: **1** *toilet,* **2** *...*

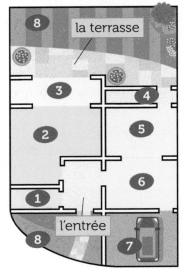

Au rez-de-chaussée

la terrasse

l'entrée

À l'étage

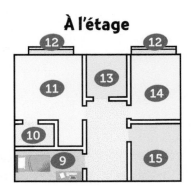

Au rez-de-chaussée, à gauche, il y a les WC et le séjour. Derrière le séjour, on a la véranda. Il y a la salle à manger en face des WC.
La cuisine est entre la salle à manger et la buanderie.
À l'étage, il y a le bureau ou la chambre d'amis, à gauche. En face, j'ai ma chambre. Derrière ma chambre, il y a la chambre de ma sœur. Je voudrais avoir un balcon comme ma sœur!
La salle de bains est entre la chambre de ma sœur et la chambre de mes parents. Mes parents ont un balcon et une salle de bains attenante!
Devant la maison, on a un petit jardin et un garage. Derrière, nous avons un grand jardin.

Describe where you live. You can make it up if you like!

Exemple: *J'habite dans ... Au rez-de-chaussée, il y a ...*

8.7 Extra Plus

- Vocabulary: identify and give detailed information about where people live
- Grammar: work with different structures from the unit
- Skills: combine strategies to work out meaning

C'est quelle pièce? Écris en français.

Exemple: **a** *la chambre de ma sœur*

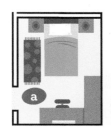

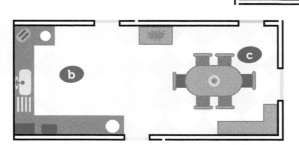

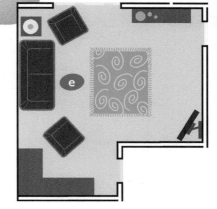

Lis l'article de Basile et réponds aux questions en anglais.

Exemple: **a** *In a big old brick house, ...*

a Give details about where Basile lives.
b Where would he live if he had the money?
c Where would his dream home be? Why?
d Where are the most environmentally friendly homes often found? Give **three** examples.
e Which **three** types of environmentally friendly homes are mentioned?
f According to Basile, what is the ultimate environmentally friendly home? Give details about it.

Dessine la maison de tes rêves (ou trouve une photo) et écris la description.

Exemple: Quand je pense à la maison de mes rêves, j'imagine ...

Try to include:
- type of home: *un loft en ville, ...*
- rooms/floors: *une grande cuisine, à l'étage ...*
- sequencers: *d'abord, ensuite, pour finir ...*
- prepositions: *à côté, à gauche, derrière ...*
- si clauses: *si j'avais de l'argent, ...*
- conditional verbs: *il y aurait, ce serait ...*

Moi, j'habite dans une grande et vieille maison en brique. J'y habite depuis l'enfance.
Si j'avais de l'argent, j'habiterais dans une maison écologique construite en bois. Ma maison écolo serait équipée de sources d'énergies renouvelables. La maison de mes rêves serait dans une forêt parce que j'adore faire des randonnées et respirer l'air pur. Les maisons les plus écologiques se trouvent souvent ailleurs dans le monde. D'abord, en Mongolie, il y a les tentes traditionnelles qui s'appellent des yourtes, construites avec des matériaux naturels. Puis, dans la campagne africaine, il y a les huttes en terre. Et pour finir, au nord du Canada, quand ils voyagent pour la chasse, les Inuits habitent dans des igloos construits avec des blocs de neige. À mon avis, un igloo, c'est la meilleure maison écologique car il n'a aucun impact sur l'environnement.

Basile

8.8 *Lire*

La case des jours de pluie

1 Les animaux de la brousse décident de construire une grande case pour s'abriter les jours de pluie. Mais le lièvre dit qu'il est malade, et il ne vient pas aider. Les animaux terminent la case. Trois jours plus tard, la pluie commence à tomber. Le lièvre arrive en courant pour s'abriter, mais les animaux, en colère parce qu'il n'a pas aidé, ne le laissent pas entrer.

2 La pluie s'arrête, le soleil revient, et les animaux quittent la case pour chercher leur nourriture. Cinq jours plus tard, la pluie recommence à tomber. Cette fois, le lièvre arrive le premier dans la case, et il a avec lui une très grosse flûte. Caché derrière la porte, il joue de la flûte avec violence. Les autres animaux ont peur. Ils restent à bonne distance et n'entrent pas.

3 L'éléphant envoie le singe pour voir ce qu'il y a dans la case. Le singe approche, entend la flûte et s'enfuit. L'éléphant envoie alors le chat, parce qu'il ne fait pas de bruit quand il marche. Le chat approche doucement … mais il entend la flûte et s'enfuit, comme le singe. L'éléphant envoie alors la hyène. La hyène n'est pas courageuse et n'approche pas de la case. Elle entend la flûte de loin et elle s'enfuit, comme le singe et le chat.

4 « Bien, dit l'éléphant. Il faut abandonner la case. C'est trop risqué. »

5 Depuis ce jour, le lièvre a une grande case à lui tout seul pour s'abriter les jours de pluie.

la case	hut
s'abriter	take shelter
le lièvre	hare
en colère	angry
s'enfuir	to run away

Read the story. Choose a heading (a–e) for each paragraph (1–5).

Exemple: **1** *c*

- **a** Le lièvre est à l'abri quand il pleut
- **b** Des animaux pas très courageux
- **c** Les animaux s'irritent contre le lièvre
- **d** La décision de l'éléphant
- **e** Le lièvre se cache dans la case

> This is adapted from a traditional story from Burkina Faso. Traditional stories are very important here. They are often about animals and teach lessons about life.

Find these phrases in French in the story.

Exemple: **a** *commence à tomber*

- **a** starts to fall
- **b** comes running
- **c** he didn't help
- **d** hidden behind
- **e** are afraid
- **f** he doesn't make any noise
- **g** from afar

Answer the questions in English.

- **a** Why doesn't the hare help the other animals build the hut?
- **b** Why won't the other animals let the hare inside the hut?
- **c** Why do the animals leave the hut when the rain stops?
- **d** Explain the difference between what the monkey and the cat do and what the hyena does.

8.8 *Vidéo*

L'art de la rue

1 **Regarde l'épisode 8. Qui aime ça (a–f) à Montpellier? C'est Clarisse ou Thouraya?**

Exemple: **a** *Thouraya*

a l'art de la rue
b le centre historique
c les immeubles anciens
d les peintures murales
e les petites rues
f les trompe-l'œil

2 **Julie parle de quoi? Trouve les paires.**

Exemple: **a** *des petites choses artisanales, par exemple des bijoux*

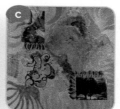

> une grande feuille de papier   des petites choses artisanales, par exemple des bijoux
> des plantes pour la chevelure   des peintures   des T-shirts   un visage

3 **Recopie le texte et choisis les bons mots.**

Exemple: Julie est artiste. Elle fait de la peinture depuis <u>longtemps</u> ...

> Julie est artiste. Elle fait de la peinture depuis longtemps / neuf ans. Elle a étudié la mode / l'art plastique pendant un an. Son projet aujourd'hui, c'est de coller un visage sur une maison / un tableau. Ce visage est noir et blanc, sans / avec des couleurs pour les yeux. Pour faire les yeux / les cheveux, elle utilise des plantes. Julie crée d'autres choses, par exemple des bijoux / des meubles, de la sculpture, des T-shirts. Elle vend ses créations dans une boutique / sur les marchés. Julie aime Montpellier car il y a beaucoup de jardinières / d'art de la rue.

| l'art plastique | *visual arts* |
| une jardinière | *window box* |

4 **Imagine que ton groupe va créer une peinture murale dans ta ville ou ton village.**

- Discuss what you will paint for your mural: *On pourrait peindre ... parce que ...*
- Which colours will you use? *On pourrait utiliser ...*

8.9 Test

1 **Listen to Quentin and answer these questions in English. (See pages 130–137.)**

Exemple: **a** *a semi-detached house*

a What kind of house does Quentin live in?
b How long has he lived there?
c Where did he used to live?
d Where does he prefer living? Give **two** reasons.
e List **four** rooms in Quentin's house.
f What would he like his current house to have?
g What would his dream house be like? Give as many details as you can.

2 **Take a standpoint for or against sharing a bedroom. Argue your case in a debate. (See pages 134–135.)**

Exemple: *Je suis pour/contre partager ma chambre ...*

- Give three arguments to support your standpoint.
- Try to include at least one past tense and a verb in the conditional.

3 **Read Sofia's text and answer the questions in English. (See pages 130–137.)**

Exemple: **a** *two young people, a boy and a girl, who live in ...*

a What did Sofia see in a photo today?
b Why does she think she is lucky?
c Describe the ground floor of Sofia's house.
d Describe the upstairs.
e What positive and negative things does Sofia say about her room?
f When Sofia was little, how did she imagine her dream house? What is different about her dream house now?

4 **Write about where you live and compare it to your dream home. (See pages 130–137.)**

You could include:
- what kind of house you live in, where it is and how long you've lived there: *J'habite dans ... depuis ...*
- a description of your home: *Au rez-de-chaussée, il y a ...*
- a description of your room. Say whether you share or have your own room: *Dans ma chambre, j'ai ... Je (ne) partage (pas) ...*
- a description of your dream home: *Par contre, la maison de mes rêves serait ... Si j'étais riche, je voudrais ...*

Remember: the more you can develop your answers, the better your work will be.

Aujourd'hui, j'ai vu une photo d'une jeune fille et sa petite sœur qui habitent dans une cabane dans un bidonville de Port-au-Prince, en Haïti. Elles y habitent depuis quatre ans.

Alors, j'ai réalisé que j'ai de la chance parce que j'habite en sécurité dans une petite maison à deux étages. Au rez-de-chaussée, il y a la cuisine, le séjour et la salle à manger. À l'étage, il y a deux chambres et la salle de bains. Je partage ma chambre avec ma sœur alors je n'ai pas d'espace privé mais c'est confortable et assez grand pour nous deux.

Quand j'étais petite, la maison de mes rêves était une grande et belle maison où j'avais une chambre à moi. Aujourd'hui, je n'aime pas penser qu'il y a des gens qui habitent dans des cabanes, par exemple. Si j'avais de l'argent, je ferais construire une maison pour ces deux jeunes en Haïti. Ce serait la maison de mes rêves!

Sofia

Homes around the world

Où habites-tu?	*Where do you live?*
J'habite dans …	*I live in …*
un appartement.	*a flat.*
une cabane.	*a shack.*
une caravane.	*a caravan.*
une hutte en terre.	*a mud hut.*
un igloo.	*an igloo.*
une maison jumelée.	*a semi-detached house.*
une yourte.	*a yurt.*
J'habite sur une péniche.	*I live on a houseboat.*

Describing a house

Il y a/On a/Nous avons …	*There is/We have …*
la buanderie	*the utility room*
ma chambre	*my bedroom*
la chambre d'amis/le bureau	*the guest room/the study*
la chambre de mes parents/ mon frère/ma sœur	*my parents'/brother's/ sister's room*
la cuisine	*the kitchen*
l'entrée	*the entrance/hallway*
le garage	*the garage*
le jardin	*the garden*
la salle de bains	*the bathroom*
la salle à manger	*the dining room*
le séjour	*the living room*
la véranda	*the conservatory*
les WC	*the toilet*
au rez-de-chaussée	*on the ground floor*
à l'étage	*upstairs*
à gauche/droite	*on the left/right*
en face/à côté	*opposite/beside*
entre … et …	*between … and …*
d'abord/après/pour finir	*first/after/finally*
puis/ensuite	*then/next*

Describing a bedroom

Dans ma chambre, il y a …	*In my room, there is …*
un bureau	*a desk*
une chaise pivotante	*a swivel chair*
une console de jeux vidéo	*a games console*
une étagère	*a set of shelves*
un fauteuil poire	*a beanbag*
une lampe de bureau	*a desk lamp*
une lampe de chevet	*a bedside lamp*
un lit	*a bed*
un ordi	*a computer*
une table de nuit	*a bedside table*
sur	*on*
sous	*under*
devant	*in front of*
derrière	*behind*

Sharing a room

Je (ne) partage (pas) ma chambre.	*I (don't) share my room.*
J'ai une chambre à moi.	*I have my own room.*
Je suis pour/contre parce que …	*I'm for/against it because …*
Ça rapproche.	*It brings you together.*
On rigole.	*You have fun.*
On apprend à cohabiter.	*You learn to live together.*
On n'est jamais seul.	*You're never alone.*
On se dispute.	*You argue.*
C'est facile/difficile pour les devoirs.	*It's easy/hard to do your homework.*
On a un espace privé.	*You have a private space.*
On est obligé de supporter les mauvaises habitudes de l'autre.	*You have to put up with the other person's bad habits.*

My ideal home

Si j'étais riche, …	*If I were rich, …*
Si j'avais de l'argent, …	*If I had money, …*
Si je gagnais à la loterie, …	*If I won the lottery, …*
Si j'avais un emploi bien payé, …	*If I had a well-paid job, …*
j'aimerais acheter …	*I would like to buy …*
je voudrais faire construire …	*I would like to build/have built …*
j'achèterais …	*I would buy …*
j'habiterais dans …	*I would live in …*
un loft en ville.	*a loft apartment in town.*
une maison sur la plage.	*a beach house.*
un chalet à la montagne.	*a chalet in the mountains.*
une grande villa.	*a big detached house.*
une ferme à la campagne.	*a farm in the countryside.*

◎ Grammar and skills: I can…

- ◉ use *-er* and *-re* verbs in the present tense
- ◉ use the present tense with *depuis*
- ◉ use *y*
- ◉ use prepositions
- ◉ use *si* clauses (imperfect tense and conditional)
- ◉ use translation strategies
- ◉ use strategies to memorise difficult language
- ◉ combine Super Strategies (knowledge of cognates/context, dictionary skills)

9.1 Quel métier fais-tu?

- Vocabulary: talk about jobs and the qualities needed for certain jobs
- Grammar: use masculine and feminine forms of jobs
- Skills: ask and answer questions; use Super Strategies

 LIRE 1

Trouve les paires.

Exemple: **1** d

a	archéologue	e	médecin
b	journaliste	f	chef cuisinier
c	réalisateur/réalisatrice	g	chirurgien/chirurgienne
d	photographe	h	vétérinaire

Les huit métiers les plus populaires

 ÉCOUTER 2

Écoute et vérifie.

PARLER 3

À deux: « Quel métier fait ton père? Quel métier fait ta mère? » Inventez! Utilisez les photos de l'activité 1.

Exemple:
  A *Quel métier fait ta mère?*
  B *Elle est chirurgienne.*
  A *C'est la photo 8.*
  B *Oui, c'est ça. Quel métier fait ton père?*
  A *Il est ...*

⚙ Grammaire p.166

Job titles

In French, *un/une* is not used with job titles:
Je suis vétérinaire. – I am **a** vet.

Some job titles have a **masculine** form and a **feminine** form:

réalisa**teur** → réalisa**trice**	
coiff**eur** → coiff**euse** (*hairdresser*)	
chirurg**ien** → chirurg**ienne**	
infirm**ier** → infirm**ière** (*nurse*)	

4 Lis le texte de Sami. Trouve les expressions a–h en français.

Exemple: **a** *J'ai toujours aimé*

a I have always liked
b I didn't want to work in an office all the time
c it is a job which is quite tiring
d which requires a lot of energy
e to be a journalist
f you have to be creative
g the essential quality is
h you have to have courage

Je suis journaliste. Je travaille pour Reporters Sans Frontières. J'ai toujours aimé voyager et je ne voulais pas travailler tout le temps dans un bureau alors j'adore mon métier.
Je prends des photos, j'écris des articles et je voyage beaucoup à l'étranger.
C'est un métier passionnant et très varié.
Par contre, c'est un métier qui est assez fatigant et qui demande beaucoup d'énergie.
Pour être journaliste, il faut être créatif mais je pense que la qualité essentielle est d'aimer le contact avec les gens. Il faut avoir du courage aussi parce qu'il y a des risques!

Sami

5 Écoute Lucie, Enzo et Camille. Recopie et remplis la grille en anglais.

	Parents' jobs	Opinion/Qualities needed	Job when younger
Lucie	Dad: video clips director Mum: ...	Dad likes it because ...	

6 Écris un paragraphe sur le métier d'une personne célèbre.

See page 159 for Super Strategies.

Exemple: *Barack Obama est président des États-Unis. C'est un métier qui est ...*

➕ **Add what job they did when they were younger:**
Quand Barack Obama était plus jeune, il ...

7 À deux: le jeu des dix questions! Qui suis-je?
Imagine you are the person you wrote about in activity 6. Your partner asks questions to work out who you are!
See page 159 for Super Strategies.

Exemple: **A** *(pense à Barack Obama)*
B *Alors, où habites-tu?*
A *J'habite aux États-Unis.*
B *Tu travailles où?*
A *Euh ... je travaille chez moi, dans un bureau ...*
B *Tu es auteur?...*

Il/Elle travaille dans ...
　un cabinet médical/un bureau/
　un restaurant/une piscine.
C'est un métier qui est ...
　passionnant/stressant/varié/fatigant.
C'est un métier qui demande ...
　du courage/de l'énergie.
Pour être ..., il faut ...
　... avoir de la patience.
　... être créatif.
　... aimer voyager.
　... aimer le contact avec les gens.

Asking questions

Try to use different structures, such as inversion, *Est-ce que* and question words. Don't forget rising intonation!

Où habites-tu? Tu travailles où? Depuis quand fais-tu ton métier?

Est-ce que ton métier est stressant? Quelles qualités sont nécessaires?

Quand tu étais plus jeune, tu travaillais/habitais où?

Plenary

With your partner, recap what you have learnt in this unit.

⭐ Name a job. Your partner adds the qualities needed.

◎ Think of an adult you know. Say what job they do and add the qualities needed.

➕ Add where this person used to work when they were younger.

- Vocabulary: talk about ideal jobs
- Grammar: revise the imperfect tense and the conditional; use different tenses together
- Skills: improve speaking and writing

1 Lis. C'est qui?

Exemple: **a** Robin

Le métier de mes rêves!

Quand j'avais six ans, je voulais devenir footballeur professionnel mais maintenant, j'aimerais travailler dans le domaine médical. Mon rêve serait d'être chirurgien parce que je voudrais aider les gens malades. **Robin**

Quand j'avais dix ans, je voulais devenir pompier comme mon papa mais j'ai pensé que ce serait très difficile. Maintenant, je pense que je préférerais être vétérinaire parce que j'aimerais travailler en Afrique avec les animaux sauvages. **Sacha**

Moi, quand j'étais petite, je voulais être astronaute et partir dans l'espace mais ce n'était pas très réaliste! Aujourd'hui, j'aimerais être photographe parce que c'est un métier artistique. Je voudrais travailler pour un grand journal. **Salomé**

Who ...
- **a** wanted to be an astronaut?
- **b** would like to be a vet?
- **c** wanted to be a firefighter?
- **d** would like to be a surgeon?
- **e** would like to work for a newspaper?
- **f** wanted to be a professional footballer?

◎ Find **three tenses** and the **conditional** in the article above: *Imperfect: j'avais, ...*

✚ Translate what Sacha says.

2 Écoute les interviews (1–4). Recopie et **remplis la grille en anglais.**

pilot ~~teacher~~ ~~dancer~~ dentist
pastry chef   doctor   writer

	Wanted to be	Would like to be
1	dancer	English teacher

◎ Note down any extra information.

✚ Transcribe what Anaïs says.

⚙ **Grammaire** p.168–170 WB p.39, p.41–42

The imperfect tense and the conditional

Imperfect	Conditional
j'étais (*I was*)	je serais (*I would be*)
j'avais (*I had/used to have*)	j'aurais (*I would have*)
je voulais (*I wanted/used to want*)	je voudrais (*I would like*)
je préférais (*I preferred/used to prefer*)	je préférerais (*I would prefer*)

3 **Lis le texte de Jémilie. Trouve et note les mots 1–8. Utilise les mots de la boîte.**

Exemple: 1 *étais*

| actrice | voulait | travailler | ~~étais~~ | réalisatrice |
| professeur | aimerais | écrivain | | |

Quand j' 1 _____ petite, j'adorais le théâtre et je rêvais d'être 2 _____ et de devenir célèbre! Je voulais jouer dans tous les théâtres du monde et 3 _____ à la télévision parce que je voulais être star d'une série. Ma sœur Charlotte 4 _____ écrire des pièces de théâtre comme Shakespeare et être 5 _____ ! Maintenant, elle a changé d'avis. Elle voudrait aller à la fac et être 6 _____ de français parce qu'elle adore la littérature. En plus, elle veut travailler avec des jeunes.
Moi, je voudrais aller dans une école de cinéma parce que plus tard, j' 7 _____ faire des films et être 8 _____ .
Mon copain Luc ne veut pas aller à la fac. Il préférerait travailler tout de suite après le bac parce qu'il voudrait gagner de l'argent.

Jémilie

elle a changé d'avis *she changed her mind*
aller à la fac *to go to uni*
le bac (baccalauréat) *baccalaureate*

Translate the highlighted phrases into English.

4 **Sondage. Pose les questions 1 et 2 à cinq personnes. Note les réponses.**

1 Qu'est-ce que tu voulais faire quand tu étais petit(e)? Pourquoi? *Quand j'étais petit(e), je voulais être … parce que …*

2 Qu'est-ce que tu aimerais faire comme métier plus tard? Pourquoi? *J'aimerais/Je voudrais être … parce que …*

5 **Qu'est-ce que tu voulais faire quand tu étais petit(e)? Et maintenant? Écris un article.**

Exemple: Quand j'avais dix ans, je rêvais d'être …

◎ **Say what your friend used to want to do and what he/she would like to do now:** *Mon copain/Ma copine voulait …*

➕ **Add the qualities needed for each job:** *C'est un métier qui demande de la patience …*

Quand j'avais dix ans, Quand j'étais petit(e),	je voulais je rêvais de/d'	devenir/être/travailler …
Maintenant,	j'ai changé d'avis/je pense que … parce que …	
Plus tard,	j'aimerais je voudrais je préférerais	aller/être/travailler/voyager … parce que/car …

Improving your speaking and writing

- Use a variety of tenses and structures.
- Add connectives to link your ideas in an interesting way.
- Express and justify opinions.
- When speaking, use 'fillers' to give yourself time to think: *Alors, je pense que … Bon, d'accord … Moi, je ne sais pas mais … euh …*

Plenary

Work with your partner and focus on **perfect** pronunciation!

★ Name at least five jobs you have come across in this unit.

◎ Add what you would like to do and explain why.

➕ Add what you wanted to do when you were younger.

Support each other with helpful feedback.

9.3 Grandes ambitions!

- Vocabulary: talk about ambitions
- Grammar: use *si* clauses (imperfect tense and conditional)
- Skills: use translation strategies

ÉCOUTER 1

Écoute l'interview de Maëlle.
Mets les phrases a–h dans le
bon ordre.

Exemple: f, …

Maëlle

Si je gagnais des millions, …

a … **je créerais** des centres pour les animaux en danger.
b … **j'aurais** un studio d'enregistrement chez moi.
c … **je donnerais** de l'argent à des associations caritatives.
d … **j'aurais** une Ferrari avec chauffeur et **j'achèterais** un jet privé.
e … **je construirais** des écoles en Afrique.
f … **je ferais** le tour du monde avec ma famille.
g … **j'achèterais** des téléphones portables à toute ma famille.
h … **j'organiserais** des méga-fêtes pour mes copains.

⭐ How many connectives do you hear? Can you spot
the French for 'Don't mention it'?

◎ Why does Maëlle want a recording studio?

➕ Translate a–h into English.

PARLER 2

Pose la question à ton/ta partenaire. A ↔ B.

Exemple: **A** *Si tu gagnais des millions, qu'est-ce que
tu ferais?*
B *Si je gagnais des millions, je/j'…*

◎ **Give reasons:** *… parce que j'adore …*

 Grammaire p.168–170
WB p.39, p.42

Si clauses

Two verb structures are used in a *si* clause:
the **imperfect tense** and the **conditional**:

*Si je **gagnais** des millions, j'**achèterais** …*
If I **won** millions, I **would buy** …

*Si j'**étais** premier ministre, je **créerais** …*
If I **were** prime minister, I **would create** …

---

3 Lis l'interview de Harim. Vrai, faux ou pas mentionné?

Exemple: **a** *vrai*

Harim

Mon rêve ... un jour

– Quel serait le métier de tes rêves, Harim?

– Je voudrais être premier ministre un jour! C'est mon ambition parce que j'aimerais changer le monde.

– Pourquoi c'est important pour toi?

– À mon avis, il est important d'aider les gens. Si je devenais premier ministre, ma priorité serait de créer des emplois et d'écouter les jeunes.

– Quelles autres décisions prendrais-tu?

– J'organiserais des grandes fêtes pour tous les enfants et je donnerais de l'argent à des associations caritatives parce que je pense qu'il est important d'aider les autres! Je construirais aussi des écoles et des hôpitaux pour aider les gens malades.

a Harim would like to be prime minister.
b His ambition is to have a private jet.
c He says it is important to help people.
d His priority would be to earn money.

e He would give money to a children's charity.
f He would build schools.
g He would work in a hospital.

★ **Correct the false statements.**

4 Écoute et lis le poème. Traduis en anglais.

> **Translation strategies**
> - Make sure you use the correct **tense** (present, past, future ...) and **person of the verb** (I, you, he, she, ...).
> - Pay attention to **adjectives** and little words like **connectives**.
> - **Read aloud** your translation to make sure it makes sense!

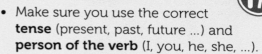

Si j'avais de l'argent, j'aurais beaucoup d'amis ...
  mais est-ce qu'on peut acheter l'amitié?
Si j'avais de l'argent, je serais intelligent ...
  mais est-ce qu'on peut acheter l'intelligence?
Si j'avais de l'argent, je ne serais jamais malade ...
  mais est-ce qu'on peut acheter la santé?
Si j'avais de l'argent, j'achèterais les océans et les montagnes ...
  mais est-ce qu'on peut acheter notre planète?
NON, tu ne pourras jamais acheter les plus belles choses avec de l'argent!

➕ **Add another verse in the same style.**

5 Complète les phrases 1 et 2. Écris <u>trois</u> ambitions pour chaque phrase.

Exemple: **1** *Si j'étais riche, j'aurais un jet privé. Puis, ... Pour finir, ...*

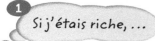
1 Si j'étais riche, ...

2 Si j'étais président(e), ...

◎ **Add reasons:** *... parce que j'adore les avions ...*

Plenary

A journalist from a local radio station needs some voice recordings of young people talking in French about money:

★ Make four statements about what you would do if you had the money.

◎ Add reasons for your choices.

➕ Add what you have done in the past for charity.

Working as a group, nominate the best speaker from your group. The class then votes for the four speakers with the most convincing accents to talk to the journalist.

9.4 Les petits boulots!

- Vocabulary: talk about part-time jobs
- Grammar: use *quand* with different tenses
- Skills: combine tenses to improve speaking and writing

 Lis et trouve les paires.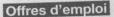

Exemple: **1** b

Offres d'emploi

On recherche:

1 vendeur/vendeuse
2 serveur/serveuse
3 plagiste
4 maître-nageur
5 jardinier/jardinière
6 baby-sitter

 Écoute et vérifie.

 Lis le texte d'Inès. Trouve et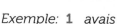
note les verbes 1–10.

Exemple: **1** *avais*

> travaillais   travaillerai   ~~avais~~
> aimerais   aurai
> étais   a travaillé   avait
> ont travaillé   était

⭐ **Find connectives and time expressions in Inès' text:** *de temps en temps (from time to time), ...*

◎ **Find verbs in four tenses (imperfect, perfect, future, present) and the conditional:** *Imperfect: avais, ...*

 Écoute et vérifie.

➕ **Translate Inès' text into English.**

Moi, quand j'**1**   treize ans, je **2**   de temps en temps. J'**3**   baby-sitter pour ma tante. Je gardais mon cousin qui **4**   huit ans et je gagnais un peu d'argent de poche.

L'été dernier, mon frère, qui est plus âgé que moi, **5** tout le mois de juillet. Il **6**   vendeur de glaces sur une plage et son copain Eliot était plagiste – en plus, ils **7**   sur la même plage, c'était sympa!

Moi, l'année prochaine, quand j'**8**   seize ans, je pourrai travailler pendant les vacances parce que j'aurai l'âge légal. Si je peux choisir, j'**9** être vendeuse dans un magasin de vêtements parce que j'adore la mode, ou je **10**   dans un camping. Je ne veux pas travailler sur une plage comme mon frère parce que c'est trop fatigant. On verra!

Inès, 15 ans

ÉCOUTER 5 **Écoute l'interview de Paul. Vrai ou faux?**

Exemple: **a** *faux*

a Paul a quinze ans.
b Il travaille de temps en temps dans le jardin de sa grand-mère.
c Il fait aussi du baby-sitting. Il garde sa petite sœur.
d Quand il aura seize ans, il travaillera pendant les vacances.
e Il aimerait être maître-nageur.
f Il ne veut plus faire de baby-sitting.

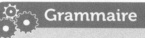

Paul

Correct the false statements.

Transcribe what Paul says.

PARLER 6 **Note tes réponses aux questions 1–3 et prépare une présentation. Tu peux inventer!**

1 Quel petit boulot as-tu fait? Quand? *L'année dernière, j'étais vendeur/vendeuse … J'ai travaillé …*
2 Quel petit boulot fais-tu en ce moment? *Je fais du baby-sitting …*
3 Quand tu auras seize ans, qu'est-ce que tu feras et pourquoi? *Quand j'aurai seize ans, je travaillerai …*

Answer questions 1–3 about a friend: *Quand il aura seize ans, mon copain Simon …*

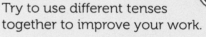

Grammaire p.168–170
WB p.34, p.39, p.41

Using *quand* with different tenses

- With the **imperfect tense**:
  *Quand j'**avais** treize ans, je **travaillais** …*
  When I was thirteen, I used to work …
- With the **future tense**:
  *Quand j'**aurai** seize ans, je **travaillerai** …*
  When I am sixteen, I will work …

ÉCRIRE 7 **Écris un article sur tes petits boulots.**
Try to use four tenses and the conditional, like Inès. Use the language box to help you.

Exemple: Moi, quand j'avais onze ans, je travaillais/j'étais …

Quand j'avais onze ans, Quand j'étais plus jeune,	j'étais … je faisais du baby-sitting. je travaillais pour …
L'été dernier/L'année dernière,	j'étais/j'ai fait/j'ai travaillé …
En ce moment,	je suis/je fais/je travaille …
Quand j'aurai seize ans, L'année prochaine,	je serai/je ferai/je travaillerai …

Using different tenses

Try to use different tenses together to improve your work.

Before you do activity 7, look back at activity 3, where Inès uses four tenses and the conditional:

- **imperfect**: *quand j'**avais** treize ans*
- **perfect**: *mon frère **a travaillé***
- **future**: *quand j'**aurai** seize ans*
- **present**: *si je **peux***
- **conditional**: *j'**aimerais** être vendeuse*

(See Workbook, page 43.)

Plenary

Before doing the medal tasks, discuss with your partner the use of *quand* with different tenses. Write down what you both think is the best way to remember this structure. Share it with two other students.

⭐ Make a sentence using *quand* in the imperfect tense.

◎ Add a sentence using *quand* in the future tense.

➕ Add a sentence using the perfect tense to say what job someone did last summer.

9.5 Échec et réussite

- Vocabulary: talk about success and failure
- Grammar: use different tenses
- Skills: use motivation strategies

 Lis le texte. Vrai, faux ou pas mentionné?

Exemple: **a** *faux*

La réussite après l'échec

Bill Gates et J. K. Rowling sont aujourd'hui riches et célèbres mais avant leur réussite, ils ont eu des problèmes.

Quand Bill Gates a créé sa première entreprise, il n'a pas eu beaucoup de succès. Puis, il a fondé Microsoft et il est devenu un des hommes d'affaires les plus riches du monde.

J. K. Rowling était une mère-célibataire qui n'avait pas beaucoup d'argent. Elle a écrit les histoires d'Harry Potter et elle a vendu plus de 450 millions de livres. Elle est devenue un des écrivains les plus célèbres du monde.

Bill Gates et J. K. Rowling ont réussi parce qu'ils étaient déterminés, motivés, courageux et passionnés par ce qu'ils faisaient. Ils n'ont jamais abandonné leurs rêves! La détermination, le talent, l'intelligence et le courage sont essentiels pour réussir.

a After becoming rich and famous, Bill Gates and J. K. Rowling had problems.
b The first business founded by Bill Gates was a great success.
c Microsoft was founded by Bill Gates.
d J. K. Rowling was a single mother.
e She had three children.
f She made over £450 million.
g You need patience to succeed.

 Traduis le texte de l'activité 1 en anglais.

Exemple: *Bill Gates and J. K. Rowling are rich and famous today ...*

Motivation strategies

What do Bill Gates and J. K. Rowling have in common? They have **Super Strategies** for motivating themselves! These Super Strategies can also help you to learn French:

- Don't give up.
- Don't be afraid to make mistakes.
- Keep reminding yourself of what you have achieved so far.
- Don't panic.
- If you don't succeed at first, try again, but in a different way.

 Écoute (1–3). Eliot, Alice et Pierre parlent des personnalités qu'ils admirent. Recopie et remplis la grille en anglais.

Who?	Qualities	Problems in life?
1 *Einstein*		

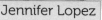
Jennifer Lopez

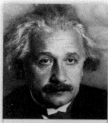
Albert Einstein

Vincent Van Gogh

PARLER 4

Choisis une personnalité, fais des recherches et réponds aux questions. Utilise les expressions soulignées.

1 Tu as choisi quelle personnalité? Pourquoi?

> J'ai choisi Einstein parce que c'était un homme très intelligent qui est devenu un grand scientifique. Je l'admire pour son intelligence et sa détermination.

2 Il/Elle a eu des difficultés dans sa vie?

> Oui, Einstein a eu des difficultés dans sa vie. Quand il était petit, il ne parlait pas et ses professeurs disaient qu'il était paresseux et qu'il n'était pas très intelligent.

➕ **Present your research and say what you want to achieve.**

LIRE 5

Lis les opinions des trois jeunes. Ils parlent de quels titres (a–d)? 🔦

Which kinds of success (a–d) are important to each person?

a l'argent
b la famille et les amis
c les études
d un bon métier

Réussir, c'est quoi?

Pour moi, réussir, ce n'est pas avoir de l'argent ou un bon métier. À mon avis, le plus important, c'est d'avoir une famille et des amis qui t'aiment et qui seront toujours là pour toi. Si tu as de bons amis et une famille que tu aimes, tu seras heureux!

Sacha, 13 ans

Je pense que, si on fait des études, on aura un bon métier et on gagnera de l'argent plus tard donc on pourra acheter une maison et une voiture. À mon avis, réussir, c'est faire des études, avoir un bon travail et gagner de l'argent!

Noémie, 14 ans

Pour ma part, réussir, c'est avoir un métier qu'on aime parce que, si on aime son métier, on travaillera plus et on sera heureux! Et puis, je crois qu'il faut travailler au lycée et avoir de bons résultats parce que c'est essentiel pour réussir dans la vie. L'année dernière, j'ai eu mon brevet et j'étais super content!

Mehdi, 14 ans

j'ai eu mon brevet   *I passed my 'brevet' (exam similar to GCSEs)*

◎ **Find four tenses in activity 5:** *Present:* *c'est, …*

➕ **Translate the three highlighted *si* clauses into English.**

ÉCRIRE 6

Complète les phrases 1–4 et écris un paragraphe: « Réussir, c'est quoi pour toi? » 🔦

1 Pour moi, réussir, c'est …
2 Réussir, ce n'est pas …
3 Pour réussir, il faut …
4 Pour réussir, il est essentiel de/d'…

◎ **Use a *si* clause and a future tense:** *Si on a des amis, ils seront là …*

Plenary

In a group, discuss briefly what 'success' is for you. After doing the medal tasks, write on a sticky note a target that you would like to achieve, add today's date and hand it in to your teacher!

⭐ Say what the most important thing is for you to succeed in life.

◎ Add a reason for your choice. Use a *si* clause in your response.

➕ Add an example of a famous person who overcame problems and explain why they were successful.

Job titles

1 **Translate these sentences into French.**

Exemple: **a** *Mon père est …*

a My father is a doctor.
b She is an actress.
c My sister is a hairdresser.
d My mother is a solicitor.
e My brother is a nurse.
f Are you a vet?

In French, *un/une* is not used with job titles:

Je suis professeur. – I am **a** teacher.

Some job titles have a **masculine** form and a feminine form:

Masculine	Feminine	
-teur	-trice	il est ac**teur** → elle est ac**trice** (*actor*)
-eur	-euse	il est coiff**eur** → elle est coiff**euse** (*hairdresser*)
-ien	-ienne	il est chirurg**ien** → elle est chirurg**ienne** (*surgeon*)
-ier	-ière	il est infirm**ier** → elle est infirm**ière** (*nurse*)
-t	-te	il est avoca**t** → elle est avoca**te** (*solicitor*)

Some jobs don't change: *Il/Elle est professeur/médecin/vétérinaire.*

The imperfect tense and the conditional

- Use the **imperfect tense** to say what you **used to do** or to describe what someone or something **was like**.
- Use the conditional to say what you would do.
- In *si clauses*, you use them both together:
  Si j'étais riche, j'achèterais un jet privé.
  If I were rich, I **would buy** a private jet.
- They have the **same endings** but are formed in different ways.

2 **Put each infinitive into the imperfect tense or the conditional. Write out the sentences.**

Exemple: **a** *Si j'étais célèbre, je …*

a Si j'[être] célèbre, je [gagner] beaucoup d'argent.
b Si j'[avoir] seize ans, je [travailler] pendant les vacances.
c Si mon père [être] premier ministre, il [créer] des écoles.
d Si je [gagner] des millions, j'[avoir] un jet privé et je [faire] le tour du monde.

Imperfect tense

Take the *nous* form of the verb in the present tense, remove the *-ons* and add these endings:

avoir → ~~nous avons~~ → **av**	
j'av**ais**	nous av**ions**
tu av**ais**	vous av**iez**
il/elle/on av**ait**	ils/elles av**aient**

Être is irregular: *j'étais, tu étais, il/elle/on était …*

The conditional

Take the infinitive of the verb and add the same endings as above:

travailler (*to work*)	
je travailler**ais**	nous travailler**ions**
tu travailler**ais**	vous travailler**iez**
il/elle/on travailler**ait**	ils/elles travailler**aient**

Acheter adds an accent: *j'achèter**ais**, tu achèter**ais**, …*

Irregular verbs use the same endings but the stem is not the infinitive:

je serais (*I would be*)	je ferais (*I would do*)
j'aurais (*I would have*)	je voudrais (*I would like*)

Using *quand* with different tenses

3 Put each infinitive into the imperfect tense or the future tense. Write out the sentences.

Exemple: **a** *Quand j'<u>étais</u> plus jeune, je ...*

a Quand j'[être] plus jeune, je [vouloir] être footballeur.

b Quand mon père [être] jeune, il [travailler] sur une plage.

c L'année prochaine, quand j'[avoir] dix-huit ans, je [faire] le tour du monde.

d Demain, quand on [arriver] à Londres, on [aller] voir Big Ben.

Quand can be used with the **imperfect tense** or with the future tense:

*Quand j'**avais** dix ans, je ne **travaillais** pas.*
When I was ten, I didn't work.

Quand j'aurai seize ans, je travaillerai.
When I am sixteen, I will work.

To form the future tense:
Take the infinitive of the verb and add these endings:

travailler (*to work*)	
je travailler**ai**	nous travailler**ons**
tu travailler**as**	vous travailler**ez**
il/elle/on travailler**a**	ils/elles travailler**ont**

Irregular verbs use the same endings but the stem is not the infinitive:

je serai (*I will be*)	j'aurai (*I will have*)
je ferai (*I will do*)	j'irai (*I will go*)

Super Strategies

Use these strategies with activities 6 and 7 on page 149.

Remember that combining **Super Strategies** helps you, whatever the task.

Whether reading, writing or talking about your chosen person, try combining two or more of the following strategies:

- use your **background knowledge** of the person together with what you know about their job

- **zoom in** on useful structures and vocabulary from pages 148–149 that you can use
- **apply patterns** and grammar rules
- add extra detail to **personalise** your text – this helps you to remember it
- **use what you know** to overcome problems, for example use familiar language when you are stuck for the right word.

Pronunciation: tongue-twisters

4 Listen and repeat these tongue-twisters!

a
Les chaussettes de l'archiduchesse sont-elles sèches? Archi-sèches!

b
Pauvre petit pêcheur, prends patience pour pouvoir prendre plusieurs petits poissons.

c
Dans la gendarmerie, quand un gendarme rit, tous les gendarmes rient dans la gendarmerie.

d
Un pâtissier qui pâtissait chez un tapissier qui tapissait dit un jour au tapissier qui tapissait: vaut-il mieux pâtisser chez un tapissier qui tapisse ou tapisser chez un pâtissier qui pâtisse?

- Vocabulary: talk about jobs and ambitions
- Grammar: work with a range of structures from the unit
- Skills: identify language patterns

1 **Find the ten jobs in the word snake.**

Exemple: archéologue, ...

archéologuepremierministreprofesseurvendeusejournaliste

photographechanteurvétérinairemédecinplagiste

2 **Write out these sentences with the words in the correct order. Translate the sentences into English.**

Exemple: **a** *Ma mère est professeur et ... (My mother is a teacher and ...)*

a Ma / est / un / professeur / et / dans / travaille / mère / elle / collège / .
b Quand / il / père / jeune, / était / dans / mon / piscine / travaillait / une / .
c Pour / vétérinaire, / faut / animaux / être / aimer / les / il / .
d Quand / devenir / cinq / avais / voulais / footballeur / ans, / j' / je / .

3 **Read Benjamin's email and answer the questions in English.**

Exemple: **a** *because he has had a job for a week*

a Why is Benjamin happy?
b Where did he want to work?
c Where is he working?
d When did he start work?
e What did he eat?
f When is he hoping to work?
g If he has enough money what will he do?

Sujet: Mon petit boulot

Salut Marie!

Je suis super content parce que depuis une semaine j'ai un petit boulot! ☺

Je voulais travailler dans un magasin de vêtements mais en fait, je travaille dans une pâtisserie.

J'ai commencé le week-end dernier et j'ai adoré ma première semaine! C'était génial! En plus, j'ai mangé des gâteaux de temps en temps!

J'espère que je pourrai y travailler en août aussi parce que, si je gagne assez d'argent, je partirai en Angleterre avec des copains!

À plus!

Benjamin

4 **Write five suggestions to complete this sentence.**

Si je gagnais au loto, ...

Exemple: Si je gagnais au loto, j'achèterais une Porsche rouge.

9.7 Extra Plus

- Vocabulary: talk about jobs and ambitions
- Grammar: work with a range of structures from the unit
- Skills: identify language patterns; use more complex structures

1 **Ils font quel métier? Quelles qualités sont nécessaires?**

Exemple: **a** *Je suis chirurgien. Pour être chirurgien, il faut …*

2 **Trouve les paires et écris les phrases. Traduis les phrases en anglais.**

Exemple: **1** *c – Quand j'avais six ans, je voulais devenir danseuse. (When I was six, …)*

1 Quand j'avais six ans,	**a** demande beaucoup d'énergie.
2 Si j'étais riche,	**b** il faut aimer les gens.
3 Ma mère est médecin et	**c** je voulais devenir danseuse.
4 Pour être médecin,	**d** je donnerais de l'argent à des associations caritatives.
5 C'est un métier qui	**e** elle travaille dans un cabinet médical.

3 **Lis et réponds aux questions en anglais.**

Exemple: **a** *to become rich and famous*

a What was Océane's dream when she was ten?
b What does she say about Michael Jackson?
c What question does she ask about him?
d How has Océane changed her mind?
e What kind of job would she prefer?
f What would she do if she had a lot of money?
g What are Océane's plans for next year?

> Quand j'avais dix ans, je rêvais de devenir riche et célèbre comme Michael Jackson parce qu'il voyageait partout, il chantait, il dansait et il gagnait beaucoup d'argent. Je l'adorais … mais est-ce qu'il était heureux?
> Aujourd'hui, j'ai changé d'avis et je pense que l'argent n'est pas le plus important!
> Je préférerais avoir un métier qui est passionnant et enrichissant. Si j'avais beaucoup d'argent, j'aiderais des associations caritatives et je créerais des hôpitaux pour les enfants en Afrique.
> L'année prochaine, quand j'aurai seize ans, je travaillerai pendant les vacances. Si je peux, je ferai du travail bénévole.

Océane, 15 ans

4 **Traduis les phrases en français. Trouve les expressions dans l'Unité 9.**

Exemple: **a** *Mon père est médecin. Il …*

a My father is a doctor. / He works / in a hospital. / When / he was eighteen, / he was a lifeguard.
b When I am sixteen, / I will work / during the holidays. / I would also like / to travel / and go round the world.
c When I was ten, / I wanted to become a photographer. / I used to dream of working with animals / but now / I have changed my mind. / I would like to be a teacher / because I love children / but / I think it is a job / that needs / a lot of energy.

These two excerpts are from a French novel, *14–14*, by Silène Edgar and Paul Beorn. The book is about two boys, both aged 13, who live in the same French village but at different times: Adrien lives there in 2014 and Hadrien in 1914.
Do activity 1 <u>before</u> you read excerpt 1.

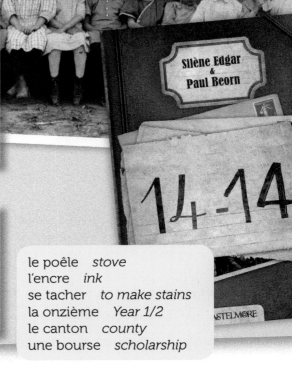

Silène Edgar & Paul Beorn

14-14

CASTELMORE

14–14

1 Depuis lundi dernier, l'école a repris […] Hadrien est heureux d'entrer tous les matins dans la petite salle qui tient lieu d'école pour les garçons, au-dessus du bureau du maire. Les filles ont cours dans une autre salle, avec leur propre maîtresse […] Le poêle ronronne. L'odeur d'encre fraîche, que le petit Marcelin verse dans les encriers en essayant de ne pas se tacher, donne le sourire à Hadrien. Il avait, lui aussi, été chargé de cette mission quand il était entré en onzième. À l'époque, c'était le vieux maître Pierre qui s'occupait de la classe. Maître Julien l'a remplacé il y a deux ans. […]

Next year, at 14, Hadrien will sit an examination, le certificat d'études:

2 C'est toute une affaire, il faut préparer l'examen avec soin, pendant plusieurs mois. Il se déroule fin juin, devant des maîtres de tout le canton et de beaux cadeaux sont offerts aux lauréats: livres, dictionnaires et compte à la Caisse d'épargne. Cela permet de devenir facteur, gendarme ou cheminot. Ou même d'intégrer le petit lycée de Laon, grâce à une bourse, puis le lycée pour un jour entrer à l'École des arts et métiers. C'est le rêve d'Hadrien: devenir ingénieur.

le poêle	*stove*
l'encre	*ink*
se tacher	*to make stains*
la onzième	*Year 1/2*
le canton	*county*
une bourse	*scholarship*

---

 1 In excerpt 1, it is January 1914 and Hadrien is back at school after the Christmas holiday. <u>Before</u> you read it, try to predict what might be mentioned (such as classmates, subjects …).

 2 Read excerpt 1. Did you predict correctly? Find the phrases that tell you about a–e. They are highlighted in yellow.

Exemple: **a** *maître Pierre, …*

a teachers
b Hadrien's classmates
c what the classroom looks like
d how the room is heated
e school equipment

 3 In excerpt 2, Hadrien talks about his future plans. Match phrases a–f to the phrases highlighted in blue.

Exemple: **a** *avec soin*

a carefully
b to be admitted to (high school)
c the dream
d quite a fuss
e successful candidates
f thanks to

 4 Read excerpt 2 again. Answer these questions in English.

a How long do pupils have to prepare for the exam?
b When does the exam take place?
c How are successful candidates rewarded?
d What jobs can they hope to do? (Name **three** jobs.)
e Where can they go if they want to carry on studying? (Name **three** places.)
f What job does Hadrien dream of?

9.8 *Vidéo*

Quiz: Le métier! 🎞️

Regarde le début de l'épisode 9. Les jeunes arrivent dans la salle de conférences de l'hôtel de ville. Qu'est-ce qu'on fait ici?

Relie les caractéristiques (a–m) aux quatre jeunes: Zaied, Thouraya, Maxime, Clarisse. Attention: <u>deux</u> caractéristiques correspondent à <u>deux</u> jeunes.

Exemple: <u>Zaied</u>: e, ...

a	aimer être célèbre	h	être créatif/créative
b	aimer la musique	i	être en forme
c	aimer les animaux	j	faire du sport
d	aimer l'histoire	k	être patient(e)
e	aimer manger/cuisiner	l	être scientifique
f	aimer voyager	m	aimer travailler avec les enfants
g	avoir de l'énergie		

Qu'est-ce que les quatres jeunes voulaient faire quand ils étaient petits? Et maintenant?

For each person, choose one job from a–h and one job from i–o.

Exemple: Zaied: e, ...

	Quand il/elle était petit(e) ...	Maintenant ...
Zaied Thouraya Maxime Clarisse	a archéologue b boxeur/boxeuse c chef d'entreprise d coiffeur/coiffeuse e footballeur professionnel/ footballeuse professionnelle f médecin g rock star h vétérinaire	i artiste j astronaute k chef cuisinier l musicien/musicienne m professeur d'éducation physique n professeur d'histoire o réalisateur/réalisatrice

Choisis un métier de l'activité 3. À ton avis, quelles qualités sont nécessaires pour faire ce métier? Aimerais-tu faire ce métier plus tard? Pourquoi?

Exemple: Moi, je choisis ... Pour faire ce métier, il faut être ...
J'aimerais être ... parce que ...

Listen (1–4). Four young people are being interviewed about their jobs. Copy and fill in the grid in English. (See pages 148–151 and 154–155.)

	Job	Likes/Dislikes it? Reasons?	Used to ...	Dream job
1	Journalist	Loves it because ...		

Prepare a presentation about jobs you used to do and your ambitions. (See pages 150–155.)

Mention:
- any jobs you did when you were younger: *Quand j'avais douze ans, je travaillais ...*
- what your ambitions used to be: *Quand j'étais plus jeune, je voulais ...*
- your ambitions now: *J'aimerais être ... parce que/qu'...*
- what you would do if you were rich or famous: *Si j'étais riche/célèbre, je voyagerais ...*

Read Karim's text and answer the questions in English. (See pages 148–153.)

Exemple: **a** *he wanted to be a singer because ...*

- **a** What did Karim's father want to do when he was young? Why?
- **b** What does his father do now?
- **c** When Karim was young, what did he want to be? Why?
- **d** What has he chosen to do now? Why?
- **e** What is his dream?
- **f** If he earns a lot of money, what will he do?

Imagine you are a famous person who has achieved success in the world of business, entertainment, sport or humanitarian work. Write a short magazine article about your career. (See pages 148–155.)

Include:
- what your first job was: *Quand j'avais ... ans, j'ai travaillé/fait ...*
- any other jobs you used to do when you were younger: *Je travaillais/faisais ...*
- what you are doing now: *En ce moment, je travaille/fais ...*
- your future plans: *L'année prochaine, ... Quand j'aurai/je serai ...*
- what you would like to do if you were a millionaire: *Si j'avais des millions, ...*

As well as using different tenses, remember to use connectives and give reasons and opinions.

Remember: the more you can develop your answers, the better your work will be.

Grandes ambitions!

Quand mon père était jeune, il voulait devenir chanteur parce qu'il rêvait d'être célèbre et de gagner beaucoup d'argent. Mais en fait, il est devenu professeur de musique et aujourd'hui, il travaille dans un collège. Il a beaucoup de patience – c'est important quand on est prof!

Moi, quand j'étais petit, je voulais être premier ministre parce que je voulais changer le monde et gagner des millions. Mais maintenant, j'ai changé d'avis parce que je sais qu'être ministre était juste un rêve.

Aujourd'hui, j'ai choisi de travailler dans le domaine médical parce que c'est un métier passionnant et enrichissant et parce qu'on aide les gens qui sont malades. En fait, mon rêve serait d'être médecin en Afrique. J'aimerais travailler pour Médecins Sans Frontières et aider les enfants malades.

Un jour, si je gagne beaucoup d'argent, je créerai aussi des écoles et des hôpitaux. J'espère que ce ne sera pas juste un rêve!

Karim

Jobs

Quel métier fait ton père/ ta mère?	What job does your dad/mum do?
Il/Elle est …	He/She is …
archéologue.	an archaeologist.
chef-cuisinier.	a chef.
chirurgien/chirurgienne.	a surgeon.
coiffeur/coiffeuse.	a hairdresser.
infirmier/infirmière.	a nurse.
journaliste.	a journalist.
médecin.	a doctor.
photographe.	a photographer.
réalisateur/réalisatrice.	a film director.
vétérinaire.	a vet.
Il/Elle travaille dans …	He/She works in …
C'est un métier qui est …	It's a job which is …
passionnant/varié.	fascinating/varied.
stressant/fatigant.	stressful/tiring.
C'est un métier qui demande …	It's a job which requires …
du courage/de l'énergie.	courage/energy.
Pour être …, il faut …	To be a(n) …, you have to …
avoir de la patience.	have patience.
être créatif.	be creative.
aimer voyager.	like travelling.
aimer le contact avec les gens.	like contact with people.

My ideal job

Quand j'étais petit(e), …	When I was little, …
Quand j'avais dix ans, …	When I was ten years old, …
je voulais être/devenir …	I wanted to be/become …
je rêvais d'être/de devenir …	I dreamt of being/becoming …
astronaute.	an astronaut.
danseur/danseuse.	a dancer.
écrivain.	a writer.
pâtissier/pâtissière.	a pastry chef.
pompier.	a firefighter.
footballeur/footballeuse professionnel(le).	a professional footballer.
Maintenant, j'ai changé d'avis.	Now, I've changed my mind.
Plus tard, …	Later, …
je préférerais/je voudrais/ j'aimerais …	I would prefer/I would like …
être/devenir …	to be/become …
travailler pour/avec …	to work for/with …

Ambitions

Si je gagnais des millions, …	If I won millions, …
Si j'étais riche, …	If I were rich, …
je ferais le tour du monde.	I would travel round the world.
je donnerais de l'argent à des associations caritatives.	I would give money to charities.
j'achèterais un jet privé.	I would buy a private jet.
je construirais des écoles en Afrique.	I would build schools in Africa.
je créerais des centres pour les animaux en danger.	I would set up centres for endangered animals.
j'aurais une Ferrari avec chauffeur.	I would have a Ferrari with a chauffeur.
j'aurais un studio d'enregistrement.	I would have a recording studio.
j'organiserais des méga-fêtes.	I would organise mega parties.

Part-time jobs

Quand j'avais treize ans, j'étais …	When I was thirteen, I was …
Quand j'étais plus jeune, j'étais …	When I was younger, I was …
baby-sitter.	a babysitter.
jardinier/jardinière.	a gardener.
maître-nageur.	a lifeguard.
plagiste.	a beach attendant.
serveur/serveuse.	a waiter/waitress.
vendeur/vendeuse.	a shop assistant.
Je faisais du baby-sitting.	I used to babysit.
Je travaillais pour …	I used to work for …
L'été dernier/L'année dernière, …	Last summer/Last year, …
j'ai fait/travaillé …	I did/worked …
En ce moment, …	At the moment, …
je suis/fais/travaille …	I am/do/work …
Quand j'aurai seize ans, …	When I'm sixteen, …
L'année prochaine, …	Next year, …
je serai/ferai/travaillerai …	I will be/do/work …

Grammar and skills: I can…

- use masculine and feminine forms of job titles
- use the imperfect tense and the conditional
- use *si* clauses
- use *quand* with different tenses
- use different tenses together
- use motivation strategies
- combine Super Strategies to help with different types of tasks

Grammaire

Nouns and articles

All French nouns are either masculine or feminine.

Le/La/Les are **definite articles**. They mean 'the'.
le livre – the book
la voiture – the car

Un/Une are **indefinite articles**. They mean 'a/an'.
un livre – a book
une voiture – a car

In the plural, the definite article is *les* and the indefinite article is *des*. You cannot omit *des*.
La France a des fleuves. – France has got (some) rivers.

	masculine	feminine	plural
definite article	le livre	la voiture	les livres les voitures
indefinite article	un livre	une voiture	des livres des voitures

Le or *la* in front of a vowel loses a letter.
l'uniforme – the uniform

The indefinite article is not used with job titles:
Je suis vétérinaire. – I am **a** vet.

Job titles often have a **masculine** form and a **feminine** form:
Il est coiffeur. / Elle est coiffeuse. – He is a hairdresser. / She is a hairdresser.
Il est réalisateur. / Elle est réalisatrice. – He is a film director. / She is a film director.

Partitive articles

You use the partitive articles *du, de la, de l'* or *des* to talk about unspecified quantities, for example with food.

	masculine	feminine
singular	du pain	de la salade
plural	des œufs	des chips

Use *de l'* for a singular word starting with a vowel: *de l'eau*.

You often use the partitive article after *faire*.
Je fais de la voile, du VTT et de l'athlétisme. – I go sailing, go mountain biking and do athletics.

After a negative verb, use *de* (*d'* in front of a vowel).
Je ne fais pas de voile. – I don't go sailing.
Je ne mange pas d'œufs. – I don't eat eggs.

Direct object pronouns

A pronoun is a word used instead of a noun or name. You can use the definite articles *le, la, l', les* (the) as direct object pronouns, meaning 'it', 'them'. They can also mean 'him', 'her' or 'them' when the object of the verb is a person or people.

The pronouns *me, te, nous* and *vous* are also direct object pronouns when they stand in for a direct object:

singular	me (*me*)	te (*you*)	le/la/l' (*it or him/her*)
plural	nous (*us*)	vous (*you*)	les (*them*)

The pronoun goes in front of the verb.

Le musée? Je le connais bien. – The museum? I know **it** well.
La prof de maths? Je la déteste. – The maths teacher? I can't stand **her**.
Ils me/te traitent comme un bébé. – They treat **me/you** like a baby.

Adverbs of quantity

plus de – more
moins de – fewer/less
beaucoup de – many/a lot
trop de – too many/much
assez de – enough
Elle a mangé trop de frites. – She ate **too many** chips.

Adjectives – agreement

Most adjectives agree with the noun they describe. Their sound and spelling change according to whether the noun is masculine or feminine, singular or plural. They add an *-e* in the feminine and an *-s* in the plural.

	masculine	feminine
singular	un petit chien	une petite maison
plural	deux petits chiens	deux petites maisons

If an adjective already ends in *-s*, it doesn't change in the masculine plural. This often happens with adjectives of nationality: *deux garçons français* – two French boys.

If an adjective already ends in *-e*, it doesn't change in the feminine singular: *une maison rouge* – a red house.

Some common adjectives follow different rules:

	masc. sing.	before vowel or silent *h*	fem. sing.	masc. plural	fem. plural
old	vieux	vieil	vieille	vieux	vieilles
new	nouveau	nouvel	nouvelle	nouveaux	nouvelles

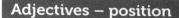
Adjectives – position

Most adjectives go after the noun, for example colour adjectives: *mon smartphone **bleu**, ma tablette **noire**.* There are some that go in front of the noun, such as *nouveau* (new) and *vieux* (old): *mon **nouveau** portable, mon **vieux** portable.*
Adjectives of size go in front of the noun too: *un **grand** écran, un **petit** écran.*

Adjectives used as nouns

You can turn an adjective into a noun by putting an article in front of it:
le nouveau – the new one
une vieille – an old one
les bleus – the blue ones
des grandes – some large ones

Adjectives – making comparisons

To form the **comparative**, follow this pattern:

plus (*more*)
moins (*less*) } + adjective + **que**
aussi (*as*)

*Le train est **moins** polluant **que** l'avion.*
– The train is **less** polluting **than** the plane.

To form the **superlative**, follow this pattern:

le/la/les + plus (*the most*)
le/la/les + moins (*the least*) } + adjective

*Paris est **la plus** grande ville de la France.*
– Paris is **the** biggest city in France.

The adjective must always agree with the noun.

Some adjectives have special comparative and superlative forms, which replace the usual adjective and are never preceded by *plus* or *moins*:

Adjective	Comparative and superlative
bon (*good*)	meilleur(e)(s) (*better, best*)
mauvais (*bad*)	pire(s) (*worse, worst*)

*Mon smartphone est **meilleur que** mon vieux portable.* – My smartphone is **better than** my old mobile.
*C'est la **meilleure** chanson de l'année.* – It's this year's **best** song.
*Pour les vacances écologiques, l'avion est **pire que** le train.* – For eco-friendly holidays, the plane is **worse than** the train.
*Ce sont mes **pires** résultats scolaires en trois mois!* – They are my **worst** school results in three months!

Negatives

ne ... pas – *not*	ne ... jamais – *never*
ne ... plus – *no more/no longer*	ne ... rien – *nothing*
ne ... ni ... ni ... – *neither ... nor ...*	

Put the negative expression around the verb:
*Je **ne** prends **pas** l'avion.* – I **don't** take the plane.

When *ne* comes before a vowel, it changes to *n'*:
*Je **n'**aime **plus** l'avion.* – I **no longer** like the plane.

Remember that *ne ... ni ... ni ...* is a three-part negative:
*Je **ne** prends **ni** l'avion **ni** le bateau.* – I take **neither** the plane **nor** the boat.

In the **perfect** and **near future tenses**, the negative goes around the auxiliary verb:
*Je **n'**ai **jamais** pris l'avion.* – I have **never** taken the plane.
*Je **ne** vais **pas** prendre le train.* – I'm **not** going to take the train.

The negative goes around modal verbs:
*Je **ne** veux **pas** prendre l'avion.* – I **don't** want to fly.

The negative wraps around an object pronoun or a reflexive pronoun and the verb:
*Ces documentaires sur la nature? Je **ne** les aime **pas**.* – Those documentaries about nature? I **don't** like **them**.
*On **ne** se parle **pas**.* – We **don't** talk **to each other**.

Constructions with the infinitive

To explain that something makes something happen, use *faire* followed by the infinitive of another verb. This is called a **dependent infinitive**:
*Ça me **fait danser**.* – It **makes** me **dance**.

When **verbs of preference** (such as *aimer, préférer, adorer* and *détester*) are used to express an attitude towards an action (a verb), the second verb is always in the infinitive:
*J'**adore regarder** les dessins animés.* – I **love to watch** cartoons. / I **love watching** cartoons.

Some verbs are followed by a **preposition**. The verb that follows the preposition is always in the infinitive:
*Je passe du temps **à écouter** de la musique en ligne.* – I spend time **listening** to music online.
*J'ai arrêté **de jouer** à des jeux vidéo.* – I have stopped **playing** video games.

Modal verbs such as *devoir* (must), *vouloir* (want) and *pouvoir* (can) are normally followed by an infinitive:
*Je **veux jouer** au tennis.* – **I want to play** tennis.

Grammaire

Present tense

There is only one present tense in French.

Je joue sur mon ordi. { I am playing on my computer.
I play on my computer.

In French, the present tense can be used to talk about an action that began in the past and is still happening.
J'habite à Paris depuis dix ans. – I **have been living** in Paris **for** ten years.
J'habite à Paris depuis l'âge de cinq ans. – I **have been living** in Paris **since** the age of five.

Regular -*er*, -*ir* and -*re* verbs

To form the present tense of regular -*er* verbs, replace -*er* with the correct ending.

There are a few small exceptions:
préférer (to prefer) – *je préfère*
acheter (to buy) – *j'achète*
payer (to pay) – *je paie*
manger (to eat) – *nous mangeons*
commencer (to start) – *nous commençons*

To form the present tense of regular -*ir* verbs, replace -*ir* with the appropriate ending.

To form the present tense of regular -*re* verbs such as *vendre* or *répondre*, replace -*re* with the correct ending.

Irregular verbs

For irregular verbs, see page 170.

Reflexive verbs

You use reflexive verbs to talk about an action you do to yourself. These verbs have an extra pronoun:
*Je **me** couche.* – I go to bed.
*Tu **te** lèves à quelle heure?* – What time do you get up?
*L'action **se** déroule en France.* – The action takes place in France.
*On **se** parle.* – We talk to each other.
*Nous **nous** amusons.* – We have fun.
*Vous **vous** protégez en ligne?* – Do you protect yourself online?
*Ils/Elles **se** disputent.* – They argue.

The pronouns *me, te* and *se* change to *m', t'* and *s'* before a vowel or silent *h*:
*Il **s'**inspire de la campagne.* – He is inspired by the countryside.

Past tenses

To talk about a completed action in the past, you use the **perfect tense** with the auxiliary *avoir* (in the present tense) and the past participle of the verb.
*J'**ai joué** au foot.* – I played football.

With some verbs, normally verbs of movement, you use the auxiliary *être* + past participle.
*Je **suis allé** au parc et j'ai joué au foot.* – I went to the park and I played football.

You use the auxiliary *être* with reflexive verbs too. With the auxiliary *être*, the past participle has to agree with the subject.
*Nous nous **sommes couchés** très tard.*
– We went to bed very late.
*Sophie et Anna **sont allées** à la piscine.*
– Sophie and Anna went to the swimming pool.

masculine singular	feminine singular	masculine plural	feminine plural
je suis allé	je suis allée	on est allés nous sommes allés	on est allées nous sommes allées
tu es allé	tu es allée	vous êtes allés	vous êtes allées
il est allé	elle est allée	ils sont allés	elles sont allées

You use the **imperfect tense** to talk about actions in the past which don't have a clear ending.

You use it to give a description or an opinion of a past experience.
*J'ai aimé mon voyage en France. C'**était** fantastique.* – I enjoyed my trip to France. It was fantastic.

It describes the way things used to be:
*On **écoutait** un tourne-disque.* – We used to listen to a record player.

Future tenses

You use the **near future** to say what is going to happen. It is formed with the present tense of *aller* followed by an infinitive.
Je vais organiser *une fête.* – **I am going to organise** a party.

You can also use the **future tense**, especially for plans further away into the future. For most verbs, you add the appropriate endings to the infinitive. If the infinitive ends with *-e*, take off the *-e* first.

With some irregular verbs (such as *être, avoir, faire, aller, voir, venir*), you still add the same endings, but the stem is not the infinitive.

With *quand* (when), you use the future tense in French.
Quand j'irai *en Angleterre, je prendrai le Shuttle.*
– **When I go** to England, I will take the Shuttle.

Conditional

The conditional is used to express possibility (would). It is formed by adding the imperfect tense endings to the same stem of the verb used with the future.
J'aimerais *acheter une grande maison.* – **I would like** to buy a large house.

In a conditional sentence expressing unreality, the verb in the main clause is in the conditional and the verb in the *si* clause is in the imperfect tense. The imperfect here isn't a past tense. It expresses an unreal situation.
Si ***j'étais*** *(imperfect) riche,* ***j'achèterais*** *(conditional) une grande maison.* – If **I were** rich, **I would buy** a large house.

You can also use the conditional + infinitive if you want to be more polite when suggesting an activity.
On pourrait *aller au cinéma?* – We could go to the cinema?

Regular *-er* verbs

jouer – to play	
present	**imperfect**
je joue	je jouais
tu joues	tu jouais
il/elle/on joue	il/elle/on jouait
nous jouons	nous jouions
vous jouez	vous jouiez
ils/elles jouent	ils/elles jouaient
future	**conditional**
je jouerai	je jouerais
tu joueras	tu jouerais
il/elle/on jouera	il/elle/on jouerait
nous jouerons	nous jouerions
vous jouerez	vous joueriez
ils/elles joueront	ils/elles joueraient
perfect j'ai joué	

Regular *-ir* verbs

finir – to finish	
present	**imperfect**
je finis	je finissais
tu finis	tu finissais
il/elle/on finit	il/elle/on finissait
nous finissons	nous finissions
vous finissez	vous finissiez
ils/elles finissent	ils/elles finissaient
future	**conditional**
je finirai	je finirais
tu finiras	tu finirais
il/elle/on finira	il/elle/on finirait
nous finirons	nous finirions
vous finirez	vous finiriez
ils/elles finiront	ils/elles finiraient
perfect j'ai fini	

Regular *-re* verbs

répondre – to answer	
present	**imperfect**
je réponds	je répondais
tu réponds	tu répondais
il/elle/on répond	il/elle/on répondait
nous répondons	nous répondions
vous répondez	vous répondiez
ils/elles répondent	ils/elles répondaient
future	**conditional**
je répondrai	je répondrais
tu répondras	tu répondrais
il/elle/on répondra	il/elle/on répondrait
nous répondrons	nous répondrions
vous répondrez	vous répondriez
ils/elles répondront	ils/elles répondraient
perfect j'ai répondu	

All *-er* verbs, with the exception of *aller*, are regular.

Grammaire

Irregular verbs

	être – to be	*avoir* – to have	*faire* – to do	*voir* – to see	*prendre* – to take	*dire* – to say
present	je suis	j'ai	je fais	je vois	je prends	je dis
	tu es	tu as	tu fais	tu vois	tu prends	tu dis
	il/elle/on est	il/elle/on a	il/elle/on fait	il/elle/on voit	il/elle/on prend	il/elle/on dit
	nous sommes	nous avons	nous faisons	nous voyons	nous prenons	nous disons
	vous êtes	vous avez	vous faites	vous voyez	vous prenez	vous dites
	ils/elles sont	ils/elles ont	ils/elles font	ils/elles voient	ils/elles prennent	ils/elles disent
perfect	j'ai été	j'ai eu	j'ai fait	j'ai vu	j'ai pris	j'ai dit
imperfect	j'étais	j'avais	je faisais	je voyais	je prenais	je disais
future	je serai	j'aurai	je ferai	je verrai	je prendrai	je dirai
conditional	je serais	j'aurais	je ferais	je verrais	je prendrais	je dirais

	écrire – to write	*lire* – to read	*savoir* – to know (something)	*connaître* – to know (someone)	*boire* – to drink	*dormir* – to sleep
present	j'écris	je lis	je sais	je connais	je bois	je dors
	tu écris	tu lis	tu sais	tu connais	tu bois	tu dors
	il/elle/on écrit	il/elle/on lit	il/elle/on sait	il/elle/on connaît	il/elle/on boit	il/elle/on dort
	nous écrivons	nous lisons	nous savons	nous connaissons	nous buvons	nous dormons
	vous écrivez	vous lisez	vous savez	vous connaissez	vous buvez	vous dormez
	ils/elles écrivent	ils/elles lisent	ils/elles savent	ils/elles connaissent	ils/elles boivent	ils/elles dorment
perfect	j'ai écrit	j'ai lu	j'ai su	j'ai connu	j'ai bu	j'ai dormi
imperfect	j'écrivais	je lisais	je savais	je connaissais	je buvais	je dormais
future	j'écrirai	je lirai	je saurai	je connaîtrai	je boirai	je dormirai
conditional	j'écrirais	je lirais	je saurais	je connaîtrais	je boirais	je dormirais

Verbs of movement

	aller – to go	*venir* – to come	*partir* – to leave
present	je vais	je viens	je pars
	tu vas	tu viens	tu pars
	il/elle/on va	il/elle/on vient	il/elle/on part
	nous allons	nous venons	nous partons
	vous allez	vous venez	vous partez
	ils/elles vont	ils/elles viennent	ils/elles partent
perfect	je suis allé(e)	je suis venu(e)	je suis parti(e)
imperfect	j'allais	je venais	je partais
future	j'irai	je viendrai	je partirai
conditional	j'irais	je viendrais	je partirais

Modal verbs

	devoir – must	*pouvoir* – can, to be able to	*vouloir* – to want
present	je dois	je peux	je veux
	tu dois	tu peux	tu veux
	il/elle/on doit	il/elle/on peut	il/elle/on veut
	nous devons	nous pouvons	nous voulons
	vous devez	vous pouvez	vous voulez
	ils/elles doivent	ils/elles peuvent	ils/elles veulent
perfect	j'ai dû	j'ai pu	j'ai voulu
imperfect	je devais	je pouvais	je voulais
future	je devrai	je pourrai	je voudrai
conditional	je devrais	je pourrais	je voudrais

A

à at, to
d' **abord** first of all
d' **accord** OK
  être d'accord v to agree
accro adj addicted
acheter v to buy
l' **acteur/actrice** nm/nf actor
l' **ado** nmf teenager
adorer v to love
l' **aide** nf help
aider v to help
aimer v to like
l' **Allemagne** nf Germany
aller v to go
l' **aller-retour** nm return ticket
l' **aller simple** nm single/one-way ticket
alors so
l' **ami/amie** nm/nf friend
amoureux/amoureuse adj in love
amusant adj funny
l' **an** nm year
l' **ananas** nm pineapple
l' **anglais** nm English
l' **Angleterre** nf England
l' **animation** nf animation, cartoon
l' **année** nf year
l' **anniversaire** nm birthday
l' **appareil photo** nm camera
l' **appartement** nm flat, apartment
s' **appeler** v to be called
l' **appel vidéo** nm video call
l' **appli(cation)** nf app(lication)
apporter v to bring
apprendre v to learn
après after
l' **après-midi** nm afternoon
l' **archéologue** nmf archaeologist
l' **argent (de poche)** nm (pocket) money

l' **armoire** nf wardrobe
arrêter v to stop
arriver v to arrive
l' **artiste** nmf artist
assez quite, enough
l' **association caritative** nf charity
l' **astronaute** nmf astronaut
aujourd'hui today
aussi also, too
aussi … que as … as
l' **auteur** nm author
l' **autobiographie** nm autobiography
autre adj other
avant before
l' **avantage** nm advantage
avec with
l' **avion** nm aeroplane
l' **avis** nm opinion
  à mon/ton avis in my/your opinion
  changer d'avis v to change one's mind
avoir v to have

B

le/la **baby-sitter** nmf babysitter
le **baladeur numérique** nm digital music player
la **banlieue** nf suburbs
barbant adj boring
le **basket** nm basketball
le **bateau** nm boat
la **BD (bande dessinée)** nf cartoon
beau/bel/belle/beaux/belles adj beautiful
  il fait beau the weather is nice
beaucoup a lot
le **bébé** nm baby
la **Belgique** nf Belgium
bête adj silly, stupid
le **beurre** nm butter
le **bidonville** nm shanty town
bien well, good
bien sûr of course
le **billet** nm ticket
la **biographie** nf biography
blanc/blanche adj white
bleu adj blue

boire v to drink
la **boisson** nf drink
bon/bonne adj good
le **bowling** nm bowling alley
la **buanderie** nf utility room
le **bureau** nm study, office, desk
le **bus** nm bus

C

ça that, it
la **cabane** nf shack
le **cabinet médical** nm doctor's surgery
calmer v to calm
la **campagne** nf countryside
le **camping** nm campsite
le **car** nm coach
car because
la **caravane** nf caravan
la **carotte** nf carrot
la **carte-étudiant** nf student card
catastrophique adj disastrous
ce/cet/cette/ces this, these
cela that
célèbre adj famous
célébrer v to celebrate
cependant however
les **céréales** nf pl cereals
le **cerveau** nm brain
la **chaîne** nf TV channel
la **chaise (pivotante)** nf (swivel) chair
la **chambre** nf bedroom
la **chambre d'amis** nf guest room
la **chance** nf luck
la **chanson** nf song
chanter v to sing
le/la **chanteur/chanteuse** nm/nf singer
chaque each
le **chat** nm cat
chaud adj hot
  il fait chaud the weather is hot
le **chef-cuisinier** nmf chef
cher/chère adj expensive, dear
chercher v to look for

le/la **chercheur/chercheuse** nm/nf researcher
le **cheval** nm horse
les **cheveux** nm pl hair
chez moi/toi at my/your house
le **chien** nm dog
la **chimie** nf chemistry
le/la **chirurgien/chirurgienne** nm/nf surgeon
les **chips** nf pl crisps
le **chocolat** nm chocolate
choisir v to choose
le **cinéma** nm cinema
la **cité** nf housing estate
le **classique** nm classical music
le **coca** nm Coke, cola
le **cœur** nm heart
cohabiter v to live together
le/la **coiffeur/coiffeuse** nm/nf hairdresser
le **collège** nm school (secondary)
la **colonie (de vacances)** nf holiday camp
combien how much, how many
la **comédie** nm comedy
comme as, like
commencer v to begin
comment how
complet/complète adj complete, full
composter v to stamp, to punch (a ticket)
comprendre v to understand
le/la **conducteur/conductrice** nm/nf driver
la **confiance** nf confidence, trust
  faire confiance à v to trust
la **console (de jeux vidéo)** nf games console
construire v to build
contre against
le/la **copain/copine** nm/nf friend

Glossaire

le **côté** *nm* side
  à côté beside
  d'un côté ... d'un autre côté on one hand ... on the other hand
la **couleur** *nf* colour
le **courage** *nm* courage
  courageux/courageuse *adj* brave
  couramment fluently
les **courses** *nf pl* shopping
le/la **couturier/couturière** *nm/nf* fashion designer
  créatif/créative *adj* creative
  crédible *adj* credible
  créer *v* to create
  croire *v* to believe, to think
la **cuisine** *nf* kitchen
le/la **cuisinier/cuisinière** *nm/nf* chef, cook

D

le **danger** *nm* danger
  dans in
  danser *v* to dance
le/la **danseur/danseuse** *nm/nf* dancer
  de of, from
  décorer *v* to decorate
  décourager *v* to discourage
  décrire *v* to describe
le **déjeuner** *nm* lunch
  demain tomorrow
  demander *v* to ask (for)
  demi/demie half
  démodé *adj* old-fashioned
la **dent** *nf* tooth
le/la **dentiste** *nmf* dentist
  ça **dépend** it depends
  dépendant *adj* dependent
  déprimant *adj* depressing
  depuis since, for
  dernier/dernière *adj* last
se **dérouler** *v* to take place
  derrière behind
le **dessin animé** *nm* cartoon, animation

  dessiner *v* to draw, to design
  détester *v* to hate
  deuxième *adj* second
  devant in front of
  devenir *v* to become
  devoir *v* to have to
les **devoirs** *nm pl* homework
  différent *adj* different
  difficile *adj* difficult
le **dîner** *nm* dinner
  discuter *v* to talk, to discuss
se **disputer** *v* to argue
  divertissant *adj* entertaining
le **documentaire** *nm* documentary
  donc so, therefore
  donner *v* to give
  dormir *v* to sleep
le **doute** *nm* doubt
  à **droite** on the right
  en **DVD** *nm* on DVD

E

l' **eau** *nf* water
l' **école** *nf* school
  écolo(gique) *adj* eco-friendly
  économiser *v* to save
  écouter *v* to listen to
les **écouteurs** *nm pl* headphones
l' **écran** *nm* screen
l' **écran tactile** *nm* touchscreen
  écrire *v* to write
l' **écrivain** *nm* writer
  éducatif/éducative *adj* educational
  effacer *v* to delete
  elle she, it
  elles they (*fem.*)
l' **émission** *nf* TV programme/show
l' **émission de sport** *nf* sports programme
l' **émission de télé-réalité** *nf* reality TV show
l' **émission musicale** *nf* music show
l' **emploi** *nm* job
  en in; of it, of them, some, any
l' **énergie** *nf* energy

  énerver *v* to get on (someone's) nerves
  enfantin *adj* childish
  ennuyeux/ennuyeuse *adj* boring
  enrichissant *adj* rewarding
  ensuite then, next
  entendre *v* to hear
  entraînant *adj* lively
  entre between
l' **entrée** *nf* entrance
  environ about, approximately
  envoyer *v* to send
  équilibré *adj* balanced
l' **espace** *nm* space
l' **Espagne** *nf* Spain
l' **espagnol** *nm* Spanish
  espérer *v* to hope
  essayer *v* to try
  essentiel/essentielle *adj* essential
  et and
l' **étage** *nm* floor, storey
  à l'étage upstairs
l' **étagère** *nf* shelves
l' **été** *nm* summer
  étouffer *v* to suffocate, to stifle
  être *v* to be
l' **étude** *nf* study
l' **étudiant/étudiante** *nm/nf* student
  étudier *v* to study
l' **euro** *nm* the euro
  excitant *adj* exciting
l' **exercice** *nm* exercise

F

  en **face** opposite
  facile *adj* easy
  faire *v* to make, to do
la **famille** *nf* family
  fantastique *adj* fantastic
le **fast-food** *nm* fast food
  fatigant *adj* tiring
  fatigué *adj* tired
  il **faut** it is necessary to, you must
le **fauteuil** *nf* armchair
le **fauteuil poire** *nm* beanbag
  faux/fausse *adj* false
la **femme politique** *nf* politician (*fem.*)

la **fenêtre** *nf* window
la **ferme** *nf* farm
la **fête** *nf* party, festival
la **fête nationale** *nf* national holiday
le **feu d'artifice** *nm* fireworks display
les **feux rouges** *nm pl* traffic lights
  fiable *adj* reliable
les **fibres** *nf pl* fibre (*in diet*)
le **film** *nm* film
le **film à suspense** *nm* thriller
le **film comique** *nm* comedy film
le **film d'action** *nm* action film
le **film d'arts martiaux** *nm* martial arts film
le **film de science-fiction** *nm* science-fiction film
le **film d'horreur** *nm* horror film
  finalement finally
  finir *v* to finish
  pour finir finally
le **fleuve** *nm* river
la **fois** *nf* time
  une/deux fois once/twice
le **foot(ball)** *nm* football
le/la **footballeur/footballeuse** *nm/nf* footballer
la **formation** *nf* training
  en **forme** fit, healthy
le **franc** *nm* franc
le **français** *nm* French
la **France** *nf* France
le **frère** *nm* brother
les **frites** *nf pl* chips
le **fromage** *nm* cheese
le **fromage blanc** *nm* fromage frais
les **fruits** *nm pl* fruit
  frustrant *adj* frustrating

G

  gagner *v* to win, to earn
  gai *adj* cheerful
le **garage** *nm* garage
  garder *v* to keep, to look after
le **gâteau** *nm* cake
  à **gauche** on the left

le **gendarme** *nm* police officer

génial *adj* great, brilliant

les **gens** *nm pl* people

le **gîte** *nm* holiday cottage

la **glace** *nf* ice cream

gourmand *adj* greedy

le **goûter** *nm* afternoon snack

la **graisse** *nf* fat

grand *adj* big, large

la **Grande-Bretagne** *nf* Britain

gras/grasse *adj* fatty

gris *adj* grey

gros/grosse *adj* big, fat

la **guerre** *nf* war

la **Première/Seconde Guerre mondiale** the First/Second World War

H

habiter *v* to live

l' **habitude** *nf* habit

d'habitude usually

le **hamburger** *nm* hamburger

haut *adj* high, tall

l' **heure** *nf* hour

heureux/heureuse *adj* happy

hier yesterday

l' **histoire** *nf* history, story

historique *adj* historical

l' **homme politique** *nm* politician (*male*)

j'ai **horreur de** I hate

l' **hôtel** *nm* hotel

l' **huile** *nf* oil

la **hutte en terre** *nf* mud hut

I

l' **idée** *nf* idea

l' **igloo** *nm* igloo

il he, it

l' **île** *nf* island

ils they

l' **image** *nf* picture

imaginaire *adj* imaginary

l' **immeuble** *nm* block of flats

important *adj* important

n' **importe où** anywhere

impossible *adj* impossible

l' **inconvénient** *nm* disadvantage

incroyable *adj* incredible

l' **infirmier/infirmière** *nm/nf* nurse

informatif/informative *adj* informative

les **informations** *nf pl* information

les **infos** *nf pl* the news (*on TV*)

l' **ingénieur** *nm* engineer

s' **inquiéter** *v* to worry

l' **insecte** *nm* insect

intelligent *adj* clever, intelligent

intéressant *adj* interesting

Internet *nm* the Internet

inventer *v* to invent

l' **invitation** *nf* invitation

l' **Italie** *nf* Italy

J

jaloux/jalouse *adj* jealous

le **jambon** *nm* ham

le **jardin** *nm* garden

le/la **jardinier/jardinière** *nm/nf* gardener

le **jardin potager** *nm* vegetable garden

jaune *adj* yellow

je/j' I

le **jeu** *nm* game

le **jeu de société** *nm* board game

le **jeu télévisé** *nm* game show

le **jeu vidéo** *nm* video game

jeune *adj* young

jouer *v* to play

le **jour** *nm* day

le/la **journaliste** *nmf* journalist

la **journée** *nf* day

le **jus d'orange** *nm* orange juice

L

laisser *v* to leave, to let

le **lait** *nm* milk

la **lampe de bureau** *nf* desk lamp

la **lampe de chevet** *nf* bedside lamp

la **langue** *nf* language

laver *v* to wash

le **lecteur MP4** *nm* MP4 player

léger/légère *adj* light

les **légumes** *nm pl* vegetables

le **lendemain** *nm* the next day

en **ligne** online

limiter *v* to limit

linguistique *adj* linguistic

lire *v* to read

le **lit** *nm* bed

le **litre** *nm* litre

la **littérature non-romanesque** *nf* non-fiction

le **livre** *nm* book

la **livre (sterling)** *nf* the pound (sterling)

le **loft** *nm* loft apartment

loger *v* to stay

Londres London

long/longue *adj* long

la **loterie** *nf* lottery

louer *v* to hire

le **luxe** *nm* luxury

M

le **magasin** *nm* shop

faire les magasins *v* to go shopping

le **mail** *nm* email

maintenant now

le **maire** *nm* mayor

mais but

la **maison** *nf* house

à la maison at home

la **maison jumelée** *nf* semi-detached house

le **maître-nageur** *nm* lifeguard

mal badly

malade *adj* ill

manger *v* to eat

marrant *adj* funny

le **matin** *nm* morning

mauvais *adj* bad

le **médecin** *nm* doctor

meilleur *adj* better, best

la **mélodie** *nf* tune

la **mer** *nf* sea

merci thank you

la **mère** *nf* mother

mesurer *v* to measure

le **métier** *nm* job

le **métro** *nm* underground (*railway*)

mettre *v* to put

mettre de côté *v* to put aside

mieux better, best

moderne *adj* modern

moi me

moi aussi me too

moi non plus me neither, neither do I/am I

moins less, fewer

au moins at least

le **mois** *nm* month

le **moment** *nm* moment, time

en ce moment at the moment

mon/ma/mes my

la **monarchie** *nf* monarchy

le **monde** *nm* world

trop de monde too crowded

la **montagne** *nf* mountain

mort dead, died

le **moyen de transport** *nm* means of transport

en **moyenne** on average

le **muguet** *nm* lily of the valley

le **muscle** *nm* muscle

la **musique** *nf* music

la **musique folklorique** *nf* folk music

N

nager *v* to swim

ne:

ne ... jamais never

ne ... ni ... ni neither ... nor

ne ... pas not

ne ... personne no one

Glossaire

ne ... plus no longer
ne ... rien nothing
né born
nécessaire *adj* necessary
nettoyer *v* to clean
Noël *nm* Christmas
noir *adj* black
le **nom** *nm* name
la **nourriture** *nf* food
nous we
nouveau/nouvel/ nouvelle/ nouveaux/ nouvelles *adj* new
la **nuit** *nf* night
nul/nulle *adj* rubbish, awful
numérique *adj* digital

O

l' **obésité** *nf* obesity
obligé *adj* obliged
l' **œuf** *nm* egg
on we, they, you
l' **ordi(nateur)** *nm* computer
l' **ordiphone** *nm* smartphone
organiser *v* to organise
original *adj* original, unusual
l' **os** *nm* bone
ou or
où where
en **outre** furthermore

P

le **pain** *nm* bread
par by, per
par contre on the other hand
parce que because
les **parents** *nm pl* parents
paresseux/ paresseuse *adj* lazy
parfois sometimes
parler *v* to speak
les **paroles** *nf pl* lyrics
partager *v* to share
partir *v* to leave
à **partir de** (starting) from
pas (du tout) not (at all)

passer *v* to spend (*time*); to pass, to go/come by
passer un appel vidéo to make a video call
passionnant *adj* fascinating
passionné (par) *adj* passionate (about)
les **pâtes** *nf pl* pasta
la **patience** *nf* patience
le/la **pâtissier/pâtissière** *nm/nf* pastry chef
la **pause** *nf* break
payer *v* to pay (for)
bien payé well paid
le **pays** *nm* country
le **paysage** *nm* landscape
la **peau** *nf* skin
la **pelouse** *nf* lawn
la **péniche** *nf* houseboat, barge
penser *v* to think
le **père** *nm* father
le **personnage** *nm* person, character
la **personne** *nf* person
petit *adj* small
le **petit boulot** *nm* part-time job
le **petit déjeuner** *nm* breakfast
un **peu** a bit, slightly
peuplé *adj* populated
peut-être perhaps
la **photo** *nf* photo
le/la **photographe** *nmf* photographer
le/la **physicien/ physicienne** *nm/nf* physicist
la **physique** *nf* physics
physique *adj* physical
la **pièce** *nf* room
le **pilote** *nm* pilot
la **pilule** *nf* pill
le **pique-nique** *nm* picnic
pire *adj* worse, worst
la **piscine** *nf* swimming pool
la **plage** *nf* beach
le/la **plagiste** *nmf* beach attendant
plaisanter *v* to joke
la **planète** *nf* planet
plat *adj* flat
plein *adj* full

plus more
à plus see you later
en plus in addition, furthermore
la **poche** *nf* pocket
le **poisson** *nm* fish
polluant *adj* polluting
la **pomme** *nf* apple
la **pomme de terre** *nf* potato
le **pompier** *nf* firefighter
populaire *adj* popular
le **portable** *nm* mobile phone
porter *v* to wear, to carry
positif/positive *adj* positive
le **poulet** *nm* chicken
pour for
pourquoi why
pourtant however
pouvoir *v* to be able to
pratique *adj* practical
préféré *adj* favourite
préférer *v* to prefer
premier/première *adj* first
premièrement first of all
prenant *adj* absorbing, time-consuming
prendre *v* to take
préparer *v* to prepare
le **président (de la République)** *nm* president (of the Republic)
presque almost
la **presse** *nf* the press (*media*)
la **pression** *nf* pressure
principal *adj* main
privé *adj* private
le **problème** *nm* problem
prochain *adj* next
le **professeur** *nm* teacher
professionnel/ professionnelle *adj* professional
le **projet** *nm* project, plan
se **protéger** *v* to protect oneself
la **protéine** *nf* protein

la **pub** *nf* advert
la **publicité** *nf* advert, advertising
puis then

Q

le **quai** *nm* platform
quand when
que which, that
quel/quelle/quels/ quelles which, what
quelque chose something
qu'est-ce que what
qui who, which
quoi what

R

raconter *v* to tell (a story)
ranger *v* to tidy up
rapide *adj* fast
rapprocher *v* to bring together
ravi *adj* delighted
le/la **réalisateur/ réalisatrice** *nm/nf* film director
recevoir *v* to receive
recommander *v* to recommend
la **réduction** *nf* discount, reduction
regarder *v* to watch
régulier/régulière *adj* regular
régulièrement regularly
les **relations** *nf pl* relationship
relaxant *adj* relaxing
remercier *v* to thank
remplacer *v* to replace
rendre *v* to make
ça me rend ... it makes me ...
rentrer *v* to return, to go/come home
le **repas** *nm* meal
les **réseaux sociaux** *nm pl* social networking sites
respecter *v* to respect
ressembler *v* to look like, to be like
rester *v* to stay
le **résultat** *nm* result
retourner *v* to return

la **réunion** *nf* meeting
réussir *v* to succeed
en **revanche** on the other hand
le **rêve** *nm* dream
rêver *v* to (day)dream
au **rêz-de-chaussée** on the ground floor
riche *adj* rich
les **rideaux** *nm pl* curtains
rigoler *v* to joke, to have fun
rire *v* to laugh
le **risque** *nm* risk
risquer *v* to risk
la **rivière** *nf* river
le **riz** *nm* rice
le **robot** *nm* robot
le **roman** *nm* novel
le **roman comique** *nm* comedy
le **roman d'amour** *nm* love story
le **roman d'aventure** *nm* adventure novel
le **roman de science-fiction** *nm* science fiction
le **roman d'horreur** *nm* horror novel
le **roman historique** *nm* historical novel
rouge *adj* red
rouler *v* to drive
le **rythme** *nm* rhythm

S

sainement healthily
la **salle** *nf* room
la **salle à manger** *nf* dining room
la **salle de bains** *nf* bathroom
la **salle de bains attenante** *nf* en suite bathroom
la **santé** *nf* health
savoir *v* to know
le/la **scientifique** *nmf* scientist
scolaire *adj* school
le **séjour** *nm* living room
selon according to
selon moi/toi in my/your opinion
la **semaine** *nf* week
le **sentiment** *nm* feeling, sentiment

la **série** *nf* series (*on TV*)
le/la **serveur/serveuse** *nm/nf* waiter/waitress
seul *adj* alone
seulement only
si if
sincère *adj* honest
le **site** *nm* site, website
le **smartphone** *nm* smartphone
la **sœur** *nf* sister
le **soir** *nm* evening
le **soleil** *nm* sun
son/sa/ses his, her, one's
sortir *v* to go out
sourire *v* to smile
sous under
souvent often
le **sport** *nm* sport
sportif/sportive *adj* sporty
le **stage** *nm* course
le **steak-frites** *nm* steak and chips
en **streaming** streamed (*on the Internet*)
stressant *adj* stressful
stresser *v* to stress
strict *adj* strict
le **studio d'enregistrement** *nm* recording studio
le **sucre** *nm* sugar
sucré *adj* sugary, sweet
la **Suisse** *nf* Switzerland
suivre *v* to follow
supporter *v* to put up with
sur on
surfer *v* to surf
le **surpoids** *nm* excess weight
être en surpoids *v* to be overweight
surtout especially

T

le **tableau** *nm* painting
la **table de nuit** *nf* bedside table
la **tablette** *nf* tablet computer
la **Tamise** *nf* the Thames
tard late
plus tard later

la **tarte au citron** *nf* lemon tart
la **technologie** *nf* technology
télécharger *v* to download
le **téléphone fixe** *nm* landline phone
téléphoner *v* to telephone
la **télé(vision)** *nf* television, TV
le **temps** *nm* time
tenace *adj* persistent
le **tennis** *nm* tennis
terminer *v* to finish
la **terre** *nf* earth
le **texto** *nm* text message
le **thé** *nm* tea
toi you
le **toit** *nm* roof
ton/ta/tes your
tondre *v* to mow
la **touche** *nf* button
toujours always, still
le **tour du monde** *nm* round-the-world trip
le **tourne-disque** *nm* record player
le **tournoi de tennis** *nm* tennis tournament
tout/toute/tous/toutes all
tout d'abord first of all
le **train** *nm* train
traiter *v* to treat
le **travail** *nm* work, job
travailler *v* to work
très very
triste *adj* sad
trop too, too much/many
trouver *v* to find
se **trouver** *v* to be situated
tu you
typique *adj* typical

U

l' **ultra-portable** *nm* ultraportable laptop
l' **uniforme** *nm* uniform
utile *adj* useful
l' **utilisation** *nf* use
utiliser *v* to use

V

les **vacances** *nf pl* holidays
les **vacances au vert** *nf pl* eco-holidays
la **vaisselle** *nf* dishes, washing-up
faire la vaisselle *v* to wash up
varié *adj* varied
le **vélo** *nm* bike
à vélo by bike
le/la **vendeur/vendeuse** *nm/nf* shop assistant, seller
vendre *v* to sell
venir *v* to come
la **véranda** *nf* conservatory
vert *adj* green
les **vêtements** *nm pl* clothes
le/la **vétérinaire** *nmf* vet
la **viande** *nf* meat
la **vie** *nf* life
vieux/vieil/vieille/vieilles *adj* old
vif/vive *adj* lively
la **villa** *nf* detached house
la **ville** *nf* town
visiter *v* to visit
la **vitamine** *nf* vitamin
vite quickly, fast
vivre *v* to live
voir *v* to see
la **voiture** *nf* car
la **voix** *nf* voice
les **volets** *nm pl* shutters
vouloir *v* to want
vous you
voyager *v* to travel
vrai *adj* true
vraiment really

W

les **WC** *nm pl* toilet
le **week-end** *nm* weekend
le **western** *nm* western (*film*)

Y

y there
le **yaourt** *nm* yoghurt
les **yeux** *nm pl* eyes
la **yourte** *nf* yurt

OXFORD
UNIVERSITY PRESS

Great Clarendon Street, Oxford, OX2 6DP, United Kingdom

Oxford University Press is a department of the University of Oxford.
It furthers the University's objective of excellence in research,
scholarship, and education by publishing worldwide. Oxford is a
registered trade mark of Oxford University Press in the UK and in
certain other countries

British Library Cataloguing in Publication Data
Data available

978-0-19-839505-8

10 9

Paper used in the production of this book is a natural, recyclable
product made from wood grown in sustainable forests.
The manufacturing process conforms to the environmental regulations
of the country of origin.

Printed and bound by CPI Group (UK) Ltd, Croydon, CR0 4YY

Acknowledgements

Cover illustration by: Claire Rollet
Artwork by: John Hallet, Andrew Hennessey, Lisa Hunt, Claire Rollet
and Robin Edmonds.

The publisher would like to thank the following for permissions to use
their photographs:

p5t: Matteo Festi/Shutterstock; **p5b:** Claudio Divizia/Shutterstock; **p8a:** Christie's
Images/Corbis; **p8b:** The Print Collector/Glow Images; **p8c:** SuperStock/Glow Images;
p8d: Sipa Press/Rex Features; **p8e:** Emilio Segre Visual Archives/American Institute
of Physics/Science Photo Library; **p8f:** Leemage/Corbis; **p8g:** GTW/ImageBroker/Glow
Images; **p8h:** Sheila Terry/Science Photo Library; **p9:** Rose Hartman/Archive Photos/
Getty Images; **p10bl:** Degtyaryov Andrey/Shutterstock; **p10br:** Francis DEMANGE/
Gamma-Rapho/Getty Images; **p10tl:** Pascal Rossignol/Reuters; **p10tr:** John Van
Hasselt/Corbis; **p10b:** auremar/Shutterstock; **p11r:** Karen Hatch/Moment Mobile
ED/Getty Images; **p11l:** CHRISTIAN PHILIPPE PARIS FRANCE/EPA; **p11c:** Rsinha/
Shutterstock; **p12tr:** Marc Tielemans/Alamy; **p12l:** Ronald Grant Archives; **p12br:**
c.Warner Br/Everett/Rex Features; **p13:** MOONSCOOP/uFILM/ THE KOBAL COLLECTION
; **p15:** GTW/ImageBroker/Glow Images; **p16:** Antonio Saba/Corbis; **p17l:** The Print
Collector/Heritage Images/Glow Images; **p17cl:** GTW/ImageBroker/Glow Images;
p17cr: Rose Hartman/Archive Photos/Getty Images; **p17r:** Sheila Terry/Science Photo
Library; **p17bl:** Man vyi; **p17br:** Oliver Hoffmann/Shutterstock; **p18:** Rob Kints/
Getty Images; **p19:** OUP; **p20:** Chris King; **p23l:** sianc/Shutterstock; **p23r:** Alexander
Raths/Shutterstock; **p25:** Mark Rose/Getty Images; **p27:** OUP; **p29b:** © Gallimard
Jeunesse; **p30:** Sander de Wilde/Corbis; **p36:** Silvie Philippart de Foy ; **p37:** OUP; **p38c:**
Matthieu Photoglovsky/Shutterstock; **p40l:** Stavklem/Shutterstock; **p40r:** REX/David
Caudery/Future Publishing; **p40r:** Seth K. Hughes/Alamy; **p41:** Oleksiy Maksymenko
Photography/Alamy; **p43l:** Adrian Weinbrecht/Getty Images; **p43r:** Paul Hakimata
Photography/Shutterstock; **p44:** AntonioDiaz/Shutterstock; **p46:** OUP; **p48l:** Justin
Sullivan/Getty Images; **p48cl:** Photodisc; **p48cr:** Robert_s; **p48r:** Sergey Peterman/
Shutterstock; **p52:** Seth K. Hughes/Alamy; **p52:** REX/David Caudery/Future Publishing;
p53: denys_kuvaiev/Fotolia; **p54t:** BiblioBrousse; **p54b:** blickwinkel/Alamy; **p55:** OUP;
p56: MJTH; **p58:** Stockbroker/Alamy; **p60l:** Ilya Andriyanov/Shutterstock;
p60r: Voyagerix/Shutterstock; **p61l:** Jean-Christophe Riou/Masterfile; **p61r:** André
Babiak/Westend61/Corbis; **p63:** Sabphoto/Bigstock; **p65:** Raphye Alexius/Corbis;
p66t: John Van Hasselt/Sygma/Corbis; **p66b:** Paul Prescott/Alamy; **p67:** Mediacolor's/
Alamy; **p70:** OUP; **p71l:** Eldad Carin/Shutterstock; **p71r:** Brooke Auchincloss/Onoky/
Corbis; **p71b:** Tetra Images; **p72:** Ernst Klett Sprachen GmbH, Stuttgart; **p73:** OUP;
p74t: Glow Images; **p74b:** Rob Lewine/Tetra Images/Corbis; **p78:** David Young-Wolff/
Getty Images; **p79:** OUP; **p80:** HAYKIRDI/Getty Images; **p83t:** Petrenko Andriy/
Shutterstock; **p83c:** Glow Images; **p83b:** Sipa USA/Rex Features; **p84:** Phanie/Burger/
Rex Features; **p89t:** Patrick Kovarik/Getty Images; **p89b:** Where did this come from?;
p90l: Richard Heathcote/Fifa/Getty Images; **p90r:** AP Photo/Denis Farrell; **p9t:** OUP;
p92: Val Thoermer/Shutterstock; **p95t:** Baloncici/Shutterstock; **p95b:** OUP; **p97:**
SimplyCreativePhotography/Getty Images imageBROKER/Alamy; **p98t:** FORGET Patrick/
SAGAPHOTO.COM/Alamy; **p98l:** Michael Prince/Corbis; **p98c:** Fred Dufour/Pool/Reuters;
p98r: Glow Images; **p101:** VERONIQUE SERRE/SIPA/Rex Features; **p103r:** Artist dk &
dennie cody/Masterfile; **p103l:** Rich-Joseph Facun/arabianEye/Corbis; **p106:** Philippe
Renault/Hemis/Corbis; **p107:** Image Broker/Rex Features; **p108t:** Kali9/iStock; **p108b:**
Thomas Samson/Getty Images; **p109t:** OUP; **p109b:** MEIGNEUX/LCHAM/SIPA/REX;
p110c: OUP; **p110b:** VERONIQUE SERRE/SIPA/Rex Features; **p110t:** Gonzalo Fuentes/
Reuters; **p113r:** Ulrich Niehoff/ImageBROKER/Glow Images; **p113l:** Chris King; **p114:**
PHOTOMAX/Alamy; **p117:** Ron Fehling/Masterfile; **p118a:** Monkey Business Images/
Shutterstock; **p118b:** Air Images/Shutterstock; **p118c:** Matthew Williams-Ellis/Robert
Harding/Rex Features; **p118d:** Jacek Chabraszewski/Shutterstock; **p118e:** YanLev/
Shutterstock; **p118f:** Compassionate Eye Foundation/Robert Daly/OJO Images/Getty
Images; **p119l:** Davor Lovincic/Getty Images; **p119r:** Rich Carey/Shutterstock; **p120:**
FRUMM John/hemis.fr/Alamy; **p121t:** W. Disney/Everett/Rex Features; **p121l:** W.
Disney/Everett/Rex Features; **p121r:** FRUMM John/hemis.fr/Alamy; **p124:** Pack-Shot/
Shutterstock; **p125:** Walt Disney Studios Motion Pictures/Everett/Rex Features; **p126:**
No permissions yet; **p127:** OUP; **p127f:** Alvey and Towers Picture Library/Alamy;
p127g: LIONEL BONAVENTURE/AFP/Getty Images; **p127h:** LOOK Die Bildagentur der
Fotografen GmbH / Alamy; **p127i:** Lukas Rebec/Shutterstock; **p128r:** Paul Lovichi
Photography; **p128l:** OUP; **p130a:** Antpun/Shutterstock; **p130b:** Michel Cecconi;
p130c: Wolfgang Zwanzger/Shutterstock; **p130d:** Ralf Gosch /Shutterstock; **p130e:**
Jan Sochor/Demotix/Corbis; **p130f:** Steve Heap/Shutterstock; **p130g:** CINTRACT
Romain/Hemis.fr/Alamy; **p130h:** 1000 Words/Shutterstock; **p134t:** BMJ/Shutterstock;
p134b: Mark Bassett; **p136a:** Max Topchii/Shutterstock; **p136b:** Caiaimage/Rex
Features; **p136c:** Oksmit/Shutterstock; **p136d:** Gilles Paire/Shutterstock; **p136e:**
Hufton + Crow/VIEW Pictures Ltd/Alamy; **p136f:** Bernard Jaubert/incamerastock/Corbis;
p137: Margie Politzer/Calcu/Lonely Planet Images/Getty Images; **p139tl:** Bridgeman
Art Library; **p139tr:** Peter Horree/Alamy; **p139bl:** Gardanne (Horizontal View) c.1885
(oil on canvas), Cezanne, Paul (1839-1906)/The Barnes Foundation, Philadelphia,
Pennsylvania, USA/Bridgeman Images; **p139br:** Hulton Fine Art Collection/Getty
Images; **p140:** Hufton + Crow/VIEW Pictures Ltd/Alamy; **p143:** OUP; **p145:** OUP; **p146:**
PA Images; **p148a:** Geanina Bechea/Shutterstock; **p148b:** Dotshock/Shutterstock;
p148c: WithGod/Shutterstock; **p148d:** Alexander Raths/Shutterstock; **p148e:** Anglia
Press Agency Ltd./Rex Features; **p148f:** Rino Petrosino/Mondadori Portfolio/Getty
Images; **p148g:** Minerva Studio/Shutterstock; **p148h:** Wavebreakmedia/Shutterstock;
p149: ChameleonsEye/Shutterstock; **p150c:** Xavier Laine/Getty Images; **p150l:** NASA;
p150r: Xavier Francolon/SIPA/Rex Features; **p151:** OUP; **p152bl:** BestPhotoPlus/
Shutterstock; **p152tl:** Marcin Krzyzak/Shutterstock; **p152ct:** Eric Gaillard/Reuters;
p152tr: Georgejmclittle/Shutterstock; **p152cb:** Felix Lipov/Shutterstock; **p152bl:**
Supertrooper/Shutterstock; **p153:** BananaStock; **p154:** Photos 12/Alamy; **p154b:** Kirill
Kedrinski/Fotolia; **p154c:** Jaimie Duplass/Shutterstock; **p154d:** Auremar/Shutterstock;
p154e: Jupiter Images/Getty Images; **p154f:** Masterfile; **p154b:** Radius Images;
p155b: Shutterstock; **p155t:** Photos 12/Alamy; **p156l:** IBL/Rex Features; **p156r:**
Marco Secchi/Rex Features; **p156bl:** S_bukley/Shutterstock; **p156cb:** US Library of
Congress/Science Photo Library; **p156br:** Photoservice Electa/UIG/Rex Features ; **p157r:**
Hola Images/Getty Images; **p157l:** Jose Luis Pelaez, Inc.; **p157c:** Gordana Sermek/
Shutterstock; **p160t:** Steve Skjold; **p160b:** Olesya Kuznetsova/Shutterstock; **p161a:**
Wavebreakmedia/Shutterstock; **p161b:** Rino Petrosino/Mondadori Portfolio/Getty
Images; **p161c:** Dotshock/Shutterstock; **p161d:** Anglia Press Agency Ltd./Rex Features;
p161br: Chepe Nicoli/Shutterstock; **p162r:** Bragelonne; **p162t:** Mary Evans Picture
Library; **p163:** OUP; **p164:** Ocean;

The publisher and authors are grateful to the following for
permission to reprint extracts from copyright material: Jacques
Higelin for 'Rendez-vous en gare d'Angoulême'; Sud Ouest newspaper
for 'Le monde de Silène'; Éditions Bragelonne for '14-14' by Silène
Edgar and Paul Beorn.

The publisher and authors would like to thank the following for their
help and advice: Vee Harris and Kate Scappaticci for writing language
learning strategies; Liz Black for writing plenaries.
Pat Dunn (Student Book editor); Geneviève Talon (editor, and author
of the Lire, Vidéo and Grammaire pages); Karine Couly (language
consultant); Katie Smith and Christoph Largen (course consultants).

Audio recordings produced by Colette Thomson for Footstep
Productions Ltd; Andrew Garratt (sound engineer).
Video shot on location in Montpellier, with grateful thanks to Colette
Thomson for Footstep Productions Ltd. (producer, director and
scriptwriter); Paul Keating (cameraman); Brian Powell (sound); Agnès
Beligond (location manager); Zaied Ahabri, Basile Dezeuze, Thouraya
El Ouadie, Clarisse Girardet, Jémilie Jaffart, Jules Nguyen (actors),
Julie Ferret, Francette Tournemine and Jérôme Teule.